비겁한 평화는 없다

비겁한 평화는 없다

김희철 지음

전 청와대 위기관리비서관 김희철의
대한민국을 지키는 60가지 안보 전략과 해법

RHK
알에이치코리아

"평화를 원한다면 전쟁을 준비하라"

– 고대 로마 전략가 베게티우스(Vegetius)

머리말

한국과 지구촌이 직면한 혼돈을
이해하기 위한 작은 길잡이

혼돈 상태다. 늪에 빠져 있는 듯하다.

지구 반대편 미국에서는 막말대장 도널드 트럼프(Donald Trump)가 대선에 바짝 다가섰던 힐러리 클린턴(Hillary Clinton)을 누르고 대통령에 당선되자 캐나다 이민국 업무가 마비되었다고 한다. 또한 아시아를 비롯해 여러 나라의 증시가 끝없이 추락했고, 뉴욕에서 시작된 당선 반대시위는 미국 전역으로 퍼져 나갔다.

이와 때를 같이 하여 요즘 대한민국의 수도 서울 광화문 광장에서도 백만 명의 군중이 모여 대통령 퇴진·하야를 요구하는 시위로 온 세상을 시끄럽게 하고 있다. 말 그대로 6·25 남침전쟁은 저리 가라 할 정도였다. 다만 촛불시위의 평화적 방식과 깔끔한 행사 뒷정리 등을 보면서 한국인의 높아진 민주 시민의식을 발견해 약간의 위안을 받는다.

TV종편은 하루 종일 '최순실 게이트'로 도배하다시피 하지만 방송 내용을 아무리 살펴봐도 마음이 딱 부러지게 정리되지 않는다. 도리어 벌집 쑤셔 놓은 듯 머릿속만 더 어지러울 뿐이다.

백만 명의 시위군중이나 종편에서 떠드는 많은 논평가들의 말을 듣다 보면 어떤 때는 고개를 끄덕이게 하는 부분도 분명히 있다. 그러나 대부분은 제대로 알지도 못하면서 자신 있게 떠들어대며 대중을 선동하는 터라 그저 한심할 뿐이다.

우리 국민들이 이처럼 혼란에 빠진 세상을 정확하게 이해하기 위해서는 방송을 비롯해 언론에 올라오는 내용과 기사들을 객관적으로 해석해야만 한다.

《비겁한 평화는 없다》이 책이 요즘의 사태와 내용, 기사들을 재해석하기 위한 작은 길잡이가 되었으면 하는 바람이다. 사랑하는 조국인 대한민국을 지켜내고 앞으로의 발전을 도모하는 데 있어서 요구되는 대책과 해법을 제시하기 위해 2년 넘는 기간 동안 〈뉴스투데이News2day〉에 게재했던 칼럼들을 모아 한 권의 책으로 엮어 보았다.

40년 군과 공직생활에서 깨달은 '한국 사회 진실' 녹여내

필자는 1977년 2월 푸른 군의 제복을 입고 군문에 들어선 뒤 육군

본부 정책실장을 거쳐 이명박·박근혜 정부의 청와대 위기관리비서관을 지냈다. 2013년 11월 육군 소장으로 전역한 뒤 군인공제회에서 3년째 근무하고 있다. 근 40년간 공직에서 국가와 군을 위해 헌신하며 살고 있다.

정직·성실·최선을 인생의 신념으로 삼아 후회 없이 달려온 세월이 눈 깜짝할 사이에 지나가고 말았다. 아찔했던 순간들을 경험하면서 쌓은 노하우를 그냥 덮고 지나가기에는 아쉬움이 컸다. 그리고 현재 우리나라 정국을 바라보면서 감춰졌던 진실을 알려야 한다는 사명감을 크게 느꼈다.

이런 와중에도 같은 민족이지만 현 우리 사회의 가장 위협이 되는 북한은 5차례나 핵실험을 했다. 그러나 많은 사람들은 우리가 동족이라는 이름 아래 북한을 설득하면서 계속 퍼주기를 바라고 있는 듯하다.

이는 국가 안보를 위해 바짝 긴장하여 북한의 폭거에 철저히 대비함은 물론, 응징하여 그들을 지구촌 시대에 우리나라와 동반자로 만들어야 함에도 불구하고 진실된 평화보다는 비겁한 평화가 더 낫다는 이상주의적인 평화론자들이 판을 치고 있다는 것을 보여주는 것이다.

1990년대 말 300만 명이 굶어 죽어도 방치한 채 우리의 대북지원으로 경제위기를 극복하고 개발했던 북핵은 우리나라뿐만 아니라 미국을 포함한 전세계에 커다란 위협이 되고 있다.

핵위협에 대비하자는 사드 배치도 지역·집단 이기주의자들과 정치인들의 정략적 목적 달성과 방해 공작으로 신속하게 추진되지 못한 채 지지부진할 뿐이다.

이상주의적 평화론자 득세에 맞서 현실적 해결책 모색해야

엎친 데 덮친 격으로 최순실 게이트로 우리 정부는 마비상태나 마찬가지다.

이러한 위기를 어떻게 극복해야 할 것인가?

여기에 옛 사람들의 지혜로웠던 역사적 사실을 예로 들어보겠다. 기원 전 이스라엘의 가장 강력했던 군주 다윗은 부하 장군의 아내와 간통한 뒤 비밀로 덮으려고 했으나 결국에는 모두 밝혀지고 말았다. 다윗은 만백성 앞에 무릎을 꿇고 반성과 회개, 용서를 구한 뒤 왕위를 영위하면서 통치를 이어갔다. 이를 통해서 우리는 강국 건설을 위한 이스라엘 백성들의 슬기로웠던 자세를 배울 필요가 있을 것이다.

요즈음 술자리에서는 최순실 게이트를 안주 삼아 건배사를 "정비공!"이라 한다고 한다. '인생은 정답도 비밀도 공짜도 없다'는 뜻이다.

앞으로 청와대의 주인이 될 분들에게 국가 위기관리를 위하여 이 책을 권하고 싶다. 또 어수선한 정국 속에서도 국토의 최전방에서 국토방위에 여념이 없는 군인들과 산업전선에서 부국건설을 위해 노력하는 많은 분들에게도 이 책을 통해 필자의 생각을 구체적으로 밝히고 싶다. 더불어 그들로부터 더 좋은 대책과 의견도 듣고 싶은 것이 솔직한 심정이다.

사실 많지 않은 칼럼을 갖고 정리하다 보니 담을 수 있는 내용에 한계가 있어 충분히 설명하지 못한 부분도 많다. 하지만 독자 제위께서 꼼꼼히 읽은 뒤 조언과 비판을 해주신다면 더 훌륭한 대안도 제시될 것으로 확신한다.

연말이 겹쳐 바쁜 일정임에도 불구하고 출간을 맡아주신 RHK 양원석 사장님을 비롯하여 편집을 위해 애써주신 분들에게 고마운 마음을 전한다. 또한 어려운 여건 속에서도 칼럼을 쓸 수 있는 기회를 준 〈뉴스투데이〉 강남욱 대표와 이태희 편집국장 그리고 칼럼을 읽고 비판하며 용기를 북돋워주고 응원과 성원을 보내준 사랑하는 아내와 두 아들, 리처드 손 형님과 김경수를 포함한 많은 분들에게도 이 자리를 빌려 감사의 말씀을 드린다.

김 희 철

차 례

1장

한반도 핵무장은 필요한가?
북한 핵과 한반도의 안보

2장

국가위기관리에는
노마지지(老馬之智)가 필요

3장

안보에는 여·야가 없다
국가안보시스템 구축

4장

겨울 속에 갇혀 있는 청와대

한반도 핵무장은 필요한가?

북한 핵과 한반도의 안보

나라 없는 국민은 노예일 뿐이다.
군대 없는 나라 또한 나라는 존재하여도 이미 나라가 아니다.
국가와 군은 운명공동체이기 때문이리라.

1

비겁한 평화는
더 많은 피를 요구한다

2015/02/05

단호한 응징을 못하는 이유가 있는가

2013년 2월 12일 오전 11시 57분, 북한 풍계리에서 진도 4.9의 인
공지진이 발생했다는 경보가 위기관리센터 상황실에 접수됐다. 당
시 안광찬 위기관리실장은 즉각 대통령에게 보고하면서 국가안전
보장회의(NSC) 소집을 건의했다.

이어서 각 안보 관련 장관들이 속속 청와대 지하 벙커에 도착했
다. 신속하고 적시적인 NSC를 마친 뒤 천연우 외교안보수석은 북
한의 핵실험을 비난하는 성명을 직접 발표했다. 동시에 전 세계의
주요 뉴스(Breaking News)로 전파됐으며, 미국과 중국을 포함한 유
엔까지도 북한을 비난하고 나섰다. 그런데 우리 정부는 단지 비난

만 할 뿐 단호한 응징은 하지 못하는 안타까운 실정이다.

과거 일본 막부시대의 치열한 전투 중 일어난 비극의 역사를 한 토막 소개한다. 도요토미 히데요시의 아들이자 오사카 성주였던 히데요리는 평화의 상징으로 성을 둘러싸고 있는 해자(垓字)를 메우자는 도쿠가와 이에야스의 거짓 화친을 받아들인다. 그동안 오사카 성을 든든하게 지켜주던 방어물인 해자를 메우자마자 도쿠가와는 본색을 드러내 순식간에 성을 함락했다. 순진했던 히데요리는 성을 빼앗기고 22세의 젊은 나이에 결국 자결하고 말았다. 오늘날 이상주의적 평화론자들에게 경종을 울리는 일화다.

최근 우리 사회 일각에서는 이러한 평화론이 확산돼 우려스럽다. 즉 호시탐탐 우리의 생명을 노리는 북한에 대해 "좀 더 퍼주고 달래고 대화로 설득하자"는 주장이 그렇다. 이들은 천안함 사건과 연평도 포격이란 국가적 위기 속에서도 긴장 고조가 우려된다며 한때 일체의 군사대응에 반대했다. '긴장 조성'보다 '비겁한 평화'가 낫다는 것이다. 과연 진정으로 그러한가?

북한은 남한에 온당한 보답을 하고 있는가

1970년대까지만 해도 북한의 경제력은 우리를 앞섰다. 그러나 무력 적화통일 준비에 전념한 결과 북한 경제는 몰락하고 말았다. 1994년 김일성이 죽은 뒤 굶어서 사망한 사람이 300만 명이나 되는 등 급격한 체제붕괴 위기에까지 내몰렸다. 전 세계 공산 국가들이 도미노처럼 무너지고 있어 러시아 등 외부 지원도 막혔다. 그러나 북한은 기적적으로 살아남았다. 그리고 오늘날 오히려 막대한 군사력과 핵으로 무장해 대한민국의 안보를 위협하고 있다.

어떻게 이러한 기적이 가능한 것일까?

고(故) 황장엽 씨는 "그동안 우리가 퍼준 돈이 몰락해가는 김정일 정권을 다시 일으켜 세우는 버팀목이 됐다"며 통탄해했다. 실제로 우리의 대북지원은 약 69억 달러가 넘는다. 그러나 급사한 김정일은 이러한 막대한 지원에도 '고난의 행군' 속에 수백만 명을 굶어 죽게 방치하고 오로지 당정군의 친위세력들만 먹여 살리면서 강성대국을 목표로 핵을 만들었다. 29억 달러에 달하는 현금지원은 13억~17억 달러가 소요되는 핵과 미사일 개발에 쓰였다.

그렇다면 우리는 우리의 지원으로 살아남은 북한으로부터 온당한 보답을 받고 있는가?

그렇지 않다. 북한은 지원을 받으면서도 1999년 제1차 연평해전을 일으켰다. 2002년에는 월드컵 중에 제2차 연평해전을 일으켜 윤영하 소령 등 6명의 꽃다운 넋들이 산화했다. 최근에도 천안함 사건으로 군인 47명, 연평도 포격으로 군인과 민간인 총 4명이 희생됐다.

안보의 마지막 보루인 군의 역할이 분명해졌다. 북한의 도발에 굴복해서는 절대 안 되며, 앞으로 다시 도발할 때는 단호하고도 철저하게 응징해야 한다. 응징의 한 가지 방법으로는 그동안 중지되었던 대북 심리전을 재개하는 것도 실질적으로 심도 있게 검토할 필요가 있다.

혹자는 '전쟁으로 확대되면 어떻게 하느냐'고 하지만 현 정세를 볼 때 이는 북한이 더 겁을 먹고 있을 뿐이다. 우리 군의 응징 의지가 단호하다면 아예 도발을 하지도 못할 것이기 때문이다.

역사가 증명하듯 '비겁한 평화가 더 많은 피를 요구한다'는 진리를 깊이 명심해야 할 것이다.

2

반복된 북한 무인기 소동,
그러나…

2016/04/08

박근혜 대통령은 미국 워싱턴D.C에서 52개국 정상이 함께한 제4차 핵안보정상회의(NSS)에 참석하고 2016년 4월 7일 귀국했다. 이때 핵안보정상회의는 "핵무기 없는 세계를 위한 원칙을 담은 공동성명과 고농축 우라늄(HEU)을 비롯한 핵물질 감축을 위한 UN과 국제원자력기구(IAEA) 등의 액션플랜(행동계획)"을 채택하였다.

또한 한국이 올 12월에 열리는 IAEA 핵안보각료회의 의장국으로 결정됐다.

박 대통령은 폐막일(4.1) 업무 오찬에서 "북한은 오직 김정은 정권의 유지를 위해 핵 비확산, 핵 안보, 원자력 안보에 관한 모든 국제규범을 무시하면서 20년 넘게 핵물질 생산과 축적을 계속하고 있다"며 비판하고 "북한이 2009년 IAEA의 핵시설 접근을 차단한 이후 국제사회는 북한의 핵물질 생산과 축적, 관리현황에 대한 정보가 거의 없고, 더욱이 과거 북한의 사이버 공격과 무인기 침투시도를 감안하면 새로운 기술을 악용해 원자력 시설에 대해 위협할 가능성도 배제할 수 없다"고 강조했다.

계속되는 북한 무인기의 남한 정보수집

지난 3월 29일 국방부 정례 브리핑에서 문상균 대변인은 "북한 무인기는 2016년 1월 13일 오후 2시경, 1사단 도라산 관측소 앞 군사분계선(MDL) 3km 상공에서 비행하는 것을 식별하여 경고방송 및 K-3 기관총으로 20발의 경고사격을 하자 북으로 복귀했으며, 이후 현재까지 MDL을 침범한 사례는 없으나 하루에도 7~8차례 활동이 있을 수 있다"고 밝히면서 "북한 무인기는 지속적으로 활동해 왔고 우리 군은 무인기 탐지 식별을 위해 대공 감시체계를 중첩운용하면서 만약 북한 무인기가 MDL을 넘어오면 헬기와 발칸포 등 대공무기로 타격하는 체계를 갖추고 있다"고 발표했다.

북한 무인기 소동은 2년 전에도 있었다.

2014년 3월 24일, 삼각형 모양의 무인기가 청와대 촬영 후 복귀하다가 경기도 파주에 떨어졌고, 북한이 서해 북방한계선(NLL) 인근에 집중 포사격을 했던 3월 31일에도 하늘색과 흰색 구름무늬로 도색된 무인기가 백령도 사곶교회 인근 밭에 추락했다.

백령도와 파주에서 발견된 무인기 비교

구 분		백령도 발견 무인기	파주 발견 무인기
발견 일시		3월 31일 오후 4시 18분	3월 24일 오전 10시
발견 장소		백령도 사곶교회 인근	파주시 조리읍 봉일천리 야산
제원	크기	길이 2-3m, 폭 2m	길이 1.9m, 폭 1m
	중량	12.7kg	13kg
	연료량	휘발유 3.4ℓ	글로우연료 4.97ℓ
	체공시간	2시간 30분(추정)	1시간 50분(추정)
	항속거리	250-300km(추정)	180-220km(추정)
	카메라	일본 니콘 D800	일본 캐논 550D
	모양	일반비행기	삼각형(스텔스기 모양)
촬영내용		서북도서 군부대	국도 1호선(파주~서울), 청와대, 경복궁
공통점		무늬(하늘색 바탕에 흰색구름무늬), 동력(유류사용, 프로펠러 엔진) 주요기능(고성능 비행장치, 소형카메라(광각렌즈), 착륙용 낙하산)	

　전문가들은 북한의 무인기에 의한 정보수집이 이미 수년 전부터 계속되어 왔다고 보고 있다. 2010년 8월 북한군이 서해 NLL 인근에 해안포를 발사한 이후 7m 정도 크기의 무인기가 연평도 북쪽 20여 km 상공에서 지상 50m의 고도로 날아가는 장면이 우리 군에 포착된 적도 있다.

2010년 11월 23일, 연평도 포격 도발에 북한군은 연평도 내의 우리 해병대 막사와 K-9 자주포 진지 등을 비교적 정확하게 겨냥해 사격했다. 그래서 북의 간첩이 위치를 알려준 것 아니냐는 얘기까지 나왔다. 한 소식통은 "당시 북한은 소형 무인 정찰기로 연평도 내 군시설 등에 대해 소상히 파악한 뒤 포격했을 가능성이 크다"고 말했다.

레이더에 잡히지 않는 북한 무인기들

북한이 보유한 대표적 무인기는 중국의 'D-4(ASN-104)' 무인 항공기를 도입해 자체 개조한 정찰용 '방현-I'과 '방현-II'다. 이 무인기는 최전방 부대에 300여 대 실전 배치된 것으로 알려졌다.

D-4는 길이와 폭이 약 2~3m로, 고도 3km에서 최대 시속 약 160km로 비행할 수 있는 것으로 알려졌다. 작전 반경은 최대 60km 정도다. 휘발유 엔진을 사용하며, 낙하산을 펼쳐 착륙이 가능하도록 설계됐다. 유사시 폭약 20~25kg을 장착해 자폭공격도 가능한 것으로 밝혀졌다.

북한은 또 미국산 무인 표적기 MQM-107D를 시리아를 통해 들여와 자폭형 무인 공격기로 개발했다. 이 무인기는 2012년 4월 김일성 100회 생일(태양절) 때 평양에서 열린 대규모 열병식에서 공개됐다.

북한 주요 무인 항공기·공격기 현황

구 분	VR-3	프라체-IT	방현 I . II	자폭형 무인공격기
길이×날개폭(m)	8.06×2.24	2.78×3.25	3×3	5.5×3
작전 반경	90km	60km	60km	250km
최대속력(시속)	950km	180km	160km	925km
최대상승고도	5000m	2500m	3000m	1만 2000m
특징	1990년대 중동에서 도입	러시아 개발 단거리 무인기	중국서 도입한 D-4(Asn-104) 개조	미국산 표적기 MQM-106D 개조

일명 '스트리커'로 알려진 표적기는 동체 길이 5.5m, 날개 길이 3m로 제트엔진을 장착해 시속 925km까지 날 수 있다. 북한은 무인 표적기에 소형 폭탄을 장착해 최대 250여 km 떨어진 목표물에 자폭 공격을 감행할 수 있도록 개조한 것으로 알려졌다.

북한은 또 러시아에서 들여온 단거리 감시정찰 무인기도 보유한 것으로 보인다. 작전 반경 6km, 체공 시간은 2시간으로 전해졌다. TV카메라도 장착할 수 있다. 별도의 궤도 발사대에서 발사되며 낙하산을 이용해 착륙한다.

북한은 러시아산 무인정찰기 VR-3도 보유한 것으로 추정된다. 이 무인기는 1990년대 말 중동 국가로부터 도입된 것으로 알려졌다. 5,000m 높이까지 상승할 수 있고 90km까지 작전 임무 수행이 가능하다. 속도는 시속 950km까지 가능하지만 체공 시간이 다소

짧은 편이다.

문제는 무인기가 크기는 작고 낮게 비행해 레이더로 탐지하기가 매우 힘들다는 점이다. 북한 무인기가 우리 최전방 부대를 정찰해도 모를 수 있다. 무인기에 20~25kg의 폭약을 장착해 자폭테러용으로 쓸 경우 문제는 더욱 심각하다. 군 관계자는 "소형 무인기의 경우 현실적으로 눈으로 발견해 기관포 등으로 격추시키는 방법밖에 없어 진짜 고민"이라고 말했다.

국방위에서 끝나지 않은 북한 무인기 소동

당시 김관진 국방장관은 4월 9일 열린 국회 국방위에서 경기도 파주에서 3월 24일 추락하여 발견된 무인기 관련 사항을 9일이 지난 뒤인 4월 2일에야 보고를 받았다. 파주 관할 국정원과 기무부대, 경찰서, 사단정보처, 정보사령부 등 5개 기관 관계자들이 3월 24일~27일 지역합동(합신) 조사를 하였다.

북한군이 사용하는 하늘색 바탕에 구름무늬 위장, 날짜 등 북한식 표기, 십자형 낙하산 등 북한제로 추정할 만한 근거가 나왔으나 지역합동 조사팀은 "대공 용의점 판단이 제한된다"는 결론을 내렸다고 말했다.

이재수 기무사령관은 이날 국회에서 "지역 합신 결과 장관에게 보고할 내용이 없었다"고 밝히며 북한 무인기로 추정할 수 있는 증거가 많았는데도 보고하지 않은 이유에 대해 "대공 용의점을 확정할 단계가 아니었다"면서 "기체 정밀조사는 중앙합동조사에서 해야 하기 때문에 제가 전환할 것을 요청했다"고 말했다.

중앙합동조사는 국정원, 합참, 기무사, 정보사, 경찰청, 해양경찰청 등 6개 기관이 참여해 3월 28일~4월 1일까지 진행되었고, 1차 조사와 달리 대공 용의점이 높다고 판단해 4월 2일 이를 장관에게 보고했다.

그러나 북한 무인기에 대한 소동은 국방위에서 끝나지 않았다.

새정치민주연합 진성준 의원은 국방위 현안보고에 출석한 이재수 기무사령관을 상대로 북한 무인 정찰기의 청와대 촬영사진이 지난 3일 〈조선일보〉에 보도된 경위를 추궁하며 "수사를 진행해야 한다. 압수수색이라도 신청할 수 있는 것 아니냐"고 했다. 이 사령관은 "언론사를 대상으로 기무사가 압수수색을 한다는 것 자체가 또 다른 문제를 야기할 수 있다"고 답했다.

대책 마련은 하지 않고 과정의 오류만 따질 것인가

국회의원들이 보안문제를 따지는 것은 당연하다. 그러나 이틀 전인 최성준 신임 방송통신위원장 청문회 당시와 비교하면 이율배반(二律背反)적이다. 전병헌 원내대표 등은 최 위원장이 판사시절 1989년 모 신문사에 대한 압수수색영장을 발부한 사실을 문제 삼왔다.

임수경 의원은 "정부가 언론사를 탄압할 수 있는 사례를 만들어 준 판결"이라고 하며 국가보안법 위반혐의로 벌어진 일이었음에도 이를 비난했다. 더욱이 "북한이 보낸 무인기가 아닐 가능성이 높다"는 발언으로 논란을 빚은 새정치민주연합 정청래 의원은 국방부의 조사결과 발표에 대해 자신의 트위터에 "그렇다면 국방부장관을 파면 해임하라"고 주장했다.

정 의원은 자신의 과거 주장에 대한 해명이나 사과도 없었다. 4월 11일 국회 외교통일위원회 전체 회의에서 "북한 무인기라고 소동을 벌인 것에 대해 누군가 응당한 책임을 져야 할 날이 올 수 있다. 왜 (북한의 광명납작체가 아닌) '아래한글' 서체가 붙어 있나, 이건 코미디"라고 주장해 또 다른 소동과 파문을 불렀다.

그들의 주장에 따른다면 이것은 조삼모사(朝三暮四)이고 자가당착(自家撞着)이다. 이러한 북한의 도발에 대해 효과적인 대책을 강구할 것인가에 대한 중지를 모으기보다는 무인기 발견 후 조치에 대한 중간 과정의 문제점만 거론하면서 자신들의 자기모순(自己矛盾)적인 발언은 무시한 채, 어떤 것이 진실이든 장관은 해임되어야 한다고 주장한다. 누군가 응당 책임을 져야 하는 정치적 판단만이 존재하는 소동을 일으키고 있을 뿐이다.

3

드론사령부 창설로
적의 위치를 파악하라

2016/04/12

북한 소행을 입증하는 결정적 증거

2014년 3월~4월 경기도 파주와 서해 백령도, 강원도 삼척지역에 추락한 소형 무인기 3대는 모두 북한지역에서 날아온 것으로 최종 확인됐다.

5월 8일, 국방부는 한국과 미국 전문가들이 무인기들의 비행 조정 컴퓨터에 저장된 임무명령서(비행계획과 비행경도좌표)를 분석한 결과, 3대 모두 발진과 복귀지점이 북한지역이었다. 메모리칩에 입력된 비행경로와 사진 찍힌 곳이 완벽하게 일치했다. 이것은 북한의 소행임을 입증하는 '스모킹건(Smoking Gun, 결정적 증거)'을 당국이 확보했다는 의미였다.

조사결과에 따르면, 3월 24일 파주지역에서 발견된 무인기는 발진과 복귀지점이 개성 북서쪽 5km 지역이었고 같은 달 31일 백령도에 추락한 무인기는 해주 남동쪽 25km 지역에서 발진한 것으로 드러났다. 또 4월 6일 삼척에서 발견된 무인기의 발진 및 복귀지점은 강원도 평강 동쪽 17km 지역으로 확인됐다. 공동조사팀은 무인기들의 성능과 탑재부품 등이 중국 민간업체에서 제작한 무인기와 거의 일치하는 만큼 북한이 홍콩 등 제3국을 거쳐 입수해 개조한 것으로 결론 내렸다.

당시 김민석 국방부 대변인은 "북한의 행위는 정전협정과 남북 불가침 합의서를 위반한 명백한 군사도발로 북한의 도발에 강력히 대응하는 한편 유엔군사령부 군사정전위원회를 통해 우리 영공침범 행위에 대해 강력 항의하고 경고 조치할 것"이라고 말했다.

대북 단파라디오 방송인 〈자유북한방송〉은 2014년 5월 8일, "무인기를 활용한 적 정찰활동을 강화하라"는 김정은의 지시문을 입수했다고 보도했다. 김정은이 2013년 3월 24일 제1501부대를 시찰하면서 부대 지휘성원들과 관계자들에게 "다양한 무인기를 활용한 적 종심 정찰활동을 강화하라"고 지시했다는 것이다.

그동안 '무인기는 남측 자작극'이란 주장으로 일관해 온 북한은 5월 8일 국방부의 최종 조사결과 발표에 대해서도 '제2의 천안함처럼 날조된 것'이라고 억지를 부리며 극렬 반발하고 있다. 2014년 3월~4월 경기도 파주와 서해 백령도, 강원도 삼척지역에 추락한 소형 무인기 3대는 모두 북한지역에서 날아온 것으로 최종 확인됐다.

청와대 영공까지 뚫는 초유의 사태, 우리는 잘 대처하고 있는가

때를 같이하여 각종 신문사설과 TV종편에서 '무인기가 청와대 영공까지 뚫는 초유의 사태를 막지 못한 김관진 국방장관과 김장수 국가안보실장에게 분명히 책임을 물어야 한다'는 여론이 들끓기 시작했다.

경기도 파주에서 북의 무인기를 처음 발견했을 때 "대공 용의점이 없는 것 같다"고 잘못 판단한 후 청와대에 늑장 보고한 것에 대해서는 변명의 여지가 없다. 박근혜 대통령이 "군 당국이 관련 사실을 전혀 파악하지 못한 것은 방공망, 지상정찰체계에 문제가 있는 것"이라고 질책한 것은 마땅하다.

군이 우왕좌왕한 것이나 세월호 침몰 때 정부가 갈팡질팡한 것은 서로 닮은꼴처럼 보인다. 세월호 참사로 청와대 위기 대응에 대한 국민의 의구심이 커졌을 때 국가안보실에서는 "우리는 안보 컨트롤타워이지 재난 컨트롤타워가 아니"라고 했다.

그렇다면 과연 침투에는 제대로 대처했는가?, 라는 국민적 문책 여론이 커지자 청와대 대변인은 5월 22일 김장수 안보실장과 남재준 국정원장의 경질을 발표했다. 그리고 6월 1일 국가안보실장에 김관진, 국방부장관에 한민구 전 합참의장을 지명했다. 아마도 6월 4일 지방선거를 고려한 조치로 예상되었다.

2년 전이나, 지금이나, 또 앞으로도 무인기 소동은 계속될 것이다.

외부의 적보다 더 무서운 종북세력

북한의 무인기, 장사정포, 핵미사일보다도 더 파괴력이 강한 것은 내부의 적, 즉 북한 간접침략과 연계된 종북세력이다.

김희상(한국안보문제연구소 이사장) 예비역 육군 중장은 "무인기가 눈앞에 날아드는 모기떼라면, 종북세력은 심장에 퍼져가는 암세포라고 할 수 있다"며, "원래 내부의 적이 외부의 적보다 더 무서운 법이지만 어떤 나라든 반체제 세력이 너무 창궐하면 특히 그것이 외침과 맞물리면 견뎌내기란 쉽지 않다"고 주장했다.

1975년 4월 말 월남의 패망은 수많은 사례의 하나일 뿐이다. 이런 방식은 오늘 북한에도 활용되고 있다. 종북세력은 한미연합사와 정면 대결하는 모험을 피하면서 적화의 뜻을 이룰 수 있는 유용한 길 중의 하나이다.

인터넷에는 '목숨을 버려 10년 내 적화통일'을 다짐하거나 '천안함 폭침이나 무인기 도발은 모두 한국 정부의 음모', 그리고 '국군과 미군은 학살자'라는 식의 사상적 배경과 목적이 의심스러운 글들이 난무해 왔고, 일부 방송이나 영화에서는 역사적 진실을 왜곡해 가며 한미동맹을 폄훼한데다 우리 정부와 군을 모함하고 망신을 주었다. 젊은층에게는 반기업정서를 부추기기도 했다. 그렇게 조국에 대한 긍지를 짓밟고 자유민주체제의 뿌리를 뒤흔들어 왔다.

이제는 건전한 국민들과 사회 지도층 모두가 함께 나서서 목소리를 한층 높여야 한다. 특히 국회교섭단체 당대표들이 의사표명을 분명히 해야 한다.

교육, 문화, 홍보 등 국가의 총체적 역량을 결집해서 포용·탈이념 구실로 내부의 암적 존재인 종북세력의 확산을 차단하면서 흔들리는 대공조직을 모조리 잡아내야 한다. 어쩌면 미국의 애국법(愛國法)처럼 법도 재정비해야 한다. 종북세력의 발본색원은 우리가 꿈꾸는 '참된 통일'을 위해서 오늘 당장에라도 단호하게 처리해야 할 핵심 과제이다.

드론사령부 창설이 필요한 때

2016년 3월~4월 매주 수·목요일 저녁에는 여자 친구와 약속하거나 늦게 전화를 하면 큰일이 벌어질 듯한 진풍경이 벌어졌다.

송중기 주연의 〈태양의 후예〉라는 드라마가 방영되는 시간이었기 때문이다. 〈태양의 후예〉가 잠시 주춤했던 한류 바람을 다시 태풍으로 만들어 중국, 일본, 미국 등 세계 각 곳을 타격하고 있다. 유시진(송중기) 대위는 "미인과 노인과 어린이를 보호하고 청소년을 계도하며, 총구로 위협당해도 상식을 지키는 것이 군인의 명예"라고 말했다.

배우 송중기 덕분에 특전사 군인들의 인기가 하늘로 치솟고 있고 일부 4·13총선 후보들도 이 드라마를 패러디해 지역주민의 관심을 모은 바 있다. 애국과 사랑에 시청자들이 열광하는 현상은 침묵하고 있던 다수의 보수 또는 중도보수 국민들의 가슴에 진정한 애국을 한 번 더 생각하게 만들었다.

〈태양의 후예〉처럼 적지종심에 뛰어들어 임무를 수행하는 특전사가 있듯이 북한 무인기 침투에 대비하려고만 할 것이 아니라 우리도 효과적인 적지종심작전을 수행하기 위해서 드론(무인기)사령부 창설은 확실히 필요한 일이다.

심지어 이라크의 주요 원유 생산지인 Al-Alam 지역에서 드론(무인기)을 다수 활용하여 전선에 투입·정찰까지 하면서 전선 지휘와 통제를 하고 있는 IS들의 사령부 관련 기사가 게재되었다.

드론(무인기)으로 전선을 파악하면서 이라크 정부군과 민병대의 움직임을 포착하면 테크니컬 차량 및 소수의 기갑차량을 적시적소에 투입 가능하다.

국가도 아닌 IS조직조차 무인기를 활용하여 지휘하는 모습을 보면서 우리 군에도 드론(무인기)사령부 창설을 적극 검토해 볼 필요가 있음을 절감했다.

불멸의 병법가 손자의 말이 생각난다. '형인이아무형(刑人而我無形) 아전이적분(我專而敵分)'이라고 했다. "적군은 드러나게 하고 아군은 드러나지 않으면 아군은 집중되고 적은 분산되어 승리할 수 있다"는 뜻이다. 드론을 이용하면 우리는 숨길 수 있고 적의 위치는 쉽게 알아낼 수 있을 것이다.

무인기(드론)의 침투에 철저히 대비하는 것도 중요하지만 우리도 더욱 강하고 효과적으로 무인기를 활용하는 방안을 이번 기회에 강구해야 한다.

또한 내부의 적을 제거하는 노력과 자유민주주의에 대한 정신 무장을 든든히 하여, 국민이 안전하고 안심할 수 있는 국가로 만들어 종국에는 '통일'을 달성하게 되기를 간절히 기원해 본다.

4
———

2013년 3월 20일,
사이버 테러의 악몽!

2015/03/20

지능형 지속공격, 사이버 테러

2015년 초 청와대 비서관의 핸드폰 악성코드 감염과 원자력 발전소 전산망 해킹 사건이 도마에 올라 난도질당했다.

그런데 2013년 3월 20일 오후 2시 10분경에도 KBS, MBC, YTN 방송사와 신한, 농협, 제주은행 등 금융사 전산망이 마비되었다. 이 바람에 기자들은 온라인 기사를 송고하지 못해 문자 메시지로 보내고 은행은 거래가 중지되는 등 대혼란이 발생했다.

당시 청와대 위기관리센터는 갑자기 바빠졌다. 지능형 지속공격(Advance Persisted Threat) 때문에 방송사와 은행 6곳의 PC 하드가 파괴되었다는 보고를 받았던 것이다. 김장수 안보실장은 10분 뒤 대통령에게 최초 보고를 했다. 최순홍 미래전략수석과 주철기 외교안보수석이 배석한 가운데 국가사이버안전센터, 한국인터넷 진흥원(KISA) 등 관련 기관 관계자들이 모여 "범정부 사이버 위기 대책본부"가 운용됐다.

오후 3시, 사이버 위기 경보가 관심에서 주의단계로 격상되고 해킹대응팀이 방송국과 은행에 파견돼 악성코드 PC 9개를 발견·분석에 들어간 뒤 보고를 종합한 결과, 약 3만 2,000대의 PC 하드가 파괴된 것을 확인할 수 있었다.

일련의 조치를 김행 대변인이 청와대 춘추관에서 브리핑해 당시 안보실장이 적시에 신속한 위기관리에 대처하여 매스컴을 통해 홍보되는 동시에 국민들을 안심시키는 효과도 있었다.

와중에 업무가 제한됐던 신한은행을 비롯한 각 은행들, 방송국의 기능이 응급조치를 통해 정상적으로 복구되어 오후 6시 30분 대통령에게 2차 보고를 하며 초동조치를 일단 마무리해, 국가안보실을 중심으로 원활하게 위기관리 임무를 수행하는 모습을 국민들에게 보여주었다.

북한의 소행으로 추정하는 이유

사고 후 정보보호대학원의 연구결과에 따르면 시스템 복구비용과 매출이익 손실이 포함된 직접 피해액은 약 1,361억 원, 생산효율 저하·데이터 손실·예방을 위한 투자비용 등이 포함된 간접 피해액은 6,500만 원, 그리고 이미지 손상·신뢰도 추락·주가 하락·법적 보상 등으로 인한 잠재적인 피해액은 약 7,310억 원으로 총 피해액은 약 8,672억 4,800만 원에 이른 것으로 추정됐다.

이후 4월 10일, 민관군 사이버위협 합동대응팀은 '이번 사이버테러 수법과 접속기록을 정밀히 조사한 결과 북한 정찰총국 소행으로 결론을 내렸다'고 발표했다.

지능형 지속공격(APT)을 위해 북한의 해커들은 2012년 6월 이전부터 준비해 왔다. 그들은 이때부터 악성코드로부터 정보를 수집하고 공격 서버를 확보하기 시작했고, 2013년 2월까지 공격대상 내부 PC에 감염을 완료했다.

해커들은 2013년 2월 이전에 공격대상 기관의 전산망 특성에 따라 맞춤형 악성코드를 개발했고, 2월 1일에는 KBSexe라는 악성코드가 다운로드된 것이 발견되어 그때부터 3월 15일까지 기관별로 추가적인 다운로드가 있었던 것으로 추정한다.

그들은 3월 15일, 홍콩에서 악성코드를 배포하는 도메인을 등록했다. 그런 와중에 17일에는 MBC, SBS에 같은 악성코드가 다운로드되는 상황을 발견해 국내 보안업체의 보안 경고가 나오기도 했다. 따라서 각 기관에서는 일제히 백신 업데이트를 시행했는데 이때 악성코드가 전 기관의 PC에 감염되었고, 3월 20일 오후 2시 많은 컴퓨터를 감염시킨 악성코드가 일제히 공격을 시작한 것이다.

북한 정찰총국 소행으로 추정하는 결론은 다음과 같다.

첫째, 북한 내부에서 국내 CNC 서버에 수시 접속, 장기간 공격을 준비한 점이다. 2012년 6월 27일부터 북한 내부 PC의 최소 6대가 1,590회 접속하여 악성코드를 유포하고 PC 저장자료를 절취하거나 공격했다.

둘째, CNC 서버 49개 중 22개가 과거에 사용했던 경유지와 동일하다는 점이다.

셋째, 악성코드 76개 중 30종 이상을 재활용했기 때문이다. 북한 해커들만 고유하게 사용 중인 감염 PC의 식별번호(8자리 숫자) 및 감염신호 생성코드의 소스프로그램 중 과거와 동일하게 사용된 악성코드가 무려 18종에 달했다.

보안의식과 절차 준수의 생활화

더 큰 문제는 우리 내부에 있었다. 금융감독원 자료에 따르면 업무를 수행하는 금융업체 실무자들이 기본적인 보안원칙을 지키지 않았다는 점이다. 서버에 접속하는 관리자들이 PC에 서버 사용자 계정과 비밀번호를 저장하고 자동 로그인 기능을 사용했다. 이러면 PC가 해커에게 넘어가는 순간 서버도 해커의 손에 떨어지게 된다.

아무리 좋은 보안제품을 사용하고 근사한 보안정책을 세워도 이토록 안이한 보안의식을 바꾸지 않는다면 모든 예방책은 무용지물이 되고 만다.

4월 4일, 필자는 대통령 집무실에서 직접 '국가 사이버 안보 개선안'을 대면보고했다. 박근혜 대통령은 북한 소행임을 보고받고 "왜 우리는 북쪽에 대응 공격을 하지 않느냐?"고 물었다. 순간 부드럽지만 강한 전투의지를 느끼게 하는 카리스마가 가슴을 파고들었다. 사실 북한의 열악한 전산체계는 우리가 공격하기에는 아직 효과가 미미한 실정이라고 보고했다. 박 대통령은 사이버 안보 컨트롤 타워를 새롭게 보완하는 방안에 대해 승인하였다.

　　시간이 흘러 작금에는 청와대에 사이버 비서관도 생기고 경찰 사이버수사대는 단으로 승격해 총경급에서 경무관급으로 보강하는 등 많은 발전을 하고 있다. 그러나 앞서 지적했듯이 가장 중요한 것은 관련 업무자들의 기본적인 보안의식과 절차 준수를 생활화하는 데 있다. 흔히 접하는 유비무환(有備無患)의 의미를 마음 속 깊게 되새겨야 할 것이다.

5

북 목함지뢰 도발,
가장 혹독한 대가는 무엇인가?

2015/08/12

2015년 8월 11일 오전, 청와대 민경욱 대변인은 브리핑을 통해 "지난 8월 4일 수색작전 중 우리 부사관 2명에게 중상을 입힌 DMZ 지뢰도발 사건은 북한군이 군사분계선을 불법으로 침범해 목함지뢰를 의도적으로 매설한 명백한 도발"이라고 비판하면서 "정전협정과 남북한 불가침 합의를 정면 위반한 것으로 우리는 북한이 이번 도발에 대해 사죄하고 책임자를 엄벌할 것을 엄중히 촉구한다"고 밝혔다.

그러나 TV종편에서는 "혹독한 대가가 고작 대북 확성기 방송 일부 재개냐?"며 좀 더 강한 응징을 요구했다. 참으로 고무적이다. 제2차 연평해전 시에는 화포사용을 억제하라는 정치적 판단의 지시에 따라 선체로 밀어내기를 하다가 6명의 용사를 잃었다.

미국 군대가 세계 최강의 군사력을 자랑하는 요인은 너무도 많다. 고도의 정밀화, 과학화된 최신예 장비와 화기, 우수한 간부들을 배출해내는 교육제도, 일반 국민의 군에 대한 신뢰와 존경 등을 손꼽을 수 있다. 그러나 무엇보다도 수많은 전쟁을 치렀던 경험들이 세계의 안보를 책임지는 최강의 군대를 육성하게 된 가장 큰 요인이다.

심리작전 요원들의 치밀한 교전

그럼 우리 국군은 어떤가? 1948년 창군해 걸음마 단계일 때 6·25전쟁을 치르고 미군의 무한정한 지원 아래 1970년대 월남전에 참전하였다. 1990년대 걸프전에서는 의료지원 위주로, 현재는 수단 등 15개 국가에서 국제평화유지군(PKO) 부대로 소극적인 전쟁경험을 쌓고 있는 실정이다.

그러나 2015년 8월 10일 오후 5시, 비록 실탄이 날아가고 포성과 비명이 들리지는 않았지만 북한군과 치열하게 교전하게 된 우리 국군이 존재한다는 사실을 모르는 현실이 너무 안타까워 이렇게 펜을 들게 되었다.

사실 세계 역사상 가장 위대한 장군을 꼽으라 하면 많은 군사학자는 주저하지 않고 칭기즈칸을 이야기한다.

고대의 한니발과 알렉산더, 중세의 나폴레옹과 성웅 이순신, 미국 남북전쟁 시 스톤웰 잭슨과 셔만, 그리고 제2차 세계대전의 롬 멜, 팻튼, 맥아더, 마오쩌둥 등도 위대한 장군이었다. 그렇지만 당시 상상도 할 수 없었던 속도와 기만작전으로 유라시아를 제패한 칭기 즈칸의 전략은 처음부터 끝까지 심리전 위주였다고 해도 과언이 아 니다.

칭기즈칸은 전투를 시작하기 전에 첩자를 침투시켜 정확한 첩보 를 수집하고 적과 주민을 선전·선동하여 공포에 몰아넣어 전투 의 지를 말살 또는 약화한 후에 공격하였던 것이다. 이러한 고도의 심 리전을 구사하여 기대 이상의 성과를 올리게 된 것이다.

그렇다면 우리 국군의 심리전 현주소는 어디인가?

1992년 3월 4일부로 육군본부에서 합참 민사심리전실로 개편된 이래 여러 차례 조직개편이 이루어져 왔다. 2000년도에는 적과 직 접 접촉하는 전선에 11개소의 대형 전광판과 95개소의 신형 확성 기를 설치했다. 이처럼 한 수 위의 대면작전 등으로 GOP지역을 방 문하는 우리 국민들은 절대 우위의 심리작전을 전개하고 있는 군의 현장을 목격할 수 있다.

6·15 남북정상회담 후 이제는 심리전이 필요 없지 않느냐고 큰 오판을 하는 몰지각한 일부 사람들도 있었다. 그렇지만 오히려 심 리작전 요원들은 더욱더 치열한 교전을 하고 있다.

과거의 일방적인 비판과 선전·선동의 심리작전에서 '진실과 사 실에 입각한 내용'으로 북한의 적들이 자신들도 모르게 우리의 작 전 내용에 동화되어 대한민국의 우월성과 북한의 비참한 현실을 스스로 인식하고 대남 적개심 약화와 동경심을 유발하는 고도의 심리작전을 구사하고 있다. 이것은 바로 심리작전 분야에 근무하는 요원들뿐만 아니라 우리 모두에게 주어진 진정으로 행동해야만 할 몫이다.

또한 작금의 심리전 환경의 급격한 변화는 새로운 심리작전 방법을 요구하고 있다. 이를 위해 과거의 관행과 관습에 얽매이지 않고 창의적으로 새로운 방법을 모색해야 할 것이다.

누가 알아주든 않든 간에 현시대 상황에 맞는 심리작전으로 국가와 국방정책에 기여하는 GOP 최전방 및 해당 지역에서 불철주야 노력하는 심리작전 요원들이 있다는 사실을 결코 잊어선 안 된다. 그들은 비록 실탄이 날아가고 포성과 비명 등이 들리지는 않지만, 유라시아를 제패했던 칭기즈칸의 군대처럼 노력하고 있는 것이다.

심리작전 요원들의 음지에서의 피나는 노력이 결실을 맺어 당시 북한은 대통령의 화해와 협력정책에 따라올 수밖에 없었던 것이다. 최근 탈북자와 귀순자들이 기하급수적으로 늘어나 과거 한두 명만 귀순해도 언론매체의 톱기사로 다루었던 것이 이젠 한 귀퉁이를 차지할 정도로 급격한 변화를 이루게 되었다.

그러나 정치적 오판으로 2004년 6월, 남북합의에 따라 대북 확성기 방송 등 모든 심리전 작전이 중단되었다. 당시 절대 우위의 심리작전을 전개하여 북한군의 동요를 유발했다. 우상숭배의 개념을 와해시켜 김정일 집단을 가장 두려워하게 만든 것은 실탄은 날아가지 않지만 적과의 치열한 심리전 교전으로 그들을 무너뜨렸던 것이다.

북을 압도하는 심리작전은 계속되어야 한다

심리작전이 중단된 지난 11년 동안 민경초소에서 근무하던 북한 군인들은 우리의 대형 전광판과 확성기 방송, 대북전단 등을 통한 기상예보까지도 전혀 알 수 없었다. 가장 최근의 북한 소식도 들을 수 없었다. 이에 따라 당연히 DMZ를 통해 내려오는 귀순자들도 대폭 줄었다. 국민의 정부를 이용한 군사적 간접전략 공작이 성공한 것이다.

그동안 탈북단체들의 대북 풍선 날리기 사업이 우리 군의 심리전을 대행해 왔다. 임진왜란 때 의병들이 왜군을 몰아낸 것처럼 우리의 순수한 국민이 의병 역할을 톡톡히 해낸 것이다.

심리작전 중 하나인 대북 확성기 방송뿐만 아니라 지금부터라도 북을 압도하는 전광판, 대면작전, 대북전단 등 모든 심리작전을 확대·지속 전개해야 할 것이다.

6

김정은의 허虛와 실實
"나 지금 떨고 있나?"

2016/09/07

아세안(ASEAN) 정상회의에 참석차 라오스를 방문한 박근혜 대통령은 9월 6일 오바마 미국 대통령과 6번째 정상회담을 갖고 "북측의 어떤 도발에도 강력 대응하고 사드배치를 포함해 강력한 억지력을 유지할 것"이라고 밝혔다. 이때 박 대통령은 "북한 주민의 인권 개선은 통일을 향한 중요한 디딤돌이 될 것"이라고 언급했다.

엘리트 계층의 절망적 귀순

주영 북한대사직은 임기를 마치고 복귀 시 외무상으로 승진하는 중요한 자리이다. 그런데 조기송환을 당한 현학봉 북한대사는 "나 지금 떨고 있나?"라며 좌불안석(坐不安席)이다. 주영북한대사관의 2인자인 태영호 공사의 가족이 우리 대한민국으로 탈출했기 때문이다.

평양의 금수저 출신 외교관인 태 공사의 귀순은 김정은체제 북한의 미래를 가늠해 볼 수 있는 시금석이다. 1997년 베이징 주재 한국총영사관을 통해 망명한 황장엽 전 노동당 비서가 김정일 시대의 사상적 망명이었다면, 태영호 공사는 김정은체제 들어서 미래에 불안을 느낀 엘리트 계층의 절망에서 비롯된 귀순임에 틀림없다.

또한 러시아 주재 북한대사관의 김철성 삼등서기관도 지난 7월 망명했다. 박근혜 대통령은 지난 22일 을지프리덤가디언(UFG) 국가안전보장장회의에서 "북한이 심각한 균열조짐을 보이고 있다"고 언급한 것도 공포정치로 신음하는 북한의 현상을 반영한 것으로 파악된다.

사실 진정으로 떨고 있는 것은 현학봉 주영 북한대사 등 북한의 엘리트 계층이 아니라 김숙 전 유엔대사의 말처럼 김정은은 맹구로써 "나 지금 떨고 있나?"라고 자문하며 자신감 결여 때문에 단두대 공포정치를 자행하고 있는 것이다.

김정은의 허(虛)와 실(實)

김정은은 집권 후 고모부 장성택을 포함하여 130명 정도의 엘리트를 고사총으로 공개처형했다. 최휘 선전선동부 1부부장은 모란봉

악단 중국 방문 때 공연에 실패했다면서 2015년 12월에 처형당했고, 서열 30위 김용진 통일부 부총리는 김정은 연설 때 안경을 닦았다고 보위부 조사 후 자세불량으로 반당혁명분자이며 현대판 종파분자 혐의로 총살당했다. 인민무력부 부부장 김철, 장성택과 그 일파였던 리용하, 장수길, 현영철(김정은 연설 때 졸다가) 등은 고사 기관총으로 총살당하여 시체가 산산조각이 났고, 그밖에도 조영남, 변인선, 최영건 등 줄줄이 단두대 공포정치의 희생물이 되었다.

2010년 천안함 폭침과 연평도 포격도발, 2015년 목함지뢰 사건을 주도한 김영철 통일전선부장은 18호 관리소 탄광에서 1개월 동안의 막노동 혁명화 교육을 받고 복귀했다고 한다. 그는 소장에서 대장 승진, 또 소장으로 강등되었다가 지난 7월~8월에는 농장 노동자로 좌천까지 되었다.

고혈압에다 28세라는 어린 나이에 집권했다는 나이 콤플렉스를 갖고 있는 김정은은 정권의 2인자 출현에 불안감을 느끼고 있는 것이다. 장성택과 이영호 전 총참모장 숙청을 볼 때 확실히 김정은의 허(虛)와 실(實)을 알 수 있다.

잠수함발사탄도미사일(SLBM) 실험에 성공한 지 12일 만에 그것도 중국에서 G20회의가 한참 진행 중일 때 이동식 발사대로 도로 상에서 탄도미사일 3발을 기습 발사해 100km를 비행하고 동해상 일본의 배타적 경제수역(EEZ)에 떨어졌다. UN안보리에서는 중국까지도 동의한 가운데 북한 주민 생활도 어려운데 미사일 발사와 핵실험에 치중하는 북한에 대한 추가제재를 결의하였다.

이번에 귀순한 태영호 공사는 국내에 들어온 뒤 첫마디가 "나는 대한민국을 위해 왔다"며 "많은 계획을 갖고 있다"고 밝혀 김정은 정권의 내밀한 정보를 제공하겠다는 뜻을 내비쳤다.

국제적인 경제제재와 더불어 국내외적으로 궁지로 몰린 김정은은 미사일 발사와 핵실험 등 비대칭 전략으로 정권을 유지하려 발버둥 치고 있다. 하지만 미사일 발사실험 등으로 자금을 많이 소모해 통치자금이 부족해지자 해외파견 외교관과 노동자들에게 추가 상납금을 강요하고 있다고 한다.

북한 내에서도 공포정치를 하다 보니 강둑이 무너져 물이 흘러내리듯 빠져나가는 망명과 탈북의 속출로 올해만도 8월까지 800명이 넘었고, 연말이 되면 1,300명으로 드디어 탈북자 수가 3만 명을 넘어설 것으로 보인다. 이런 상황에서 김정은은 내부 단속을 위해 민심결집과 통치를 위한 추가도발을 할 것으로 예상된다.

과거와 똑같은 도발은 하지 않는다

북한은 과거와 똑같은 도발을 하지는 않을 것이다. '전승불복 응형무궁(戰勝不復 應形無窮)'이라 했듯이 전혀 예상하지 않은 곳에서 새로운 방법으로 도발할 것이다.

즉 간첩을 남파하여 탈북자를 암살하거나 도심 테러 후 시인도 부인도 않는 NCND(Neither Confirm Nor Deny)를 하여 남한 자체

봉기로 위장할 수도 있다. 또한 손쉽게 사이버 테러를 하거나 서해 · 동해상 또는 GOP 선상에서의 국지적인 무력충돌도 예상된다.

더 위험한 것은 북한 외교관들의 망명이 이어지는 것과 대비하여 우리나라의 대사급 외교관 또는 해외 여행자들을 납치하여 신상옥 · 최은희 부부처럼 선전용으로 활용할 가능성이 매우 높은 상황이다.

북한의 통일전선부와 국가안전보위부가 경쟁적으로 이러한 도발을 하여 충성을 과시할 것으로 보이기 때문에 우리의 강력한 대비책이 필요하다.

북한 붕괴 시그널에 대처하는 방법

손자는 허실(虛實)편에서 '무소불비 부소불과(無所不備 無所不寡)'라고 했다. 모든 것을 다 대비한다는 것은 완벽하게 대비한 것이 하나도 없다는 의미이다. 모닥불이 마지막 불꽃에서 확 타오르듯 북한 붕괴 시그널이 하나둘씩 전해오는 작금의 상황 속에서 포퓰리즘에 빠져서 구체적 대안을 제시하지 못하고 있는 정치인들을 믿을 수 없는 상황이다. 따라서 정부 조직원들은 각자의 위치에서 기본을 다하는 것이 더 중요해졌다.

특히 사드 배치의 조속한 추진과 국제적으로 강화된 대북제재로 김정은 통치자금의 숨통을 더 조여야 한다. 그 중에도 해외 여행자나 외교관들은 북한의 납치위협을 미리 예측하고 수상하게 접근해 오는 사람들을 스스로 철저하게 차단해야 한다.

전후방 각지에서 국가안보를 책임지고 있는 우리 군도 한미연합 작전 준비태세를 유지해야 한다. 적의 도발 때는 근원까지 완전 응징보복하겠다는 각오로 대비해야 한다. 그럴 때에만 김정은과 추종세력의 무모한 도발야욕은 일장춘몽(一場春夢)으로 끝날 것이며 김정은은 비서에게 물을 것이다.

"나, 지금 떨고 있나…?"

7

북 핵실험, 미온적 대처가
더 큰 화禍를 부른다

2016/01/08

연초부터 시작된 북 핵실험

박근혜 대통령은 2016년 1월 6일 오후 국가안전보장회의(NSC)를 긴급 소집하여 40분간 주재했다.

북한 〈조선중앙TV〉에서 "2016년 1월 6일 오전 10시 첫 번째 '수소탄' 실험을 성공적으로 완수했다"고 오랜만에 재등장한 고령의 이춘희 인민방송원이 발표했듯이 북한이 4차 핵실험을 했기 때문이다. 73세의 이춘희 북한 간판 앵커는 김정일의 입으로 불리면서 노동당 간부와 불륜도 있었지만 김정일의 신뢰를 받아 각종 도발 등 중요 이슈에 꼭 등장한 인물이다.

이를 미루어볼 때 이번의 4차 핵실험은 국제적 비난에도 불구하

북한의 핵·미사일 도발 현황

연도	날짜	내용	후속조치
2005	2월 10일	북, 핵무기 보유선언	
2006	7월 5일	북, 함북 무수단지 발사장에서 장거리 미사일 발사	UN안보리결의 1695호 채택
	10월 9일	북, 제1차 핵실험 (풍계리, 지진파규모 3.9)	UN안보리결의 1718호 채택
2009	4월 29일	북, 핵실험 및 대륙간 탄도미사일(ICBM) 실험 예고	
	5월 25일	북, 제2차 핵실험 (풍계리, 지진파규모 4.5)	UN안보리결의 1874호 채택
2012	12월 12일	북, 동창리 발사장에서 장거리미사일 "은하3호" 발사	UN안보리결의 2087호 채택
2013	1월 24일	북, "장거리로켓과 높은 수준의 핵실험 미국 겨냥" 발표	
	2월 12일	북, 제3차 핵실험(풍계리, 지진파 4.9)	UN안보리결의 2094호 채택
2016	1월 6일	북, 제4차 핵실험(풍계리, 지진파 4.8)	?

고, 벼랑끝 전술로 현 국면을 타개하기 위해 벌인 국내외적 사기극임에 분명하다. 북한 인민들의 사랑을 받고 있는 이춘희 발표를 통해 전 인민들을 단합시키는 내부 통제용 목적이 더 컸다고 볼 수 있다.

표에서 보는 바와 같이 북한은 2005년에 핵무기를 보유했다고 선언했다. 사실 6·25 남침전쟁이 끝난 후 1970년대부터 김일성은 핵무기 개발에 착수하였고, 실제로 김정일 정권에서 핵실험은 시작되었다.

북 핵무기의 위력과 개발비용은?

1945년 8월 6일 히로시마에 투하된 20KT 핵폭발로 1km 지름의 화구가 생겼고 반경 5km 범위 안의 건물들은 모두 파괴되었다. 반경 15km 이내의 사람들은 모조리 사망했다. 10km 높이의 핵구름이 하늘로 올라가 시속 30만 km 속도의 핵폭풍파가 퍼져나가면서 방사능에 의해 온 만물이 오염되었다. 즉 핵 한 발로 대전시 정도가 초토화되는 위력을 부유하고 있다.

거기에 더 위협적인 것은 전자기파이다.

1962년 하와이에서 핵 공중폭발 실험 때 1,000km 범위 내의 모든 전자·통신장비가 마비되었다. 원인을 확인해 보니, 30~40km 상공에서 핵폭발 시 발생하는 감마선 영향으로 5만 V, 5,000A의 전자기파(Pulse)가 폭발 상공의 남쪽 방향으로 퍼져나가 엄청난 피해를 일으켰던 것이다.

상상만 해도 끔찍한 일이다. 핵무기의 살상효과인 폭풍파, 열파, 방사선, 낙진, 원자병은 근거리에서 위력을 발휘하지만 핵 전자기파(EMP) 위력은 1,000km까지 영향을 미치게 된다. 모든 컴퓨터, 지하철, 핵발전소, 공장 및 각종 무기체계와 통신시스템이 마비될 때 아파트에는 정전과 수돗물이 끊어지고 지하철은 멈춰 선다. 모든 시설의 마비로 공황이 발생하는 등 피해는 상상 이상이다.

이러한 핵을 북한이 실험한 것도 위협적인데 핵분열식의 100~1,000배 위력이 있는 핵융합식(수소탄)을 이번에 실험했다는 것은 실험 성공 여부를 떠나 대응 패러다임을 완전히 뒤집는 결과를 낳게 한다.

북의 2, 3차 핵실험 당시의 자료를 보면 핵무기 개발에 쏟아 부은 돈은 66억 달러이다. 게다가 10기 이상의 핵무기를 보유했을 가능성이 있다고 분석했다. 이는 중국산 옥수수 구매가격으로 환산할 경우 1,940만 t을 구입할 수 있고 북한 주민의 약 8년 치 배급량에 해당된다고 한다.

북한의 핵개발 비용은 채광·정련시설·영변 핵단지, 농축시설 등을 포함한 핵시설 건립에 약 20억 1,000만 달러, 핵기술 연구개발에 3억 1,000만 달러, 핵시설(원자로, 재처리·농축시설) 가동에 27억 2,000만 달러, 핵무기 개발에 13억 4,000만 달러, 핵실험에 2억 달러 정도가 소요됐을 것으로 추정된다고 국내 전문가들은 분석했다.

핵무기 개발비용은 어떻게 조달했을까?

이번 수소탄 실험은, 주민들의 생활상은 최악의 상태에서 모든 자금을 끌어 모아도 66억 달러(7조 9,200억 원)를 만들기는 어려운 경제환경이었다. 그런데 과거 자료를 검색하다가 너무도 놀라운 사실을 확인했다. 바로 우리나라 역대 정부별 대북 지원금액이었다.

국회 외교통상부에서 통일부가 공개한(2010년 10월 5일) 자료에 따른 대북 송금액은 김영삼 정부 36억 달러(약 4조 원), 김대중 정부 13억 4,500만 달러(약 1조 5,000억 원), 노무현 정부 14억 1,000만 달러(약 1조 6,000억 원), 이명박 정부 7억 6,500만 달러(약 8,600억 원)로 집계되었다.

또한 핵개발 포기 목적의 경수로 차관으로는 김대중 정부 9,271억 원, 노무현 정부 4,473억 원 등 총 1조 3,744억 원을 지원해 주었다고 한다. 혹자 중에는 대북 지원금에는 식량과 물품 등이 포함되어 핵개발에 투입되어 있을 가능성은 없다고 주장하는 사람들도 있다.

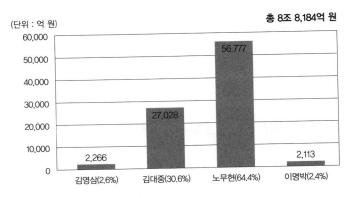

역대 정부별 대북지원 금액

(단위 : 억 원)   총 8조 8,184억 원

- 김영삼(2.6%): 2,266
- 김대중(30.6%): 27,028
- 노무현(64.4%): 56,777
- 이명박(2.4%): 2,113

[자료 2008.9.30 동아일보(진영 국회의원 제공)]

그러나 핵개발 포기 목적으로 미국을 통해 지원된 경수로 사업비와 그밖에 기타 목적으로 제공한 현금들의 사용 출처는 우리가 확인할 수 없다. 게다가 그런 돈들이 핵개발에 투입되고 지원된 물품에 투자할 비용도 핵개발로 전용될 가능성은 충분하다.

참으로 한심스러운 일이다. 우리 돈으로 북한이 핵과 수소폭탄을 개발하여 그것으로 우리를 위협하고 있는 것은 명약관화(明若觀火)한 일이다. 그럼 이제 어떻게 대처해야 하는가?

미온적 대처가 더 큰 화(禍)를 부른다

제4차 핵실험 다음날인 7일 오전 9시 한민구 국방장관은 합참의장과 연합사령관을 대동하고 미국방장관과 협조한 '한미공조 대응방안'을 발표했다.

북의 핵실험은 국제법 위반으로 한반도 평화를 깨뜨리는 것이라고 비난하면서 한미 맞춤형 억제전략으로 탐지(Detect), 방어(Defence), 교란(Disturb), 파괴(Destroy)의 4D작전 개념과 KAMD 체제, 30분 내에 선제타격할 수 있는 킬체인 시스템, 스텔스 전폭기, 핵잠수함 전개 등 확장억제 수단 제공 및 강력한 대응을 강조하였다. 일부 언론에서는 대북 확성기 방송 재개를 검토하고 있다는 보도도 나왔다.

국내의 이견을 주장하는 종북세력을 포함한 일부세력들의 반대도 물론 있지만 이번에는 과거 정권의 퍼주기식 달래기로 무마하는 대응은 절대 안 된다. 또 미운 놈 떡 하나 더 준다는 개념으로 당근을 제공함으로써 해결하면 당근은 제5차 핵실험 준비에 소요될 것임에 틀림없다.

UN안보리 제재결의를 통해 국제적 공조를 하면서 우리도 보다 강력한 대응조치는 필연이다. 예를 들면 대북 확성기 방송 등 대북 심리전 전면 재개, 개성공단 철수, 대북 송금지원 단절 등등을 즉시 시행해야 한다.

《사기史記》에는 '당단부단 반수기란(當斷不斷 反受其亂)'이란 명언이 있다. 즉, 당연히 처단해야 할 것을 주저하여 처단하지 않으면 훗날 그로 말미암아 도리어 재화를 입게 된다는 말이다.

그동안 북한의 세 차례에 걸친 핵실험과 연평도 해전, 천안함 폭침, 무인기 영공 침공 등의 도발에도 지속되어 왔던 대북 경제지원금이 9조 원에 달하고 있다. 이렇게 주저하면서 당근으로 제공했던 것은 이번에 4차 핵실험으로 도리어 우리를 위협하게 되었다.

즉 '미온적 대처가 더 큰 화(禍)를 부른다'는 말을 명심하여 관군과 전 국민이 철저하고도 강력하게 대응하길 간절히 바란다.

8

북, 연속된 도발의 대가는 개성공단 중단만이 아니다

2016/02/12

북한 도발의 끝은 어디인가?

2016년 2월 10일 오후 5시, 홍용표 통일부장관은 기자회견을 자처하여 "북한의 핵실험 도발 등으로 주변국의 핵 도미노 현상이 우려되고 이를 방지하기 위해서는 실질적 대북 압박이 필요하여 13년 동안 계속되어 온 개성공단 가동을 전면중단하겠다"고 발표, 체류 중인 124개 기업과 184명의 안전한 철수를 북한 측에 요구했다.

발표에 앞서 원숭이 해의 설날인 2월 8일 오전, 북한 경비정이 서해 북방한계선(NLL)을 침범하면서 남북한 간 군사적 긴장수위를 더욱 높였고, 바로 전날인 7일 오전에는 장거리로켓(미사일) '광명성 4호' 발사를 감행하는 등 연이은 도발을 자행했다.

북한이 앞선 1월 6일 오전 10시 30분경 함경북도 길주군 풍계리에서 제4차 핵실험을 실시하고 국제사회의 우려에도 32일 만에 장거리미사일 발사를 감행했다는 점에서 북한 도발의 끝은 어디까지일 것인가? 그 속내를 들여다보기가 정말 쉽지 않다.

북한은 장거리미사일 발사와 핵실험을 2~3개월 시간차를 두고 똑같이 실행하고 있다. 미국과 한국에 보란 듯이 핵무기를 개발하여 핵보유 국가가 되고 말겠다는 것이다. 또한 미사일은 사실상의 대륙간탄도미사일(ICBM)로 미국 본토까지 핵을 투하할 수 있는 능력을 보유하겠다는 의지와 위협을 공공연하게 보여주는 것이다.

그러나 이번에 발사한 '광명성호'는 대형화할 것이라는 애초 예상과 달리 2012년 발사된 '은하3호'와 비행궤적과 탑재중량, 사거리 등 제원이 거의 동일한 것으로 발표되었다.

군 관계자에 따르면 "북한이 최근 동창리 발사장의 장거리미사일 발사대 높이를 기존 50m에서 67m로 증축했기에 더 큰 로켓이 발사될 줄 알았는데 실제로 쏘아올린 로켓은(제원이) 유사했다"면서 "그 이유에 대해 세부적으로 분석 중"이라고 전했다.

국방과학연구소(ADD) 관계자도 "북한이 밝힌 예상 낙하지점 위치가 동일한 것은 모든 제원이 유사하다는 것을 암시한다"고 말했다.

이때 중요한 점은 탑재체의 무게이고 2012년 북한이 밝힌 위성 중량은 100kg이었지만 실제 운반 능력은 200~250kg으로 예상되었다고 국정원이 국회정보위원회에서 밝혔다. 그렇지만 보다 성능이 향상된 로켓을 사용하되 연료를 충분히 연소시키지 않는 등의 수법으로 실제 제원을 감췄을 가능성이 있다고 분석하기도 했다.

또한 과학기술계의 항공우주 전문가들은 '광명성호'가 군사적 위협이 될 가능성은 크지 않다는 색다른 진단도 내렸다. 그 이유로 광명성호 탑재중량이 200~250kg 정도라면 고성능 광학카메라 탑재에는 한계가 있고 최소 500kg이 되어야 광학영상을 얻을 수 있기 때문이라는 것이다.

반면 "국제적으로도 북한은 자체 발사체로 위성을 쏘아 올릴 수 있는 기술을 보유한 국가로 평가되며 상당히 우수한 우주기술을 확보한 것으로 보인다"는 의견과 함께, 어떤 교수는 "2012년과 비교할 때 위성을 궤도에 진입시키는 유도조정기술은 좀 진전이 있었으나 발사체 성능 자체는 크게 달라진 것이 없는 것 같다"며 "문제는 북한의 발사체 기술 개발을 저지할 현실적 방법이 없기 때문에 앞으로도 북한은 계속 기술을 발전시켜 나갈 것이라는 점"이라고 의견을 제시했다.

어떻게 무력화시킬 것인가?

실제로 그렇다. 문제해결은 북한의 벼랑끝 전술을 어떻게 무력화시키냐 하는 것이다. 그동안의 UN결의와 미국의 경제제재만 가지고는 뚜렷한 성과가 없었던 것이 사실이다.

북한의 미사일 도발 다음날 오전 박근혜 대통령은 국가안전보장회의(NSC) 상임위원회를 소집해 "북에 대한 압박 극대화를 위해 '강력한' 안보리 제재를 비롯해 양자·다자 간 북 제재와 관련해서 9일 오전 버락 오바마 미국 대통령 및 아베 신조 일본 총리와 연쇄 전화 통화를 갖고 북한의 핵실험에 이은 탄도미사일 기술을 이용한 로켓 발사를 강력히 규탄하고 보다 철저한 대북제재 방안 등을 논의했다"고 밝혔다.

그런데 북한의 도발은 8일 오전의 NLL 침범이 끝이 아니라고 판단된다. 다음 달 시작되는 한미연합훈련인 키리졸브(KR)와 독수리(FE) 연습에 맞서 북한은 중·단거리 미사일을 또 발사할 것이다. 또한 지난해 8월 비무장지대(DMZ) 도발처럼 국지적인 도발이나 책임소재를 명확히 가리기 어려운 사이버 공격을 감행할 가능성도 매우 높다.

이것은 오는 4월 15일 김일성 생일(태양절)이나 5월로 예정된 노동당 제7차 대회에 맞춰 북한으로서는 '축포' 개념의 도발을 이어갈 것으로 보인다. 게다가 10일 오후에 통일부장관이 발표한 "개성공단 가동 전면중단"은 그들에게 또 다른 빌미를 주게 된 것이다.

개성공단 중단은 잘한 결정

때 늦은 감이 있지만 정부의 개성공단 중단은 잘한 결정이다.

사실 2013년부터 1조 190억 원을 투자하여 13년 동안 운용된 개성공단을 통해 북한 정부는 약 6,160억 원의 현금을 확보했다. 2015년 한해만도 1,310억 원의 자금이 북으로 유입되어 핵과 미사일 개발의 재원으로 활용된 것은 명약관화하다.

이제는 개성공단 중단에 이어 안보리를 포함한 미·중·일의 독자적인 대북제재를 강력히 추진하도록 유도해야 한다. 그중 하나인 북한에 대한 효과적인 압박의 가장 좋은 무기는 중국의 대북지원을 중단하는 것이다. 북한으로 유입되는 석유와 식량만 중단해도 엄청난 압박이 될 것이다. 즉, 적을 이용해 다른 적을 제어하는 이이제이(以夷制夷)인 것이다.

우리가 개성공단 중단이라는 강수를 두었으니 미·중·일도 이에 준하는 강력한 조치를 하도록 요구해야 한다. 특히 중국과 일본은 직접적인 영향을 줄 것이고, 미국을 포함해 UN안보리에서 경제압박을 지속적으로 가하여 김정은의 통치자금을 동결하면 어느 정도의 압박 효과를 볼 수 있으리라 판단된다.

'유지경성(有志竟成)'이라고 했다. 온 국민이 뜻을 갖고 있으면 마침내 이룰 수 있다는 뜻이다. 이제 우리에게 중요한 것은 사분오열하는 모습이 아니라 정부와 국민 전체가 한마음이 되어 대북지원 중단과 아직도 시행하지 않는 전단·전광판 대북 심리전 재개 등 북한에 대한 압박과 제재를 강력히 추진해야 할 것이다.

9

———

제1회
서해 수호의 날

2016/03/24 · 2016/03/29

북한 도발을 영원히 끊는 길

2010년 3월 26일 천안함 폭침사건이 발생하자 이명박 대통령은 30일 수색현장을 헬기로 방문했다.

이 대통령은 당시 해군참모총장 김성찬 대장에게 "내부에서 폭발한 것이 아닌가요? 아니면 이렇게 두 동강이 나겠어요?"라고 묻자 김 총장을 대신하여 천안함 폭침 직후 수중작업 해군 특수전요원(UDT) 대대장이던 권영대 대령이 "최초 잠수시 절단면과 내부에서 불에 탄 흔적을 우선적으로 확인한 결과, 결론적으로 내부 폭발은 없었다"고 단호하게 답변하였다.

권 대령은 천안함 폭침 6주기를 앞두고 당시 수중수색 작업

56일간의 사투를 묘사한 현장기록을 상세하게 담아 《폭침 어뢰를 찾다!》라는 책을 냈다. 이 책은 "잠수함 전사에서 처음으로 스모킹 건(Smoking Gun)인 어뢰를 찾아낸 과정을 일지를 통해 상세히 묘사한 최초 보고서"라고 설명하며 "아직도 천안함 폭침이 북한 소행이 아니라고 생각하는 이들에게 자료를 제공하는 것이 목적"이라고 밝혔다.

국가보훈처는 2016년 3월 25일 오전 10시에 천안함 폭침 6주기를 앞두고 "국민의 하나된 힘만이 북한 도발을 영원히 끊는 길이다"라는 구호를 앞세워 '제1회 서해 수호의 날' 기념식을 국립현충원에서 개최하기로 했다고 발표했다.

천안함 피격, 연평해전, 연평도 포격 등 6·25 남침전쟁 이후 수많은 북한의 도발이 이어져 왔다. 또 다음달 15일인 김일성 생일을 축하하기 위해 함북 풍계리 핵실험장에서 제5차 핵실험 준비를 마쳤다고 미국의 북한전문사이트 〈38노스〉가 지난 19일 밝혔다.

이처럼 계속되는 북한의 핵실험과 미사일 발사 등으로 우리의 안보상황을 불안하게 만들고 있는 지금이야말로 대한민국을 반드시 지키겠다는 우리 국민 모두의 의지와 단합, 애국심이 어느 때보다도 절실한 시점이다. 국민의 하나된 힘이 최상의 안보이고 국민의 하나된 힘만이 북한의 도발을 영원히 끊을 수 있는 길이라고 단언한다.

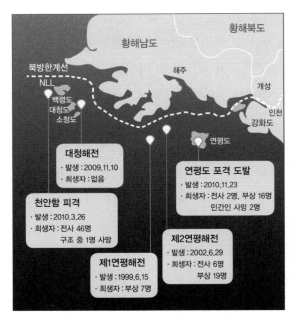

북한의 서해도발 현황

대청해전	· 발생 : 2009.11.10 · 희생자 : 없음
천안함 피격	· 발생 : 2010.3.26 · 희생자 : 전사 46명 구조 중 1명 사망
제1연평해전	· 발생 : 1999.6.15 · 희생자 : 부상 7명
연평도 포격 도발	· 발생 : 2010.11.23 · 희생자 : 전사 2명, 부상 16명 민간인 사망 2명
제2연평해전	· 발생 : 2002.6.29 · 희생자 : 전사 6명 부상 19명

[자료 국가보훈처]

1999년 6월, 제1차 연평해전

북한 서해 도발 현황을 사건별로 살펴보자.

먼저 제1차 연평해전은 1999년 6월 15일에 일어났다.

1998년 초 국민의 정부가 들어서 '햇볕정책'이라 불리는 대북 화해 협력정책을 추진하였고, 같은 해 11월 18일에는 남한 동해항 을 출발한 관광선이 북한 장전항에 도착하여 금강산 관광이 시작되었다.

그러나 그해 6월에는 동해 북방한계선(NLL) 남쪽에서 작전을 수행하던 북한잠수정이 어선의 그물에 걸려 발각되었다. 잠수정 내부에는 다수의 개인 화기와 함께 사살된 9명의 승조원이 발견되었고, 시신은 판문점을 통해 송환되었다. 북한은 이를 남한의 날조라고 주장하면서 남측에 잠수정 사고에 대한 사죄를 요구하였다.

또 11월에는 간첩선이 강화도 해안으로 접근을 시도하다가 귀환했고, 12월에는 여수 앞바다에 침투하던 반잠수정이 격침되었다. 이듬해 꽃게잡이철인 6월 초부터 북한 경비정들이 연평도 부근의 NLL 남쪽으로 연일 내려와 남북한 해군 전력이 서로 대치하였다. 이에 남북 양측은 남북한 장성급회담을 열기로 합의하여 회담은 제1차 연평해전이 벌어졌던 6월 15일에도 진행되고 있었다.

NLL 침범 행위가 9일째 되는 날인 15일 오전, 북 경비정 4척이 어선 20척과 함께 NLL 남쪽 2km 해역까지 내려 왔다. 이에 우리 해군은 참수리급 고속정과 초계함 등 10여 척을 동원하여 교전수칙에 따라 경고 방송을 했다.

오전 8시 45분 북한 경비정 7척이 우리 고속정에 접근하여 충돌 공격을 감행하자 우리 해군은 1차, 2차 밀어내기 경고를 실행에 옮겼다. 오전 9시 28분 북한 경비정 684호가 25mm 기관포로 선제공격을 가해 왔는데 어뢰정 3척도 가담하였다. 북 경비정 684호는 우리 고속정과 초계함의 대응사격 등 반격으로 반파되어 퇴각하였다.

14분 동안 진행된 교전에서 고속정 325호 정장 안지영 대위 등

7명이 부상해 긴급 후송되었고, 이에 반해 북한군은 어뢰정 1척과 경비정 1척 침몰, 3척이 파손되고 130여 명의 사상자가 발생한 것으로 추정되었다.

이에 정부는 해군 유공장병 7명을 1계급씩 특진시켰다. 안지영 대위에게는 을지무공훈장을 수여하고, 연평도 당섬에 연평해전 전승기념비를 세웠다.

그러나 북한은 제1차 연평해전 대패에 대해 민심이 들끓었다. 군부가 가만히 있을 수 없어 치밀한 복수 계획을 세운 뒤 같은 해 9월 2일 북한은 일방적으로 NLL은 무효임을 주장하고 인민군 측 해상 군사통제수역으로 선포하며 효과를 극대화하기 위해 여건을 만든 후 기회를 노리고 있었다.

반면 김대중 정부는 햇볕정책에 지장을 줄까 봐 연평해전 승리를 이끈 박정성 제독을 좌천 및 퇴직시키고 국무회의에서 절대 선제사격 금지를 결정하여 군통수권자 지시사항으로 선제사격 불가능의 4대 교전수칙을 하달했다(첫째, 북방한계선을 지켜라. 둘째, 우리가 먼저 발사하지 말라. 셋째, 상대가 발사하면 교전수칙에 따라 격퇴하라. 넷째, 전쟁으로 확대시키지 말라).

2002년 6월, 제2차 연평해전

제2차 연평해전은 1차 해전 3년 후인 2002년 6월 29일 오전 10시경, 한일 월드컵이 막바지에 이른 시기에 연평도 근해 NLL 이남지역에서 북한의 무력 기습도발로 시작되었다.

꽃게잡이 어로보호 지원을 위해 우리 고속정 3편대 6대가 당일 오전 6시 30분경 기지에서 출항, 현장에 도착하여 차단기동을 하던 중인 10시경 북 경비정 388호와 고속정 684호가 NLL을 넘어 남하하였다. 10시 25분경 교전수칙에 따라 대응기동을 하던 참수리 357호 고속정에 북한 고속정 684호가 150m 거리에서 85mm 함포로 기습사격을 하였다.

이에 따라 후방에 있던 고속정 편대가 대응사격하고 초계함 재천함과 진해함이 화력 지원사격을 하자 화염이 발생한 북한 경비정이 다른 경비정에 예인되어 NLL 북쪽으로 퇴각하고 10시 56분 사격은 중지되었다.

교전결과 참수리 357호는 북 함정의 불법 기습사격으로 선체에 손상을 입고 11시 59분경 침몰했는데 승무원 30명 중 6명이 전사하고 19명이 부상했다. 북측도 경비정 1척이 반파돼 견인되다 해안가에서 침몰하고 약 30여 명의 사상자가 발생한 것으로 추정됐다.

당시 김대중 정부는 제2차 연평해전이 발발하여 국군 6명이 전사하고 참수리 357호 고속정이 침몰하였음에도 국가안전보장회의 (NSC)를 4시간 35분 만에 여는 등 늦장대응을 했으며, 대통령 주재 NSC에서는 이를 우발적 충돌로 결론지었고 같은 내용의 북한 통지문이 오자 그대로 수용했다.

또한 교전 다음날 예정된 금강산 관광선을 출항시켰다. 김대중 대통령은 한일 월드컵 결승전이 열리는 일본 사이타마로 출국하여 결승전 경기에 참석했다.

부상 후 치료받다 사망한 고 박동혁 병장의 아버지 박남근 씨는 "부상당한 아들의 면회를 기다리며 TV를 보니 대통령이 일본에서 박수를 치고 있었다"며 "출국한 성남비행장에서 국군수도통합병원까지는 몇 분도 걸리지 않는데…"라고 말했다. 전사한 윤영하 소령의 아버지 윤두호 씨는 "서해에서 전투가 벌어진 이후에 대통령이 출국한 것은 지금도 이해가 되지 않으며, 전쟁이 나면 대통령은 나라 밖에 있다가도 국내로 들어와야 하는 것이 정상적인 것 아닌가요?"라며 비판했다.

이후 제2차 연평해전 전사자 추모식에도 김 대통령은 참석하지 않았으나, 2004년 노무현 정권 때 제2차 연평해전, 동티모르 파병 이후 법률 시행령이 개정되어 지금과 같은 보상 규정이 이루어지게 되었다.

그 후 참여정부는 군인연금법 시행령을 개정하여 적과의 교전과정에서 전사한 군 장병의 유족들이 최고 2억 원의 사망보상금을 받을 수 있도록 하고, 연금 대상자인 부사관 이상 간부에 대해서도 보상금을 높였다. 늦은 감이 있지만 천만 다행스러운 일이다.

법 개정으로 보상과 대처법을 바꾸다

뒤에 천안함 폭침사건 때 순직자들도 시행령의 덕을 보게 되었다. 당시 노무현 대통령은 사건 1주기를 앞둔 2003년 6월 25일 유가족들과 국가유공자들을 청와대로 초청해 위로하는 행사를 가졌다. 이어서 2003년 6월 27일 2함대를 방문하여 안보공원에 전시된 참수리 357호를 방문하여 묵념하고 헌화하는 등 추모하였다. 이후 참수리 357호에서 다리를 잃었지만 복귀한 이희완 중위에게 위로 전화, 그 외에도 명절마다 유가족들에게 선물을 보냈다.

당시 적용하던 무려 5단계(경고방송→시위기동→차단기동→경고사격→격파사격)에 구성된 대응기동 절차는 차단기동하는 우리 함정에 북이 기습사격을 하면 제2차 연평해전과 같은 큰 손실을 불러온다. 이에 국방부는 2004년 경고방송·시위기동→경고사격→격파사격으로 3단계로 개정했다.

이는 2009년 벌어진 대청해전의 승리의 바탕이 되었다.

대청해전은 2009년 11월 10일 오전 11시 27분 NLL을 침범한 북상해급 경비정 등산곶 383호가 남측의 두 차례 경고 방송을 무시하고 2.2km를 계속 남하하자 우리의 2함대 소속 고속정이 11시 36분에 경고사격을 하였다. 이에 북측이 우리 고속정 참수리 32호에 선제 조준사격을 하자 우리의 즉각적인 대응사격으로 북 경비정의 함포와 기관포를 파괴하여 승리한 전투였다.

2010년 3월, 천안함 피격사건

천안함 피격사건은 2010년 3월 26일 오후 9시 30분경에 백령도 남서쪽에서 발생했다. 대승을 거두었던 제1차 연평해전에 참가했던 포항급 초계함인 PCC-722 천안함이 훈련 도중 북한 소속 연어급 잠수함 어뢰의 피격으로 폭발과 함께 버블제트 효과로 선체가 두 동강 나면서 침몰했다.

인근에서 작전 중이던 포항급 초계함인 PCC-778 속초함과 백령도 등지의 고속정, 해경함정에 의해 58명은 현장에서 구조되었으나 46명이 실종되고 사망하였다. 이 중에는 제2차 연평해전에 참전해 부상을 입었던 박경수 중사도 포함되어 있다.

정부는 천안함 침몰 원인을 규명할 민간·군인 합동조사단을 구성하였다. 또한 우리나라를 포함한 호주, 미국, 스웨덴, 영국 등 5개국에서 전문가 24명으로 구성된 합동조사단은 2010년 5월 20일 천안함이 북한의 어뢰공격으로 침몰한 것이라고 발표했다.

이명박 대통령은 5월 24일 천안함 피격사건을 북한의 도발로 간주하고 이후 남북관계가 바뀔 것임을 예고하였다. 구체적으로는 북한 선박의 남한 해역에서의 해상교통로 이용은 물론 남북교류가 중단될 것이라고 말했다.

당시 김태영 국방장관은 5월 4일, "경계근무 중이던 우리 함정이 기습받은 데 대해 안보태세의 허점을 드러냈고 소중한 우리 전우가 희생됐다는 점에서 통렬히 반성하는 의미로 천안함 피격사고가 있었던 3월 26일을 '국군 치욕의 날'로 기억할 것"이라고 발표했다.

2010년 11월, 연평도 포격사건

연평도 포격사건은 2010년 11월 23일 오후 2시 30분경 일어났다.

2010년 11월 23일 8시 20분, 북한은 남북장성급군사회담 북측 단장 명의로 "북측 영해에 대한 포사격이 이루어질 경우 즉각적인 물리적 조치를 취할 것임을 경고한다"는 통지문을 보내 왔다. 이에 국방부에서는 훈련 중단 요청을 거절하고 예정대로 훈련을 진행하였다.

우리 군은 오전 10시 15분부터 14시 24분까지 4시간 동안, 연평도 주둔 해병대가 NLL 남쪽 방향으로 3,657발의 사격 훈련을 했다. 이는 특별한 목적(호국훈련)이 아니라 단순히 지역부대 자체의 주기적인 사격훈련이었다.

연평도 해병대의 포격 훈련이 종료된 지 10분 뒤인 오후 2시 34분 북한은 76.2mm 평사포, 122mm와 130mm 대구경 포 등을 이용해 연평도 군부대와 인근 민가를 향해 개머리 해안부근 해안포 기지로부터 무차별 포격을 시작하였다.

이때 최초로 포격당한 직후의 사진이 연평부대 정훈장교 이성홍 대위에 의해 촬영돼 언론에 공개되면서 유명세를 타기도 했다. 이 대위는 마침 부대원들의 포격훈련 모습을 촬영한 후 카메라를 들고 있었는데 앞쪽에서 갑자기 잇따른 폭발음과 함께 화염이 치솟아 반사적으로 카메라 셔터를 눌러 포격 순간을 카메라에 고스란히 담을 수가 있었던 것이다.

사진을 찍은 뒤에야 그게 북한군의 공격이라는 사실을 비로소 깨달은 이 대위는 "빨리 피하라!"는 고함소리를 듣고서 정신없이 대피호 안으로 뛰어들었다고 한다.

이렇게 북한군의 최초 포격이 있자 해병대 자주포 부대는 K-9 자주포를 대피시설인 포상 내부로 일단 숨기고(소산), 나머지 해병들도 대피호로 대피하였다.

이후 적의 1차 포격이 잠잠해지자 K-9 세문을 포상 밖으로 다시 이동해 첫 피격이 있은 지 13분 후인 오후 2시 47분경부터 대응 포격을 시작하여 북측의 무도 포진지 쪽에 50발, 개머리 포진지 쪽에 30발 총 80여 발을 발사하였다.

우리 공군은 오후 2시 38분에 KF-16전투기 2대를 긴급 출격시키고, 이후 추가로 KF-16전투기 2대와 F-15K전폭기 4대를 출격시켰다. 그러나 공격이 더 이상 계속되지 않아 실질적인 타격은 이루어지지 않았다.

오후 3시 41분, 북한군의 공격이 중단되었다. 조사결과 북측에서 모두 170여 발이 발사된 것으로 파악되었다. 백령도 부근 북한군 해안포 기지에서의 해안포 입구 개방이 확인되기도 하였으나 포격은 계속 이루어지지 않았다.

민간인 도발 시 강력 응징으로 대처

이 사건으로 정부는 긴급 안보관계장관회의를 소집하였다. 후속조치로 이명박 대통령은 25일 안보경제점검회의에서 "교전수칙을 수정하여 민간인이 공격받을 때는 더욱 강력한 대응방안을 강구함과 동시에 서해 5도의 군 전력 증강"을 지시하면서 국방력 강화를 통해 국민 보호에 만전을 기할 것을 주문하였다.

포격 사건으로 해병대원 전사자 2명(서정우 하사, 문광욱 일병), 군인 중경상 16명, 민간인 사망자 2명(김치백, 배복철), 민간인 중경상 3명의 인명 피해와 각종 시설 및 가옥 파괴로 재산 피해를 입었다.

한국전쟁의 휴전협정 이후 북한이 대한민국 영토를 직접 타격하여 민간인이 사망한 최초의 사건으로 국제사회로부터 큰 관심을 끌었다. 당시 국제사회는 북한을 규탄하였으나 북한은 정당한 군사적 대응이었으며 전적인 책임은 대한민국에 있다고 떠넘겼다. 천안함 폭침사건에 이어 8개월 만에 벌어진 이 사건으로 양측의 갈등은 더욱 심화되었다.

한편 3월 2일 〈자유아시아방송〉은 우리 해병대의 연평도 대응 포격에서 북한군인 10명이 사망하고 30명이 부상했다는 소식을 황해남도의 한 소식통 주장을 인용하여 북한의 피해에 대해 보도했다.

이후 북측 최남단에 위치한 섬 무도에 대규모의 진지 공사가 진행되는 것이 확인되어 우리 K-9 자주포의 위력에 북한군이 얼마나 겁을 집어 먹었는지도 예측할 수 있었다.

한편 한나라당 유승민 의원은 "적의 무력도발에 2~3배로 응징한다는 교전규칙을 감안할 때(조선민주주의인민공화국의 공격이 170여 발인 것에 비해) K-9 자주포 80발로 대응한 것은 부족하다"며 강력히 대응하지 못한 것에 대해 지적했다.

민주당 서종표 의원도 "동굴 안에 있는 해안포는 일반포로는 제압이 안 되는 만큼 전투기를 동원해서라도 공격했어야 하는데 그러지 않아서 북한이 1시간가량 계속 포공격을 한 것 아니냐"며 대한민국 국군의 대응을 비판했다.

며칠 후 김태영 국방장관은 경질되었다.

새로 임명된 김관진 국방장관은 대통령의 견해를 지지하면서 국제법상 자위권 행사는 한미 합의에 우선하기 때문에 한국 마음대로 전투기 공습이 가능하다고 여러 차례 주장하며, 앞으로는 북의 도발 시 선조치 후 보고하고, 타격원점과 그 상급 지휘부까지 응징보복할 것을 강조했다.

뜻깊은 제1회 '서해 수호의 날'

천안함 피격과 연평도 포격사건 발생 후 6년이 흘러 2016년 3월 25일 대전현충원 현충광장에서 '제1회 서해 수호의 날' 행사가 열렸다.

정부의 기념식을 주관한 박근혜 대통령은 "나라를 위해 목숨을 바친 호국용사들의 희생을 절대 헛되이 하지 않겠다"는 다짐을 하면서 "서해 수호의 날은 호국용사들의 숭고한 희생정신을 기리고 국민의 단합된 의지를 모아서 북한이 우리나라에 무모한 도발을 하지 못하게 하는 소중한 계기가 될 것"이라고 단언했다.

북한은 6·25 남침전쟁으로 동족상잔의 비극을 일으킨 후에도 끊임없이 도발을 자행해 그동안 우리의 민군 피해자가 무려 5,000명에 달하며, 2016년에도 4차 핵실험에 이어 수차례 미사일을 발사하고 있다. 최근에는 핵탄두 모형을 공개하면서 우리와 미국에 대한 핵 공격까지 공언하고 있다.

또한 북한은 우리 정부와 주요 시설에 대한 전방위적 사이버 공격으로 우리 사회의 혼란을 획책하고 있으며, 국론을 분열하기 위한 남남갈등을 지속적으로 조장하고 있다.

박 대통령은 "여기서 우리가 또다시 물러선다면 북한의 핵 능력 고도화로 한반도에 돌이킬 수 없는 재앙이 닥치고 경제는 마비될 것이며 정부는 북한이 핵무장의 망상에서 벗어나 변화할 때까지 국제사회와 긴밀하게 공조하면서 단호하게 대처해 나갈 것"이라고 결연한 의지를 밝혔다.

늦었지만 정부에서 연평해전, 천안함 피격사건, 연평도 포격도발 등 북의 도발에 맞서 서해를 수호하다 희생된 호국용사들을 기리기 위해 이런 행사를 제정한 것은 매우 칭찬할 만한 일이다.

이번 대전 현충원 행사와 같은 시각에 전국 각지 보훈지청에서는 지역별로 동시에 행사를 개최하여 국민의 하나된 힘을 모으는

데 총력을 기울였다. 그동안의 비정상적인 행태를 정상화한 것이나 다름없다.

다난흥방(多難興邦)이라 했다. 어려움이 많을 때 단결하여 분발하여야 부흥할 수 있다는 말이다. 이제 국민이 단합할 때이다. 현실을 직시하여 어떤 선택이 국가 부흥에 기여하고 국가를 방위하는 길인가를 확실하게 알아야 할 것이다.

그리고 단합된 힘으로 매몰차게 출발해야 한다. '수도선부(水到船浮)'라고 했듯이 물이 불어나면 저절로 배가 뜨고 밝은 미래를 향해 전진해야 한다.

10
—

한반도 핵무장보다
'레짐 체인지' 가능성 주목

2016/09/30

한국의 정치 혼돈에 즐거워하는 딱 한 사람

2016년도 국정감사가 시작되었으나 투명인간 취급을 받은 김재수 농수산부 장관의 해임건의안을 청와대가 받아들이지 않아 파행이 계속되고 있다. 참으로 가관스러운 일이다. 여당 대표는 단식투쟁인데다 국방위원장(김영우 의원)이 국감 참여를 선언하자 새누리당 의원들이 위원장을 감금하면서 여당이 참석하지 않은 각 상임위의 피수감자들은 감사장에 붙들려 국정에 임하지 못한 채 무한정 대기하는 코미디를 연출하고 있다.

"전쟁 중에도 국방위는 열려야 한다"는 김영우 의원의 말에는 일리가 있다. 일련의 작태를 보면서 모든 국민이 실망에 빠져 있는 순

북한의 5차 핵실험 확장억제를 위해 미 전략폭격기 B-1B와 한국공군의 F-15K 전투기가 한반도 상공을 비행하고 있다. [사진 한미연합사]

간에도 즐거워할 사람은 김정은뿐일 것이다. 왜냐하면 북한은 지난 2016년 1월 4차 핵실험에 이어, 9월 9일 5차 핵실험(진도 5.0)을 했을 뿐만 아니라 8월 24일 500km를 날아간 잠수함탄도미사일 (SLBM) 발사에 성공하는 등 핵개발과 장거리 미사일 발사능력도 완성 단계에 이르고 있기 때문이다.

게다가 이러한 미사일방어를 위한 고고도미사일방어체계(사드) 배치와 관련해 우리의 좌우 세력이 목숨을 건 한판 싸움이라도 할 듯한 쌍스러운 설전을 뉴스로 보내고 있다. 그럼에도 국민들은 과거처럼 라면 등 비상식량 사재기도 전혀 하지 않고 동네 불구경하듯 무감각하게 평범한 일상으로 발길을 돌리고 있을 뿐이다.

전쟁불감증, 학습효과일까?

미국의 최첨단 전략 폭격기 B-1B 랜서 2대가 괌을 떠나 오산기지에 착륙했다. 로널드 레이건 핵 항공모함은 바다에 떴다. 이처럼 미 7함대가 움직여도 학습효과에 익숙해진 국민들은 일련의 군사적 활동을 김정은에 대한 일상적인 무력시위로 보면서 전쟁불감증이 만연되었음을 분명하게 보여주고 있다.

만약 북한 주민에 대한 인권유린과 핵도발이나 테러가 지속되고 국지적 무력충돌이 일어나는 순간, 적의 수뇌부를 제거하는 작계 5015와 선제공격으로 시작되는 작계5027의 가동이 시작된다면 어떻게 될까?

지난 9월 15일, 미 워싱턴을 방문한 국회교섭단체 원내대표들이 월터 샤프 전 한미연합사령관을 만났을 때 그는 북핵 사태를 해결하는 유일한 방법은 '레짐 체인지(Regim Change)', 즉 북한 김정은의 제거를 의미하는 "정권교체"뿐이라고 말했다는 소식이 전해졌다.

참수작전

그렇다. 이른바 '참수작전(Decapitation Strike)'이다. 지금도 미 정부는 '레짐 체인지'를 하기 위해 계획된 명분을 확보하기 위한 순서를 밟고 있다고 생각한다. 사담 후세인과 오사마 빈 라덴을 참수한

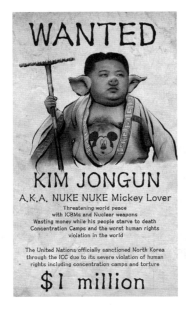

북한 웹사이트가 해킹당한 가운데 사이트 메인화면이 저팔계로 합성된 김정은 북한 국방위원회 제1위원장 사진으로 바뀌었다. 북한 웹사이트를 동시 다발적으로 해킹했을 것으로 추정되는 국제 해커그룹 '어나니머스'는 북한 김정은의 퇴진과 핵무기 포기를 요구하며 북한에 대해 사이버 전쟁을 선포했다.

[사진 뉴스투데이]

데브그루비팀과 네이비 씰, 델타포스 그리고 ISA도 이미 국내에 들어와 적응훈련을 하고 있다는 소식도 들린다.

어느 날 갑자기 우리 국민들은 미국의 지원을 받는 북한 반정부군에 의해 전격적으로 김정은이 참수되었다는 소식을 들을 수도 있다. 아니면 수백 대의 비행기가 북쪽을 향해 날아가는 무시무시한 광경을 바라보며 휴전선 인근에 배치된 적의 방사포대에 대한 어마어마한 융단폭격이 며칠 동안 계속되는 소리를 듣게 될 수도 있을 것이다.

적진이 초토화되도록 공군과 해군이 미사일 등의 무기로 무지막

지하게 폭격함으로써 쑥대밭이 된 뒤 지상군이 투입돼 패퇴하는 잔병들을 처리하는 것이 미국의 전쟁 방식이다. 이미 중동 최고 군사력을 보유했던 이라크가 변변하게 비행기를 상공에 띄워보지도 못한 채 패퇴한 사례를 우리는 똑똑히 보았다.

한국, 핵개발 할 것인가

9월 27일, 미 대선 1차 TV토론에서 힐러리 클린턴과 맞붙었던 도널드 트럼프는 한국과 일본의 "핵무장 용인론"을 주장했고, 우리 국민들의 65%도 핵무장을 찬성한다는 종편 방송뉴스도 있었다. 일부 국회의원과 우파진영에서조차도 한국의 핵무장을 촉구하는 사람들이 있을 정도다.

9월 22일, '생존을 위한 핵무장국민연대' 출범식에서 서울대 원자핵공학과 서균렬 교수(MIT 핵기계 공학박사)는 핵무기와 3차원 도면을 가지고 있으며, 현재 보유 중인 플루토늄만으로도 4,500개의 핵무기를 만들 수 있다고 말했다.

"뉴욕이 불바다가 될 것인데 파리를 지켜 줄 것이냐?"

50년 전 프랑스에서 논란이 되었던 이 말은 우리도 핵개발을 해야 한다는 것을 방증하는 예이다. 북한은 수소폭탄을 만들려면 2년이 더 걸린다고 한다. 서 교수는 약 1조 원의 예산과 1,000여 명의 인력만 있으면 6개월에 원자폭탄, 1년이면 수소폭탄, 추가적인 시간만 있다면 전술·전략 핵무기까지도 가능하다고 밝혔다.

일부에서는 핵개발을 하면 원료 수입이 끊어져 원전을 가동할 수 없을 것이라고 한다. 그렇지만 원자력 발전은 3년 이상 아무런 이상 없이 돌릴 수 있고 이미 핵을 보유한 인도와 파키스탄보다 우리가 못할 것이 없다. 아무것도 무서워할 필요가 없다.

새로운 특공대를 바란다

우리 기술자들은 너무 겁이 많다. 일을 벌이기도 전에 겁을 먹는다. 한미 원자력협정은 비평등조약이다. 이제는 없어져도 된다. 우리가 그만큼 성장했다. 겁을 냈던 것은 50, 60년 전에 힘이 없었을 때의 얘기다.

국제원자력기구(IAEA)도 마찬가지다. IAEA를 무서워할 것은 하나도 없다. 북한조차도 제지하지 못했다. 우리에게는 뜨거운 열정이 있어야 한다. 현재 우리나라에 있는 500여 명의 과학자들은 겁이 많은 데다 생계를 위협받을까 봐 일을 저지를 수가 없다. 새로운 특공대가 필요한 시점이다. 미국의 이론물리학자 로버트 오펜하이머는 1만 2,000여 명을 거느리면서 바닥에서부터 가르쳤다.

그렇다. 이미 서균렬 교수는 설계 도면과 3차원 도면까지 갖고 있다고 말했다. 사용할 수는 없지만 국가가 필요하다면 사용할 수도 있으므로 북한의 핵무기를 그렇게 두려워할 필요가 없다고 했다. 북한은 20년 동안 겨우 1만 t 수준을 만들었을 뿐이고 완성하려면 아직 2년이란 기간이 더 걸린다. 10년 전 북핵 문제가 대두되었을 때와 지금 무엇이 바뀌었나? 바뀐 것은 아무것도 없다. 이제는 때가 되었으므로 핵무장을 강력하게 주장해야 한다.

북핵 정국을 푸는 유일한 방법

핵무장을 주장하는 일부 세력들의 생각과 필자의 생각은 전혀 다르다. 먼저 트럼프의 돌출발언처럼 핵무장은 주한미군 철수라는 의미로 해석될 수도 있다. 미군철수 후에 핵무장을 알아서 하라는 것이지 미국이 핵무기를 거저 주겠다는 것이 아니라는 것이다. 이것은 스스로 핵무장을 이야기하는 것은 주한미군이 물러나고 미 태평양사령부의 요코스카 미7함대 전력투입계획을 거절한다는 메시지와도 같다고 생각한다.

앞서 설명했던 작계5027 시나리오처럼 한반도에서의 전쟁수행 개념은 한국이 주도하는 것이 아니고 미국의 주력전력이 한반도에 투입되어 공격을 시작하면 한국군은 그 보조역할을 한다는 의미이다.

사실 그동안 북한과 중국이 도발하지 못한 것은 한국군 전력이 막강해서가 아니라 세계 최강 전력인 미7함대 사령부와 태평양사령부가 2시간 안에 한반도에 즉각 투입되는 시나리오 때문이다.

한미 방위비 분담금은 한국 영토에 주둔하는 최소한의 병력에 대한 보조금일 뿐이다. 이 분담금도 대부분 한국에서 일하는 근무원들의 임금과 시설관리 등에 사용되고 있다. 실은 우리들의 실업 해소에 기여하는 측면도 있다.

트럼프의 말처럼 미국이 한반도에 즉각 투입될 엄청난 규모의 육·해·공 전력과 화력에 비하면 그야말로 그들이 보유하고 투입하겠다는 수만 대의 전력 중 비행기 몇 대 값도 안 되는 비용인 것이다.

더욱 중요한 것은 핵무장을 정치적 포퓰리즘에 사용하면 절대 안 된다는 점이다. 군대도 경험하지 못했거나 병장 출신의 정치인들이 핵무장을 주장하는 것을 볼 때 어떤 신문 기사처럼 국내 간첩들이 주도면밀한 계산 끝에 핵무장 지지 여론을 확산시키면 주한미군 철수를 앞당길 수 있을 것이다. 게다가 우파들 간의 분열을 조장할 수 있는 얕은 속임수에 쉽게 넘어갈 것이 아닌가 하고 의심이 들 정도다.

그들에게 무엇이 김정은을 패퇴시키고 6·25 남침전쟁 시 통일을 방해했던 중국의 위협에서 한반도를 어떻게 지킬 수 있을 것인지에 대해 진지하게 더 논의하고 심사숙고하기를 충언해 마지않는다. 월터 샤프의 말대로 '레짐 체인지', 즉 북한 김정은의 참수만이 북핵 정국을 푸는 유일한 방법이다.

아무도 모르는 은밀한 실행

일부 주장대로 자주국방을 위해 핵무장을 하려면 은밀하게 진행되어야 한다. 통수권자가 은밀하게 준비하고 개발과정과 보유사실도 국민이 알아서는 안 된다.

'하늘을 속여 바다를 건넌다'는 뜻의 '만천과해(瞞天過海)'로 적이 전혀 예상하지 못한 방법을 동원해 승리를 거두는 계책이 필요하다. 정관 17년(643) 당 태종이 바다를 건너 고구려를 정벌하러 떠날 때였다. 당시 30만 대군을 이끌고 장안을 떠나 요동으로 향하던 당 태종은 망망대해 발해만을 바라보고는 바다를 건너는 것이 엄두가 나지 않았다. 전방사령관 장사귀(張士貴)가 설인귀(薛仁貴)에게 계책을 묻자 이처럼 대답했다.

"황상은 큰 바다가 가로막고 있는 까닭에 고구려를 공격하기가 쉽지 않다고 걱정하는 것이오. 나에게 계책이 있소. 황상이 알지 못하는 사이 대해를 건너도록 할 것이오."

며칠 후 장수들이 당 태종을 알현했다. 한 호족이 양식을 제공해 군사들을 격려하고 싶어 한다는 것이었다. 당 태종이 크게 기뻐했다. 곧 장수를 이끌고 양식을 점검하러 나갔다. 호족의 안내에 따라 이불이 깔려 있는 비단 장막 안으로 들어갔다.

방 안 식탁에는 산해진미가 가득했다. 주연이 베풀어지고 음악이 연주되는 와중에 당 태종은 시름을 잊고 크게 만취하고 말았다. 한참 후 홀연 파도 소리가 들렸다. 장막을 걷고 바깥을 내다보니

30만 대군이 이미 배를 타고 바다를 건너고 있었다. 설인귀는 당 태종이 바다를 건너는 것을 꺼려 환군할까 봐 당 태종을 속였던 것이다. 여기에서 '천자를 속이고 바다를 건넌다'는 뜻의 '만천과해'라는 고사성어가 나왔다.

핵개발은 '만천과해'의 방식으로 모두를 속이며 은밀하게 진행돼야 한다.

완전한 자주국방과 북한의 위협에 대비하기 위해 우리나라에도 설인귀와 같은 충신이 나오기를 기대해 본다.

한편 공공연한 한반도 핵무장론은 국제사회에서 대한민국의 고립을 자초할 수 있는 일이다. 또 한미연합작전 체계가 무너지면 필리핀처럼 안보 리스크뿐만 아니라 경제적 위기도 초래할 수 있기 때문에 신중에 신중을 기할 것을 당부한다.

11

사드 배치와
'반대집회'의 진실

2016/07/21

합동참모본부는 2016년 7월 20일 오후, 이순진 합참의장 주관으로 각군 작전사령부와 '긴급 작전지휘관 회의'를 화상으로 개최했다. 이번 회의는 북한이 하루 앞선 19일 동해로 탄도미사일 발사와 부산과 울산 등 남한 후방지역을 핵미사일 타격목표로 하는 '전략군 화력타격계획'을 공개한 것에 대해 위기감이 있었기 때문이다. 이 것은 우리의 사드 배치 발표에 대응하는 북한이 우리 국민에게 공갈협박을 하면서 남남갈등을 불러일으키는 고도의 심리전이라 할 수 있다.

사드는 중단거리 탄도미사일로부터 군 병력과 장비, 인구밀집지역, 핵심시설 등을 방어하는 데 사용된다. [사진 미국 국방부]

경북 성주, 불법 폭력난동 시위

이런 남남갈등을 해소하기 위해 지난 15일, 경북 성주 사드 설명회장에 참석한 황교안 국무총리와 한민구 국방장관이 달걀과 물병 세례를 받았다. 게다가 황 총리 일행이 탑승한 버스가 트렉터와 주민들에게 막혀 6시간 넘게 고립되는 불법 폭력난동까지 벌어지고 말았다.

마치 2008년 광우병 촛불집회 당시 유모차 부대를 시위의 맨 앞줄에 내세운 극렬행동처럼 불법 난동 설명회장에는 전체 시위 주민의 3분의 1에 가까운 16세 이하의 어린 초·중·고교생 827명이 학교를 무더기로 조퇴·결석하고 대거 참석했던 것으로 밝혀졌다. 이런 시위에 대해 국민 비판 여론이 들끓고 있는 실정이다.

경찰은 지역주민들의 제보에 따라 과격행동을 주도한 사람은 성주지역 주민이 아니라 다른 지역의 농민단체 회원, 일부 진보세력으로 파악했다. 이에 외부세력 개입 수사와 관련해 대구와 경북 구미지역 진보단체 회원들과 집회·시위전력이 있는 전문 시위꾼들이 설명회장에서 과격시위를 선동한 뒤 경찰이 증거를 모으고 있음을 확인한 뒤 곧바로 뒤로 빠지는 것을 파악해 이들을 추적하고 있다고 한다.

확산되는 전자파 피해 괴담

게다가 전자파 피해 괴담까지 만연하고 있다. 사드 전자파가 기형아 출산, 불임, 암, 뇌종양, 백혈병을 유발하고 강한 전자파로 돌연변이 생물 출현과 전자파 참외 등 농산물 피해가 확산된다. 또한 꿀벌이 사라지고 참외가 열리지 않으며, 주변 땅을 못 쓰게 된다는 등 괴담은 점점 확산되고 있다.

문상균 국방부 대변인은 "황사나 눈비가 오면 전자파가 반사(산란)되고 엄청난 에너지가 지표면에 전달돼 농작물 변형이 온다는 주장은 거짓말"이라며 "사드 레이더와 같은 고출력 빔은 황사·비·구름 등 기상상황이 악화되더라도 높은 출력으로 인해 반사될 가능성이 매우 낮다"고 밝혔다.

또한 한민구 국방장관은 지난 18일, 대구 제2작전사령부에서 지역 언론매체를 상대로 전자파 인체 위해성 논란에 대해 적극 해명했다. "전자파가 수분을 빨아들여 인근 주민 신체 내부에 화상이 발생한다는 주장 등과 관련해 전자파가 인체 조직에 화상을 입힐 가능성은 거의 없고 사드 레이더는 최소 500m 이상 떨어진 기지 내부에 있어 울타리 밖의 주민들에게는 영향이 거의 없다는 사실을 밝히며 확산되는 괴담은 사실이 아니라고 주장했다.

동시에 미군 측은 괌에 있는 사드 레이더 기지를 한국군과 한국 언론에 공개하여 우리 국민이 직접 전자파를 측정하도록 했다. 그 결과 방송통신위원회 인체보호 기준치의 0.007% 수준에 불과한 것으로 나타났다. 군 관계자는 "기준치의 0.007%라는 의미는 일상생활에서도 나올 수 있는 수준"이라고 밝히면서 인체에 무해함을 증명해 보였다.

민주화의 탈을 쓴 그들의 목적

2002년 6월 13일, 중학생 신효순·심미선 양이 경기도 양주시 광적면 효촌리 지방도로 갓길을 걸어가다 주한미군 보병2사단의 부교 운반용 장갑차에 치여 사망한 사건이 발생했다.

초기에는 부모들이 분노하여 항의와 보상 그리고 대책을 요구했다. 그 후 진보세력들이 합세하자 부모들도 처음에는 동조에 감사했으나 지나치게 정치적 목적을 달성하기 위해 사건을 이용하자 부모들이 자제를 요구하고 심지어는 오지 말라며 배척했다고 한다.

또한 2008년 광우병 파동, 2012년 제주도 강정마을 민군복합항 건설 반대시위 등에서 보듯이 그들은 해당 지역 주민의 피해를 최소화하고 합당한 보상을 요구하기보다는 현 정부를 배격하고 민주화의 탈을 쓴 채 그들의 숨은 목적 달성을 위해 행동한다는 여론이 팽배하다.

민관군이 윈윈할 수 있도록!

1995년 광주시 상무대의 전남 장성으로의 이전과 2007년 부산 군수사령부의 대전지역으로 이전 때 광주·부산지역 일부 주민들이 군부대 이전을 강력히 요구했다. 상무대는 1949년 육군보병학교를 필두로 포병·기계화(기갑)·화학·공병학교 등이 세워져 대한민국 육군의 근간을 이루는 초급간부를 육성하는 산실이 되었고, 1952년에는 육군전투병과 교육사령부가 설치되었다. 장교와 부사관, 훈련병 등 6,200명이 상주하고 부대 인근에 교육을 지원하는 1,350가구의 아파트가 들어서 지역경제 발전에 크게 기여하였다. 군수사령부도 마찬가지로 부산지역 발전에 큰 역할을 하고 있었다.

그러나 군이 지역주민들의 반발로 장성·대전지역으로 이전할 것을 결정하자, 그때부터는 해당 지자체장들이 지역경제 발전의 기여도를 고려하여 오히려 이전을 철회할 수 없느냐고 요구를 해왔다고 한다.

2007년 대전지역으로 군수사령부가 이전하자 이전 당해연도만 해도 대전지역 업체의 군수물품 수주액이 2,300억 원, 군인 군무원 급여 등 경상적 경비 1,800억 등 약 4,100억 원 정도가 대전지역 경제에 혜택을 주었고 170여 명의 군무원을 추가 모집하여 청년실업난 해소에도 크게 기여하였다고 한다.

국방부에서는 도심의 군부대 이전사업을 계속 추진하고 있다. 경기도 성남에 있던 특전사는 이천시로, 학군교는 괴산으로, 종합행정학교는 영동으로, 체육부대는 문경으로 이전했으며, 해당 지역에서는 학교 유치를 위해 적극적으로 활동했다고 한다. 민관군이 윈윈(Win-Win)하는 좋은 사례이다. 또한 지역경제 발전에 도움이 되고 군부대는 좋은 환경의 시설을 세워 교육성과를 극대화할 수 있었기 때문이다.

사드 배치 추진은 미흡했다

이번 정부의 사드 배치 추진 과정에는 너무 미흡한 점이 많았다. 국가전략을 고려해 사드 배치가 아주 불가피한 실정이었다면 앞서 군수사령부 등 군부대 이전 사업의 성공 사례처럼 사전에 민군 합동으로 누이 좋고 매부 좋은 윈윈하는 방법을 적용하여 지역 주민들과 교감을 거친 후 발표했더라면 지역 주민의 환영 속에 순조롭게 추진되었을 것이다.

보안을 강조하면서 깜짝쇼를 하다 보니 우선 해당지역 행정기관과 국회의원들부터 등을 돌리는 결과가 발생했다. 성주군수와 해당 의원들이 오히려 정부의 편에 서서 국가정책상 꼭 필요한 사드 배치이므로 국가적으로 큰 기여를 한다는 자긍심을 고취시키고 지역에서 꼭 필요한 사업지원을 받아 지역 주민에게도 혜택이 돌아갈 수 있도록 유도해야만 했다. 그런데 성주지역 기관장들부터 격렬하게 반대하는 선두에 서고 말았던 것이다.

게다가 그 틈새를 이용해 전 통진당 의원이었던 사람이 반대시위를 주도하게 되었다. 심지어 시위대 중에는 북한의 핵은 미국을 향한 것이므로 북한 핵보유를 찬성한다는 여론몰이까지 유도하는 자가 있었다는 언론 보도도 있었다.

혼란으로 우리가 얻은 것이 과연 있는가?

이러한 남남갈등 유발로 좋아할 사람은 오직 한 사람 북한 김정은뿐이다.

서울시청과 광화문 일대에서 벌어진 광우병 촛불집회 결과 우리가 얻은 것은 과연 무엇인가? 8년이 지난 오늘도 우리 국민은 미국산 쇠고기를 잘 먹고 있다. 그런데 당시에는 왜 그토록 격렬하게 시위를 했던 것일까?

제주도 강정마을 앞에서 항구 건설을 반대하여 수백억 원의 예산 낭비를 초래했던 그 시위 결과는 또 어떤가? 제주 남단에 민군 복합항이 건설돼 초대형 유람선인 크루즈가 입항해 제주도민 경제에 크게 기여하고 해군은 마라도·이어도를 포함한 남쪽바다를 지킬 수 있는 여건을 만들게 되었다.

사드 배치도 충분한 시간을 갖고 상호 소통하면서 원만하게 해결되기 위해 노력하여 민군이 윈윈할 수 있도록 추진해야 한다.

《손자병법》 병세(兵勢)편에 '이리동지 이본대지(以利動之 以本待之)'라는 글이 있다. '이익을 주어서 움직이게 하고, 나의 근본태세로 상대의 동요를 기다린다'는 뜻이다. 사드 배치를 추진할 때 여건 조성을 먼저 했더라면 김정은이 좋아할 남남갈등도 없었을 것이고 일부 진보세력의 개입도 차단할 수 있었을 것이다.

더불어 성주의 어린 초·중·고교 학생들에서부터 지역기관장, 중앙정부와 국민의 대표인 대통령에 이르기까지 한마음 한뜻으로 밀고 나가야 승리할 수 있다는 '상하동욕자승(上下同欲者勝)'의 의미를 다시 한 번 음미해 볼 필요가 있겠다.

12

무섭고도 슬픈 눈을 가진 존재의 위엄

2015/05/07

2015년 4월 29일 보궐선거는 여당의 일방적인 승리로 끝났다. 5월 4일에는 여야가 '공무원 연금개혁안' 합의안을 발표하자 청와대, 언론, NGO, 납세자연맹 등이 "공무원 연금개혁 흉내만으로 국민연금을 끌어들여 경제 파탄을 초래한다"고 비판하며 반대 여론에 뭇매를 맞고 있다.

한편 북한 김정은은 5월 9일 러시아의 전승 70주년 행사에 참석하려다 러시아가 무기구매 요구를 들어주지 않자(홍콩 〈봉황TV〉 보도) 방문을 취소한 뒤 로켓 발사 지휘소를 시찰하는 등 동쪽에서 뺨 맞고 서쪽에서 화풀이 하듯이 언제든지 도발할 수 있다는 메시지를 보내 왔다.

개성공단 폐쇄 선언!

필자가 청와대비서관으로 근무하던 2013년 5월 3일 오후 6시 42분, 개성공단에 마지막까지 잔류하던 7명의 직원이 군사분계선(MDL)을 넘어 왔다. 오후 7시 47분에는 잔류인원 식대비 등을 포함한 모든 비용 1,300만 달러를 북에 송금한 후 인원이 안전하게 돌아옴으로써 4월 3일 개성공단 폐쇄를 선언하고 진입을 차단한 지 한 달 만에 그곳에 남아있던 우리 국민은 모두 철수했다.

당시 북한의 개성공단 폐쇄 시작은 한미 키리졸브(KR) 연습을 중단하라며 시비를 걸다 3월 5일 최고사령부 정찰총국장 김영철 대장이 "정전협정 무효화와 판문점 대표부 활동 전면 중지" 등의 성명을 발표하면서부터 시작됐다. 다음날 오후 2시에는 북의 성명에 대해 우리 합참 작전부장 김용현 소장이 "북한이 우리 영토 안에서의 도발 시에는 지휘시설까지 타격하겠다"고 강하게 대응했다. 이어 3월 7일 UN안보리에서 추가제재결의(제2094호)가 발표되자 북한의 외무성 발표를 통해 수사적 위협은 계속 증폭됐다.

결국에는 KR 연습이 끝나기 전인 3월 20일 KBS, MBC, YTN, 농협 등의 서버와 PC 4만 8,584대가 해커들의 지능형 지속공격(APT)을 받아 큰 혼란이 발생했다. 이 와중에 김병관 국방장관 내정자가 사퇴하게 되었고, 북한은 이 틈을 노려 3월 26일 '1호 전투준비 태세'를 발표했다. 그러나 북한은 한반도에 처음 훈련 투입된 B-2(스텔스)와 B-52 폭격기에 커다란 겁을 먹고 전시상태를 수시로 전환하는 등 다소 약한 모습도 있음을 들여다볼 수 있었다.

북한의 이런 열세를 극복할 수 있는 수입원의 미끼로는 2008년 7월 박왕자 씨의 피살로 금강산 관광이 중단된 이후 오직 개성공단 뿐이었다.

따라서 북한은 2013년 3월 27일, 한미 KR 연습에 반발해 군 통신선을 단절하고, 30일에는 "우리 존엄을 훼손하면 개성공단을 폐쇄하겠다"고 발표했다. 4월 3일에는 "개성공단 통행금지, 귀환만 허용"이라고 선언하면서 개성공단에서 남북의 하나된 모습을 보여줬던 123개 기업, 815여 명의 우리 측 직원과 북한 노동자 5만 3,397명이 일자리를 잃게 되었다.

그 후 북한은 어려운 경제상황을 탈피하기 위해 우리에게 은근슬쩍 손을 내밀었다. 남북한은 개성공단 재개를 위한 7차례 회담을 통해 폐쇄된 지 133일 만인 8월 14일 정상화에 합의했다. 국민을 불안케 하고 개성공단에 입주한 우리 기업 가족들의 애간장을 태우던 그 즈음, 어느 일간지에 "ㅇㅇㅇ의 무섭고 슬픈 눈"이라는 칼럼은 아주 인상적이어서 마음속에 깊이 새겨졌다.

북이 가장 두려워하는 존재, 김관진 장관

연평도 폭격사건으로 국방장관에 취임한 김관진 장관은 "적의 숨통을 끊을 수 있도록 준비하라", "지휘세력을 타격하겠다", "개성공단

MB정부에 이어 박근혜 정부에서
도 국방부 장관에 연임된 김관진
장관

인질 억류시 군사조치를 취하겠다"며 으름장을 놓아 북한 군부가 제일 두려워하는 존재였다. MB정부에 이어 박근혜 정부에서도 많은 우여곡절 끝에 장관에 연임된 것은 김정은에게 가장 부담스러운 일이었을 것이다. 또한 그들은 엄청난 스트레스를 받았을 것임에 틀림없다.

이에 시인 김지하는 "저토록 무섭고 슬픈 눈을 가진 사람은 처음 본다"고 말했다. 이유는 "김관진 장관의 눈은 깊고 그 빛은 강하다. 무서운 것은 강한 빛 때문이고, 슬픈 건 어떤 운명을 품고 있는지 알 수 없는 저 깊은 눈동자 때문"이라고 설명했다.

김 장관은 취임사에서 "본인은 전쟁주의자가 아니다. 전쟁 예방주의자이며 전쟁을 하고 싶지 않지만 결코 두려워하지 않는다"고 강한 의지를 나타냈다. 북한은 그를 한국사회에서 정치적·대중적·심리적으로 제거하려는 목적으로 "김관진 장관 같은 전쟁주의자가 있는 한 평화협상은 불가능하다"는 억지 논리를 내세우며 임진왜란 때 도요토미 히데요시가 이순신 장군에게 했듯이 그를 끌어내리려고 광분했다.

역사는 아이러니하게도 반복된다. 2013년 4월 보궐선거에서 김무성, 안철수, 이완구는 여의도 입성에 성공해 당을 대표하는 위치에 올랐지만, 현재 한 사람은 대권주자로 부각되고 또 어떤 사람은 정치생명이 끝날 위기에 처했다.

옛말 하나도 틀리지 않는다. 무섭고도 슬픈 눈을 가진 사람이 국가안보를 위해 중책을 수행한다. 이런 인물들이 더 많이 있어야 우위의 대북정책을 성공적으로 수행할 수 있을 것이다.

하지만 진흙탕의 정치판 속에서 성공하면서 화려한 옥잠화를 키울 수 있는 사람은, 반복된 역사를 통해 혜안을 가지라는 온고지신(溫故知新)을 가슴에 품고 주어진 기회를 놓치지 않는 줄탁동시(啐啄同時)할 수 있는 능력을 가진 사람이 아닐까 생각한다.

13

연평도 포격사건의 영웅,
고故 서정우 하사의 희생정신을 기리며

2014/11/20

무자비한 포격도발로 희생당하다

김정일 사망 1년 전, 김정은으로의 3대 세습을 본격적으로 추진하던 북한이 2010년 11월 23일 오후 2시 34분, 서해 연평도에 해안포와 곡사포로 추정되는 포탄 100여 발을 발사했다. 북한의 무자비한 포격 도발로 우리 해병대 기지와 민간인 마을이 불바다가 되면서 해병대원 2명이 사망하고 16명이 중경상을 입었으며, 민간인도 2명이 사망하고 10명이 부상했다.

지금도 현장을 그대로 보존해 대국민 안보교육장으로 활용하고 있다. 그런데 더 안타까운 것은 포격 당시의 사연을 들었을 때 가슴이 아림을 온몸으로 느꼈다.

해병대 서정우(1088기) 병장은 연평부대 중화기 중대의 최고 공용화기 사수였다. 서 병장은 11월 23일부터 12월 6일까지 마지막 병장 휴가차 연평도 선착장에서 탑승을 기다리던 중 포탄이 떨어지는 것을 목격하고서는 곧바로 북한의 기습 공격으로 판단했다. 서 병장은 추호의 망설임도 없이 자신의 임무수행을 위해 휴가를 포기한 채 부대로 자진 복귀하던 중 북한의 재차 포격으로 희생당하고 말았다. 안타까운 일이 아닐 수 없다.

또 한 명의 희생자 문광욱 일병은 수송반에 배치되어 포병사격장에서 임무수행 중에 떨어진 포탄에 파편상을 입어 전사했다.

故 서정우 하사의 애국심과 희생정신을 계승하기 위해 입대 전 재학 중이던 단국대학교에 '서정우 강의실'이라는 이름을 명명해 현판과 제막식 및 추모행사 장면

고(故) 서정우 강의실

작년 이맘때쯤 단국대 천안캠퍼스에서는 매우 의미 있는 행사가 개최되었다. 고(故) 서정우 하사의 애국심과 희생정신을 기리기 위해 입대 전 재학 중이었던 단국대 강의실에 '서정우 강의실'이라는 이름으로 현판과 제막식, 추모행사가 열렸다.

　　요즘 신세대들은 애국에 대한 개념과 국토 수호의 중요성이 다소 떨어지는 것 같아 늘 안타까운 마음이 들던 차에 이런 의미 있고 소중한 행사를 보니 마음에 뜨거움이 차오름을 느꼈다. 더 놀랍고 감동적인 일은 고인의 부모님이 형편이 어려운 학생들을 위해 써달라며 세 차례에 걸쳐 단국대에 장학금을 기부하였다는 사실이다. 그 부모님에 그 아들이라 할 만하다.

최대 규모로 이뤄지는 호국훈련

4년이 지난 지금도 북한은 자신들의 도발을 합리화하면서 대남 비난 및 남남갈등 유발을 위해 고도의 심리전을 벌이고 있다. 우리 군의 연례적인 호국훈련이 지난 11월 10일부터 시작되자 북한 〈조선중앙통신〉은 "4년 전 호국 북침 전쟁연습에 미쳐 날뛰며 우리에게 도발을 걸었다가 불벼락을 맞은 연평도 사건의 뼈저린 교훈을 명심하고 무모한 북침 전쟁연습 소동을 당장 걷어치워야 할 것"이라며 촉구했다. 또 "호국훈련은 남측이 '전쟁위기를 몰아오는 주범'이며 '북남관계 파탄의 장본인'이라는 것을 입증하는 것"이라고 비난했다.

우리 군의 호국훈련은 11월 21일까지 육·해·공군·해병대 등 33만여 명과 기동장비 2만 3,000여 대, 함정 60여 척, 다수의 항공 전력이 참여한 가운데 실시된 연례적인 훈련일 뿐이다. 올해는 1996년 훈련 실시 이후 최대 규모로, 최근 북한이 전면전 가능성 군사훈련을 벌이는 데 대한 대응 조치이다. 북한의 이러한 반응은 당연히 우리 군의 강한 훈련에 두려워 떨고 있다는 반증이기도 하다.

연평도에 북한의 반인륜적 포격도발이 시작되자 이에 즉각 대응한 우리 해병의 K-9 자주포 사격으로 북한군 또한 엄청난 피해를 입었다는 후문이 들려 왔다. 우리 군의 K-9 화포의 위력에 공포를 느낀 북한군은 최근 몇 년 동안 연평도 앞에 있는 무도와 장재도에 아군 포병화력으로부터 보호받을 수 있도록 진지공사를 계속해 왔다. 또 김정은이 현지 방문을 하는 등 우리 화포위력의 공포로부터 해방시키고 사기고양을 위해 노력했다는 언론보도도 나왔다.

고인의 투철한 애국심과 애국정신을 배우다

우리 해병의 용감무쌍한 전투 모습에 고무된 청년들의 해병대 지원 바람이 불어 지금도 해병대 지원은 상당한 경쟁을 치러야 가능할 정도이다.

이를 보더라도 당연히 우리 조국의 미래는 매우 밝다. 고 서정우 하사를 닮은 P세대들이 우리의 미래를 책임지고 있는 한 대한민국은 오늘보다 더 강하고 행복한 나라가 될 것이 확실하다.

　11월 23일 연평도 포격사건 4주기를 맞아 다시 한 번 고 서정우 하사의 넋을 기린다. 고인의 투철한 애국심과 희생정신을 배우고 실천하려는 단국대 학생들의 행동 또한 기특할 뿐이다. 이런 사실들을 대한민국 국민 모두가 오랫동안 기억하여 우리 조국의 소중함과 전·후방 각지에서 책임을 다하고 있는 서정우·문광욱 용사의 후예들을 향해 격려의 박수를 힘차게 보내야 할 것이다.

14

'독립운동'으로부터 시작된
4세대 전쟁의 아이러니한 현실

2014/11/07

1919년 11월 9일은 항일독립운동 중 4세대 전쟁을 수행한 '의열단 (義烈團)'이 창단된 날이다.

인류 역사에서 전쟁의 양상은 계속 진화하고 있다. 최근 정치·군사학적으로 '4세대 전쟁'이란 용어가 회자되고 있다.

4세대 전쟁이란 무엇인가?

'4세대 전쟁'이란 용어의 최초 사용은 1989년 윌리엄 린드(William S. Lind)를 비롯한 5명의 군사 전문가가 미〈해병대 관보〉'변화하는 전쟁의 얼굴 : 제4세대를 향한 전환'이라는 논문에서부터 주장돼 온

전쟁개념이다.

그는 다음과 같이 정의를 내렸다. 먼저 '제1세대 전쟁'은 활강식 소총을 사용해 인력을 위주로 한 전쟁이다. '제2세대 전쟁'은 강선식 소총이 본격적으로 사용되면서 후장식 포와 철조망, 기관총이 사용된 화력위주의 전쟁, 예를 들면 제1차 세계대전 같은 전쟁을 말한다. '제3세대 전쟁'은 기동을 중요시하는 현재 일반적으로 알고 있는 전쟁이다. 제2차 세계대전 때 독일군이 사용한 전격전을 예로 들었다. '제4세대 전쟁'은 정치·사회적인 전쟁으로 물리적인 약자가 강자에 대항할 때 수행하는 전쟁이다. 이때 물리적 약자(대부분 국가가 아닌 단체임)는 비정형적인 방법으로 비대칭적인 수단을 활용해 강자의 취약한 사회 분야에 대한 공격을 감행하고 정치적 선전을 수행한다.

린드는 제4세대 전쟁의 가장 대표적인 형태로 테러리즘을 들었다. 이는 상대방 군대의 패배가 아니라 상대측 정치적 결정자들의 의지를 파괴하는 전쟁으로 규정했다. 마오쩌둥(毛澤東 1938년, 중화인민공화국 탄생)의 인민전쟁을 제4세대 전쟁의 기원으로 주장했다.

'하얼빈 대첩'에서 '의열단' '한인애국단'으로

우리나라는 이미 1909년 10월 26일 오전 9시 30분, 당시 '대한의군' 지휘관이던 안중근(安重根) 참모중장의 하얼빈 대첩으로 한일합방의 원흉 이토 히로부미(伊藤博文)를 사살하면서 4세대 전쟁의 시작을 알렸다. 사실 오늘날 알 카에다와 이슬람국가(IS)의 납치와 테러 위주의 야만적인 4세대 전쟁처럼 우리의 항일독립운동은 폭력을 중심으로 한 것은 결코 아니었다.

1차 세계대전 이후 우드로 윌슨(Woodrow Wilson)이 주장했던 전후처리 14개 조항 중 민족자결주의는 1918년 1월에 제기되었고, 이 소식은 일본 도쿄에 유학 중인 재일본 조선유학생 학우들에게 큰 자극제가 되었다. 그들은 '조선청년 독립단'을 구성하고 1919년 2월 8일 한국독립의 필연성과 정당성을 천명한 독립선언서 등을 각국 대사·공사, 일본정부 요인, 귀족원, 중의원·양원 의원, 조선총독, 신문·잡지사와 여러 학자들에게 우송했다.

뒤이어 3월 1일 민족대표 33인은 서울 인사동 태화관에 모여 독립선언식을 거행하고 "대한독립 만세"를 외치며 평화적 시위행진에 들어갔다. 평화적인 3·1독립운동은 전국으로 파급되어 1542회 집회에 총 200여 만 명이 참가했다. 일본군의 무자비한 무력진압으로 7,509명이 사망하고 1만 5,961명이 부상했으며, 4만 6,948명이 피검됐다.

이에 평화적인 독립운동의 한계를 느낀 독립운동가들은 3·1독립운동 이후 급진적 민족주의 성향을 띠고 근거지를 해외로 옮겨 일제의 무력에 대항하여 더욱 조직적이고 강력한 독립운동단체가 필요함을 절감하게 되었다.

이런 필요에 따라 1919년 11월 9일, 중국의 만주 지린성(吉林省)

에서 독립지사들은 민족주의 노선을 지향하는 항일 비밀 결사체인 '의열단(義烈團)'을 조직하였다. 명칭은 '정의(正義)의 사(事)를 맹렬(猛烈)히 실행한다'라는 의미였다.

창단 당시 단원들은 대체로 신흥무관학교 출신들이 중심이 되어 단장 김원봉 등 13명으로 조직하였다. 이들은 '공약 10조'와 '5파괴(조선총독부, 동양척식회사, 매일신보사, 각 경찰서, 기타 왜적 주요 기관)', '7 가살(可殺, 조선총독 이하 고관·수뇌부, 타이완 총독, 매국노·친일파 거두, 적탐(밀정), 반민족적 토호 일신 등)'이라는 행동 목표를 독립운동 지침으로 채택했다.

초기 의열단 의거활동은 밀양·진영 폭탄 반입사건, 부산경찰서 폭파사건, 밀양경찰서 폭탄 투척, 조선총독부 폭탄 투척, 상하이 황포탄 의거, 종로경찰서 폭탄 투척, 도쿄 니주바시 폭탄 투척, 동양척

안중근 의사의 이토 히로부미 저격 삽화 [사진 구글 퍼블릭 이미지]

식주식회사 폭탄 투척, 식산은행 폭탄 투척 등이었다. 이에 따라 1924년경에는 약 70여 명의 단원으로 확대됐다.

독립지사들이 전개한 '4세대 전쟁'은 의열단 이외에도 백범(白凡) 김구(金九) 선생이 주도한 '한인 애국단'에서도 수행했다. 윤봉길 의사는 "나는 적성(赤誠, 마음에서 우러나오는 참된 정성)으로써 조국의 독립과 자유를 회복하기 위해 한인 애국단의 일원이 되어 중국을 침략하는 적의 장교를 도륙하기로 맹세하나이다"라는 선서를 하면서 '한인애국단'에 가입하였다. 1932년 4월 29일 일왕(日王) 생일인 천장절을 일본군의 상해(上海)사변 전승 축하식과 합동으로 상해 홍구공원에서 거행할 때 폭탄을 단상 위로 투척해 일본군 총사령관 시라카 대장과 카와바다 거류민 단장을 현장에서 죽였다. 이와 함께 해군 총사령관 노무라 중장은 실명, 우메다 중장은 다리 절단, 시게미츠 공사는 절름발이로 만드는 등의 쾌거를 달성했다.

이러한 독립투사들의 혼이 어린 투쟁이 있었기에 지금 우리는 한강의 기적을 이룩하고 세계 10대 경제대국 반열에 들어설 수 있었다.

동족상잔의 아픔이 되풀이 되지 않도록

6·25 남침전쟁을 일으켜 1,000만 이산가족을 양산한 북한은 현재 경보병 사단을 7개나 추가로 창설하는 등 20여만 명의 4세대 전쟁

수행 부대를 편성 강화하고 있다. 지금도 대북전단 살포를 주도하는 자유북한운동연합 박상학 대표와 국방장관을 살해하겠다는 등의 공공연하게 협박을 일삼고 있다.

사실 의열단의 창시자인 김원봉은 대한민국 임시정부의 광복군 부사령관 겸 제1지대장으로 활동했다. 그러나 광복 이후 1948년 김구 선생 북한 방문시 수행했다가 대한민국으로 돌아오지 않고 북한에 남아 노동상, 최고인민회의 의장직까지 역임하면서 군 창설을 주도하였다.

전쟁 후 김일성의 권력기반 다지기 일환으로 1958년 11월 연안파 숙청작업에 포함되어 사망했다. 이미 90여 년 전 항일독립운동을 위해 총구를 일본으로 들이댄 채 '4세대 전쟁'을 주도했던 김원봉이 육성한 요원들의 후예가 오늘날에는 총구를 일본이 아닌 대한민국으로 돌려 테러와 정치적 협박을 가하는 주인공들이 되어 있다는 아이러니한 현실이 안타까울 뿐이다.

우리는 이러한 위협에 철저히 대비하며 동족상잔의 아픔이 되풀이 되지 않도록 한반도 평화정착 및 통일시대 준비를 위해 전쟁을 예방할 수 있는 강한 힘을 배양해야 한다. 더불어 동북아 협력질서 구축과 세계 평화·발전에 기여하는 노력도 계속해야 한다.

15

65년 전 전통 이어받아
'강군'으로 거듭나야

2014/08/13

2010년 연평도에서는 북한군의 무자비한 포격으로 대한민국 군인과 일반인이 각각 2명씩 유명을 달리했다. 이에 대응한 연평도 해병의 K-1 자주포 사격으로 북한군은 상당한 피해를 입었다. 우리 K-1 화포의 위력에 두려움을 느낀 북한군은 최근 몇 년 동안 연평도 앞에 위치한 무도와 장재도에 진지공사를 하였고 김정은도 현지방문을 하는 등 사기고양을 위해 노력했다는 언론 보도가 나왔다.

연평도 포격도발 발생 12일째 되는 12월 4일 11시경 토요일임에도 불구하고 취임식을 감행한 김관진 국방부장관은 취임사에서 "앞으로 북한군이 도발할 시 우리군은 그 원점뿐만 아니라 지원과 지휘세력까지도 완전 타격하는 철저한 응징보복을 할 것"이라고 각오를 밝히며, 예하 부대에는 "현장에서 선조치 후보고할 것"을 지시했다. 그 후 4년 동안 북한의 무모한 도발은 거의 눈에 띄지 않았다.

과감한 대북 응징작전, 몽금포 전투

이미 65년 전인 1949년 8월 17일, 우리 해군에 의해 기록상 유일한 대북 보복작전이 과감하게 시행되었다는 역사적 사실이 2년 전에 최종 확인된 바 있다.

대한민국 국군이 창군된 1948년부터 우리 군은 큰 위기를 맞았다. 육군 내 좌익으로 활동하던 강태무와 표무원이 예하 2대대 병력 전체를 이끌고 월북하고 말았다. 해군에서도 암약하던 좌익이 동해에서 함정 4척을 동반한 채 월북했다. 또 함정 9척을 유인 납북 시키려다 발각되어 실패하고 저지하는 정장을 살해하는 사건도 발생했다.

이렇게 뒤숭숭하던 1949년 8월 10일, 인천항에 정박한 미 군사 고문 단장 로버트 준장의 전용보트가 납북된 사실이 밝혀졌다. 6일 뒤 이승만 대통령이 참석한 가운데 개최될 예정이던 관함식을 방해하기 위해 북한이 대담한 선제도발을 한 것이다.

이 대통령은 경무대 대책회의에서 동해에서는 태극기를 단 함정이, 서해에서는 성조기를 올린 보트가 납북된 것에 대해 개탄하며 이응준 육군참모총장과 손원일 해군참모총장을 질책했다.

국가의 정체성과 존립성마저 흔드는 심각한 위기의식을 느낀 손

해군참모총장은 북한에 강력한 충격을 줄 필요가 있다고 판단했다. 마침 첩보부대는 북으로 끌려간 보트가 몽금포항에 계류된 사실을 밝혀냈다. 손 총장은 정보감 함명수 소령을 특공대장으로 하는 20명의 상륙대원들과 함정 5척으로 구성된 해군전단에 보트탈환 및 응징작전을 지시했고 전의에 불탄 이들은 전날 밤 은밀히 인천 항을 빠져나왔다.

드디어 8월 17일 새벽, 여명 속에 몽금포 해변의 윤곽이 드러나자 특공대원들은 고무보트에 올라 항구로 돌진했다. 예상외의 기습에 놀란 북한군은 해안초소와 부두에 정박한 함정에서 사격을 가함으로서 쌍방 간에 치열한 전투가 벌어졌다.

이때 적탄이 특공대장 함 소령의 양쪽 허벅지를 관통했다. 뭍의 근처까지 도달한 고무보트 중 4척은 기관 고장으로 멈춰서고 말았다. 자칫하면 전멸될 위기였다. 이것을 목격한 공정식 소령이 통영함(JMS-302)을 지휘해 적진 속에서 포로가 될 상황에 처한 함 소령과 상륙대원들을 구출한 후 37mm 포로 북한 함정 4척을 대파 격침시켰다. 승조원들은 육박전을 벌여 북한군 5명(장교 1, 병 4명)을 생포한 뒤 35t 급 제18호 경비정까지 나포해 남쪽으로 돌아왔다. 비록 목표했던 보트를 되찾지는 못했지만 예상외의 큰 전과를 거두게 됐다.

몽금포 전투는 자유민주주의 체제와 우리 국민을 위협하는 세력에 대해 단호하게 응징한 작전으로 역사에 길이 남을 만하다. 참전자는 특공대원을 포함해 200명으로 그 중 부상자는 1명이었다. 당시 우리 해군 전체 병력은 3,000명으로 15분의 1이 출전한 셈이다. 전투를 통해 위협세력의 근원지를 타격해 적 전투력과 의지를 무력화시켰고 계속되어 온 북한의 폭동, 반란, 월북, 납북사건 등을 단절하거나 급격히 줄어들게 했다.

63년 만에 빛 보는 혁혁한 전공

하지만 이 작전 후 군은 곤욕을 치렀다. 미국이 존 무초 대사를 통해 '해군의 38선 월북작전'에 항의하고, 김일성은 "6·25 남침전쟁 발원은 몽금포 작전"이라며 선전과 선동을 해댄 것이다. 이 주장에 중국과 소련이 가세하며 북침설이 나돌았으나 1990년대 초 러시아 비밀문서가 공개되면서 북침설은 존립 근거를 잃게 되었다.

그런데도 우리 군은 몽금포 작전을 인정하는데 20년 이상 허비하였다. 그 뒤 현 합참의장인 최윤희 제독이 2년 전 6월 해군참모총장으로 재직시 해군본부에서 발행한 《6·25전쟁과 해군작전》이란 책에서 공식 기록으로 등재돼 구전되어 오던 이 혁혁한 전공이 63년 만에 빛을 보게 되었다.

요즈음 세간에는 개봉 12일 만에 1,000만 명의 관람객을 돌파하며 이순신 장군의 위기극복 능력을 잘 묘사한 〈명량〉이라는 영화가 감동을 주며 회자되고 있다. 이는 세월호, 고위 정치인 비리, 군 폭행사고 등으로 식상의 차원을 넘어 혐오를 느끼게 하는 정치·사회적 현상 때문에 누적된 답답함을 한 방에 날려 보내는 카타르시스 역할을 하고 있다.

작금의 총기난사·폭행치사 사건 등으로 군의 신뢰가 떨어지고 있는 어려운 상황이다. 그렇지만 우리 군은 국민의 재산과 생명을 지키는 근본 임무를 망각하지 말고 내외부로부터 있을 불순한 세력의 테러나 북한의 무력도발에 철저히 대비해야 한다.

그래야 이미 65년 전에 과감한 대북 응징작전을 시행한 선배들의 혁혁한 전통을 이어받아 강군으로 거듭날 수 있고, 국민들로부터는 무한한 신뢰를 되찾아 올 수 있기 때문이다.

16

반드시 기억해야 할
8월 1일

2014/07/31

지금부터 107년 전인 1907년 8월 1일을 기억하는 사람은 많지 않다. 이날은 과거 우리가 대한(大韓)의 이름을 지킬 수 있는 힘을 상실한, 한마디로 거세를 당한 날로 오늘날 우리가 우리의 생명과 재산을 지키기 위해 꼭 기억해야 하는 날이다.

대한제국 군대 해산의 치욕

1907년 8월 1일 오전 11시, 서울 동대문 밖 훈련원에서 대한제국 군대가 일제에 의해 강제 해산됐다. 그날 아침 맨손훈련을 한다는 핑계로 군대를 소집해 놓고 군부협판 한진창이 새로 왕위에 오른

순종황제의 군대해산 소칙을 낭독했다. 그 자리에서 한 사람 한 사람씩 계급장이 떼어지고 이들에게는 약간의 돈 몇 푼만 쥐어졌다. 해산당한 군인들은 지금의 종로와 을지로로 걸어 나와 돈을 땅바닥에 내던지면서 백성들과 함께 대성통곡했다.

대한제국 군대가 해산되기 2년 전에는 이근택 군부대신 등 을사 5적에 의해 우리의 외교권은 박탈됐다. 1894년의 청일전쟁, 1904년의 러일전쟁을 거치며 우리도 몰랐고 대비도 하지 못했던 사이에 500년 조선의 역사가 무너져 내리고 있었던 것이다.

대한제국 군대해산 당일 황실근위 시위대 제1대대장으로 국가 보위와 황실보호 업무를 수행하던 박승환 참령은 이 소식을 듣고 "군인으로서 나라를 지키지 못하고 신하로서 충성을 다하지 못했으니 만 번 죽은들 무엇이 아깝겠는가"라며 자결했다.

격분한 우리 군인들이 무기고를 털어 당시 숭례문 밖에 있던 일본군대 진영으로 쳐들어갔다. 일본군은 기다렸다는 듯 사격을 시작했고 그 자리에서 마지막 대한제국군인 78명은 전사했으며 치열한 시가전이 계속됐다.

일본군은 막강한 화력을 동원해 공격했고 탄약이 떨어진 마지막 우리 군인들은 백병전을 감행하면서 최후의 항전을 벌였지만 패하고 말았다. 결국 대한제국의 군대는 해산되고 나라를 지킬 수 있는 힘을 상실한 대한제국은 3년 뒤 일제의 식민지가 됐다. 그 후 우리 민족은 의병, 독립군, 광복군으로 중국과 러시아 등지에서 일제에 항쟁해 나섰지만 광복 이후 1948년 창군될 때까지 41년 동안 이 땅에 우리나라 군대는 없었다.

국가와 군은 공동운명체

조선의 역사를 돌이켜 보면 정유재란이 막을 내리던 노량 앞바다에서 이순신 장군이 최후를 맞던 날(1598년 11월 18일), 서애 유성룡은 임진왜란 동안 수많은 공적에도 불구하고 영의정에서 한 달 이상 체임되어 있다가 파직된다. 그 후 1607년 선대의 과오를 철저히 징계하고 후대의 후환을 경계하고자 《징비록》을 집필했는데 그 핵심은 '자강(自强)'이었다. 그러나 꼭 300년이 지난 뒤 서애의 경고를 망각한 조선은 불과 2개 사단의 일본의 무력 앞에 굴복하고 만 것이다. 나라 없는 국민은 노예일 뿐이다. 군대 없는 나라 또한 나라는 존재하여도 이미 나라가 아니다. 국가와 군은 공동운명체이기 때문이리라.

다행스러운 것은 누가 뭐라 해도 대한민국은 위풍당당한 국군을 보유하고 있다. 1948년 건국과 더불어 국군이 창설됐으며, 6·25 남침전쟁을 맞아 우방의 군대와 힘을 합쳐 훌륭하게 싸워 대한민국을 지켜냈다. 지금은 국토방위 책임을 넘어 15여 개 국가에 세계평화와 질서를 위한 평화유지군(PKO)을 파견해 국위를 높이고 있다. 또한 "군대 갔다 와야 사람이 된다"는 말이 있듯이 국민교육의 도장으로도 우리 군은 그 역할을 충실히 수행하고 있다.

군대 해산 107주년을 맞이하는 8월 1일, 치욕스러운 역사가 주는 쓰디쓴 교훈을 곱씹는다. 싸우면 이기는 전투형 군대로 도약하는 대한민국 국군의 노력을 치하하며 우리 국민의 깊은 신뢰와 절대적 지지를 기대해 본다.

17

금강산 박왕자 씨의 눈물과
송나라 백성의 눈물

2014/07/10

공포의 눈물을 흘리다

2008년 7월 11일 새벽 4시 50분경, 조선민주주의인민공화국 금강산 관광지구에서는 한 방의 총성이 울렸고 대한민국 국적의 박왕자(당시 53세) 씨는 그 자리에서 비명횡사했다.

사건 이후 금강산관광 사업은 중단됐고 6년이 흐른 지금까지 강원도 고성지역은 연간 170만 명의 관광객 발길이 뚝 끊어져 버렸다. 이 여파로 많은 숙박·식당·상가 시설들이 줄줄이 휴·폐업하고 말았다. 사람들도 떠나고 결손가정이 늘어나는 등 불황의 도미노 현상이 나타나 지역경제는 파산 지경에 이르렀다. 고성지역에서만 직간접으로 연간 2,100억 원의 손실이 발생했다고 한다.

과거 국민의 정부(1998~2003년) 기간 동안 남북정상회담 대가, 상업교역, 북한관광 등 명목으로 현금 13억 3,000달러를 주고 식량, 비료지원, 금강산 관광 개발을 위해 현물 약 11억 6,000달러를 투자한 데 대한 보상은 어디에 있는가? 또한 참여정부(2003년~2008년) 기간에는 현금 15억 7,000달러와 현물 29억 달러를 지원한 대가가 금강산 관광객 박왕자 씨의 사살이란 말인가? 고성지역 경제파탄을 생각하면 기가 찰 노릇이다.

부흥하던 송나라는 왜 망했는가?

역사를 보면, 약 1000년 전 송나라는 중국 역사상 경제·문화적으로 가장 번영했던 슈퍼 부국(富國)이었다. 당시 송나라는 고려를 비롯한 남태평양, 유럽, 아프리카 등 전 세계 60여 개국과 통상무역을 하고 있었다. 농업기술의 발달로 송나라 인구는 1억 명에 달했다. 종이, 화약, 나침반, 인쇄술 등 중국의 4대 발명 가운데 3가지가 송대의 것이다.

그러나 이처럼 문치(文治)가 화려하게 발달했음에도 불구하고 이를 지탱할 무비(武備)의 기초는 허약했다. 당시에는 "좋은 남자는 군인이 되지 않는다"는 유행어가 난무했다. 군 기피 현상이 팽배했던 것이다. 더욱이 100만 명의 상비군은 외형만 갖추었을 뿐 내면의 상무적 기풍은 전혀 찾아볼 수 없는 상태였다. 심지어 적군의 간첩이 재상에 오를 정도로 안보의식은 허약했다.

　서기 1140년 금나라 군대가 쳐들어오자 송나라 황제 고종과 귀족들은 싸울 생각은 아예 포기한 채 화친에만 몰두했다. 심지어 적국의 간첩인 재상 '진회'의 간계에 속아 전투 중인 충신 악비 장군을 소환해 화친에 방해되는 인물이라며 죽이는 잘못까지 범하였던 것이다.

　결국 송나라는 인구와 경제력 면에서 100분의 1도 안 되는 금나라와 굴욕적인 화친을 맺고 비겁한 평화를 구걸하는 신세로 전전긍긍하다가 멸망했다. 송나라 멸망은 소수에 의해서였지만 진회 같은 간신들에다 대다수 백성들이 현혹돼 사상적으로 오염됐던 탓이다. 송나라 백성들은 전의를 잃고 눈물을 흘리며 패망을 지켜봐야만 했다.

오늘날 우리는 어떤가?

과연 오늘날 우리의 현실은 어떤가?

　북한은 동·서해에서 정밀 유도탄 미사일 실험을 계속하고 김정은은 전방 및 해상 침투부대 등을 방문해 인민군들을 격려하면서 대남 무력시위를 하고 있다. 김일성 사망(1994년 7월 8일) 20주기 행사를 대대적으로 펼치며 선군정치에 북한 인민들을 총동원하고 있다.

　그런데 우리는 세월호 참사와 지방선거, 국회의원 보궐선거, 국무총리와 장관 청문회 등 정치현안에 휩쓸려 혼란상을 보이는 가운데 중국 송나라 진회처럼 일부 정치인들은 오히려 과거 10년 햇볕정책 과오를 망각한 채 대북지원을 다시 확대해야 한다고 주장하고 있다. 절망적인 망발이 아닐 수 없다.

독일 통일에 크게 기여했던 아데나워재단의 한 임원은 한국을 찾아 평화통일을 위한 교류에서는 항상 '기브앤테이크(Give and Take)'가 원칙이라면서 과거의 '퍼주기식 대북정책'은 이해가 되지 않는다고 한국의 통일정책을 비판한 바 있다.

그렇다. 우리가 분명하게 유념해야 할 게 있다. 우리 내부에 기생하는 간첩, 종북세력들은 규모 면에서는 크지 않다고 해도 지금 이들의 대한민국 폄훼 공작은 도를 넘었다. 이들은 송나라를 망국으로 몰고 간 '진회'와 진배없다.

대한민국을 지키기 위해 역사적 교훈을 마음에 새겨야 한다. 패망한 송나라 백성들이 흘린 통한의 눈물과 금강산 박왕자 씨의 공포의 눈물을 잊지 말아야 한다.

2장

국가위기관리에는
노마지지(老馬之智)가
필요하다

나라를 지키기 위해 목숨을 내건 안중근 장군은
'견리사의 견위수명!(見利思義 見危授命)'이라 말했다.
이익을 볼 때는 정의를 생각하고
국가가 위기에 처한 것을 볼 때는 목숨을 바쳐라!

1

구월산 유격대 여장군
'이정숙'

2016/07/06

1948년 대한민국 정부가 수립된 후 65년이 지난 2013년 2월 25일 최초로 여성 박근혜 대통령이 취임했다.

2016년 6월에는 2700년 역사를 자랑하는 이탈리아 로마에서 사상 처음으로 37세의 비르지니아 라지가 여성 시장으로 선출되었다. 5월 20일에는 지난 1월, 대만 총통선거에서 승리한 민진당의 차이잉원(蔡英文) 주석이 타이완의 14대 총통으로 취임하여 당나라 황후였다가 황제에 오른 측천무후 이래 중화권 첫 여성 지도자가 되었다.

그 밖에도 1953년 몽골의 수바트린 얀즈마가 대통령에 취임해 현대 세계 최초의 국가수반이 된 이후 인도의 인디라 간디, 이스라엘의 골다 메이어, 영국의 대처 총리, 독일의 메르켈 총리 등 유명한 여성들이 국가 지도자로 선출되어 큰 역할을 하고 있다.

'이달의 전쟁영웅'으로 첫 여군 선정

국가 지도자뿐만 아니라 6·25 남침전쟁에서도 게릴라전을 펼치며 서해무장대를 조직해 '구월산 유격대 여장군(女將軍)'으로 불린 고 (故) 이정숙도 있었다.

그녀는 2012년 2월 국가보훈처가 선정하는 '이달의 전쟁영웅'에 여군으로는 처음 선정된 데 이어 6·25를 앞두고 국방부가 주는 충무무공훈장 수훈자로 결정됐다.

6·25 남침전쟁 당시 구월산 유격대를 창설하여 혁혁한 전공을 세워 충무무공훈장을 받은 남편 고(故) 김종벽 대위에 이어 부부가 동시에 일반적인 공로훈장도 아닌 무공훈장 수훈자로 결정된 것은 건국 이후 처음인데다 부부무공훈장 수훈은 전 세계적으로 극히 드문 사례이다.

구월산 유격대 여장군 이정숙은 1922년 2월 함흥 출신으로, 6·25 남침전쟁 직전 공산군의 손에 부모와 남편을 잃었다. 본인도 복역하다가 탈출에 성공해 1950년 10월 황해도 안악군에서 서해무장대를 조직해 대원 70여 명과 농민군을 진두지휘하며 북한군과 싸웠다. 이후 서해무장대는 김종벽 대위가 이끄는 구월산 유격대에 합류하였다.

일명 동키 제2부대로 불린 구월산 유격대는 동년 10월 중순, 황해도 은율군 장련면과 이도면 등의 반공청년들로 조직된 연풍부대를 모태로 하여 육군본부 정보국 소속의 김종벽 대위가 후퇴 중 반

'군번 없는 女전사'(좌)들과 이정숙(우) 여장군 [사진 뉴스투데이]

공청년들의 자생적 무장조직을 규합해 최초 150여 명으로 1950년 12월 7일 창설한 유격대이다.

구월산 유격대에 합류한 뒤 이정숙은 김종벽 대위의 보좌관 직책을 맡아 다양한 특수작전에서 큰 공을 세웠다. 특히 1951년 1월 18일 고립된 재령유격부대를 구출하기 위해 촌부로 가장한 채 밤새 100리를 걸어 적 포위망을 뚫고 89명을 구출하였다. 이외에도 월사리 반도 상륙작전, 어양리 지역 상륙작전 등에 참여하였다. 이러한 공을 인정받아 전쟁 중에 육군참모총장 표창도 받았고 '구월산의 여장군'이라는 별명도 얻게 되었다.

여성 유격대의 상징으로 꼽히는 이정숙 구월산 여장군의 활약상은 1960년 중학교 교과서에 수록된 바 있다. 또한 최무룡 감독의 영화 〈피어린 구월산〉과 고우영 화백의 만화 〈구월산 유격대〉를 통해서도 생생하게 그려져 많은 국민의 사랑을 받았다.

그러나 최근 보수와 진보의 정치논쟁과 보이지 않는 세력의 음모에 의해 전쟁영웅들의 활약상이 국민들의 뇌리 속에서 점점 사라져가는 모습이 안타깝기만 할 뿐이다.

잊지 말아야 할 유격대의 대활약

그나마 다행인 것은 구월산 유격대와 더불어 백령도를 근거로 반공유격전을 펼쳤던 일명 '8240동키부대'의 전사자들을 추모하고 그들의 애국심과 희생정신을 기리기 위해 윤보선 대통령이 1961년 8월 〈한국일보〉 사장 장기영의 협조를 받아 백령도에 '반공유격전적비'를 세웠던 일이다.

동키부대는 황해도 일대의 마을 청년들이 스스로 결사대를 조직해 이름도 계급도 없는 유격대가 되어 마을을 지키고 조국을 지키겠다는 일념으로 중공군과 싸웠다. 또한 인민군들과 거의 맨손으로 싸운데 감동한 미군이 이들이 지낼 수 있는 막사와 싸울 수 있는 무기를 공급하면서 조직된 부대이다.

따라서 구월산 유격대는 그때부터 무소속·무계급의 유격대가 아닌 8240동키부대 소속이 되었고 1951년 초에는 2,500명으로 늘어났으며, 휴전 직후 해체될 때까지 800명 규모를 유지했다.

그들은 생명을 바쳐 각종 유격전투를 하는 동안 적 사살 4,000여명, 생포 57명의 놀라운 전과를 올렸으며, 1954년 백령도로 철수하기 전까지 아군과 연합군들의 사기를 올리고 작전수행에 큰 시너지

효과를 제공했다.

하지만 지금의 옹진군 백석면 형제 바위가 있는 비산곶 전투에서 이들이 탄 배가 적 포탄에 맞아 175명 중 171명이 전사했으며, 백령도를 사수하기 위해 싸우다 결국 516명이 목숨을 바친 것은 너무도 아쉽고도 안타까운 일이 아닐 수 없다.

그런데 더욱 가슴이 아픈 것은 이러한 분명한 역사가 있음에도 불구하고 구월산 유격대에 대한 기억이 점점 사라지고 보상 또한 미흡하다는 점이다.

나라에 몸 바친 데 대한 합당한 보상

세월호 사건에 따른 희생자 1인당 10억 원에 가까운 보상금이 주어졌다고 한다. 10대인 아직 꽃봉오리도 피워보지 못한 채 어른들의 잘못으로 희생돼야만 했던 참사는 국민 모두의 아픔이었다. 다시는 이런 후진국형 사건이 발생하지 않기를 원하고 있었기 때문에 국민 모두와 국회의원 전원이 유족들의 마음을 조금이라도 위로하기 위해 10억 원에 가까운 보상금을 지급했다.

그렇다면 2010년도 천안함 폭침사건 때 전사한 아군과 유족들에게는 어느 정도로 보상이 되었는가? 정부 발표에 따르면 1인당 3,000만 원 정도라고 한다.

이에 대해 구월산 유격대 박부서 회장은 "현재 구월산 유격대 생존자들에게는 정부에서 1인당 16만 원을 지원하고 있다"면서 "과연 이것이 나라를 위해 장렬하게 전사했거나 아니면 아직 생존해 있는 분들에 대한 합당한 보상이냐?"며 말도 안 되는 탁상행정의 본보기라고 분개하였다.

　과거 이분들의 희생 덕택에 오늘날 평안을 누리고 있는 우리들은 머리 숙여 용서를 구해야 마땅할 것이다. 이에 따라 정부와 국회는 말할 것도 없이 언론도 이러한 현실을 널리 알리고 적절한 보상이 이루어지도록 노력할 필요가 있다.

사회 지도층으로 자리 잡아 가는 여성들

필자가 국방장관 보좌관실에 근무하던 2001년 당시 김동신 국방장관은 정책적으로 판단하여 국군 최초의 여성 장군을 배출했다. 바로 간호사관학교 교장을 지낸 양승숙 장군이다.

　이후 매년 여성 장군이 계속 배출되었다. 2010년 최초로 전투병과에서는 손명순 장군, 법무병과에서는 2011년 이은수 장군이 진급하였고, 우리 군은 세계적으로 여성 지도자들의 영역 확대에 발맞춰 매년 2~3명의 여성 장군을 보유하게 되었다.

　2014년 10월에는 전투병과 여군으로는 두 번째로 김귀옥(여군 31기) 대령이 장군이 되었다. 이것은 특별한 의미를 갖게 한다. 부부 무공훈장 수훈자인 김종벽·이정숙처럼, 김귀옥 장군은 남편 이형석(육사 41기) 소장과 함께 한국군 역사상 최초의 '부부장군'으로 탄생되었다.

아마도 6·25 남침전쟁 시 이정숙 구월산 여장군의 전통을 이어받아 대한민국의 여성들도 대통령으로부터 여성 장군, 각 정부 기관장, 여성 기업체장 등 많은 분야에서 대활약을 하게 된 것이다.

모성애를 가진 여성들이 사회 지도층으로 자리 잡게 되면 남성들보다도 더 세심한 배려로 큰 성과를 이룰 수 있을 것이다. 따라서 앞서 언급한 전쟁영웅들에 대한 보상도 더 충분하게 구체화되지 않을까 기대해 본다.

전쟁을 잊고 있으면 국가에 위기가 닥친다

마침 보훈의 달을 맞이하여 서울지방보훈청에서 구월산 유격대 여성유격대원으로 조국을 위해 싸웠던 박애초(78) 씨 등 50여 명에게 '호국영웅기장'을 수여하고 전쟁기념관에서 6·25 남침전쟁 참전유공자 위로연을 개최했다. 어느 모로 보나 참으로 다행스러운 일임에 틀림없다.

'세상이 아무리 평안해도 전쟁을 잊고 있으면 국가에 위기가 닥친다'는 뜻의 《사마법》에 나오는 '천하수안 망전필위(天下雖安 忘戰 必危)'는 매년 치러지는 구월산 유격대 추모행사 시 제단 앞에 놓여 있는 액자(박정희 대통령 휘호)에 적혀 있는 명언이다.

우리 국민들은 북한의 김정은이 여섯 번째 실험 만에 대륙간탄도미사일(ICBM) 발사를 성공했다고 공언하고 최고인민회의에서 셀프 국무위원장으로 추대되어 1인 독재체제 구축을 완료한 이 시점에, 다시 한 번 구월산 여장군 이정숙을 비롯한 호국영령들의 희생이 헛되지 않도록 충분한 보상 노력과 함께 국가 위기에 철저히 대비해야 함을 명심하고 각오를 다져야 할 것이다.

2

물쥐대장 '김동석'은
6·25 4대 영웅!

2016/06/21

올해는 6·25 남침전쟁이 일어난 지 66년째 되는 해이다. 잘 알려진 대로 "북한 탱크를 부순 호국영웅 심일 소령의 영웅담은 허위날조였다"고 증언한 91세 이대용 예비역 준장의 용기가 세간의 화제가 되고 있다.

6·25 4대 영웅으로 이름을 올리다

반면 〈국군TV〉가 작년에 제작한 전쟁영웅 재평가 프로그램에 출연한 이봉규 박사는 어느 신문 기자와의 통화에서 "우리 국민이 고 (故) 김동석 대령의 이름조차 알지 못하는 것은 국가적 비극"이라고

한국전쟁을 승리로 이끈 4대 영웅. 위쪽
좌측부터 시계방향으로 맥아더 원수, 매
튜 리지웨이 장군, 김동석 대령, 백선엽
장군 [사진 뉴스투데이]

말했다. 이 박사의 주장에 따르면 맥아더 장군이 참모들의 반대를
무릅쓰고 인천상륙작전을 감행할 수 있었던 것은 당시 김 대령이
첩보부대를 맡으면서 인민군 주요 거점에 대한 핵심 정보와 인천의
조수간만 정보까지 손바닥 들여다보듯 제공했기 때문에 가능했다
는 것이다. 이런 공훈으로 맥아더 장군으로부터 큰 신뢰를 받았고,
그 징표로 쌍안경을 선물로 받기도 했다.

　　미국 정부는 정전협정 체결 50주년을 앞둔 1998년 한국전쟁 기
념사업을 진행하면서 맥아더 장군과 리지웨이 극동연합군사령관,
백선엽 육군 대장과 함께 '6·25 4대 영웅'으로 김동석 대령을 올렸
다. 한국 군인으로 미군부대 내에 기념관이 있는 2명의 인물은 백
선엽 대장과 더불어 김동석 대령뿐이다. 경기도 의정부시 캠프레드

클라우드 미2사단 전쟁박물관에 '김동석 영웅실'을 만들어 해마다 그를 기리고 있다.

김동석 영웅의 막내딸인 가수 진미령(본명 김미령) 씨는 방송에서 "선친이 살아계실 때 미2사단의 김동석의 날(Kim's Day, 12월 16일) 행사에 참석해 부대 장병들에게 매년 식사를 대접했다"며 "선친을 기리는 미 정부의 행사를 활성화하고 싶다"고 말했다.

한국군 사상 최대 훈장 받은 김동석 대령

필자가 8군단 참모장으로 근무하던 2008년 6월 초, 강원도 양양 불당골에 위치한 영혈사 주지 스님의 방문을 받았을 때 커다란 부끄러움을 느꼈다. 스님은 부처님 오신 날과 현충일을 맞이하여 호국영령 천도제가 봉행되는데 군부대의 관심이 뜸해졌다며 호통을 치셨다.

영혈사는 설악산에 있는 조계종 사찰로 원효대사가 창건하였다고 전해진다. 현재 지장전에는 동해의 영흥만 일대에서 활약하던 HID(Headquarters Intelligence Detachment) 36지구대원 중 조국을 위해 산화한 호국영령들의 위패가 모셔져 있다.

필자는 예복을 입고 행사 당일 영혈사를 찾았다. 백발이 성성한 노병들이 필자를 보고 거수경례를 하는 바람에 당황했지만 한편 이런 선배들의 피와 땀의 희생 덕택에 우리가 오늘을 맞이하고 있다는 생각에 무한한 존경심이 일었다.

HID 36지구대는 바로 '북파공작원의 대부'인 김동석 대령이 지휘한 부대로 휘하에 3개 지대로 편성하고 영화 〈실미도〉에 나왔던 부대와 같은 팀을 수십 개 두고 북한 침투공작을 펼쳤다.

현재 휴전선이 동쪽으로 갈수록 북쪽으로 올라간 이유는 김동석 부대원들이 침투활동을 통해 얻은 정보로 동해 바다에서 함포사격 지원을 받아 국군이 작전을 원활하게 할 수 있었기 때문이었다.

물쥐와 물쥐대장

미국에서 출판된 《My Father's War》의 저자 황성 씨는 6·25 남침 전쟁 당시 HID 36지구대원이었던 황하용 씨의 아들이다.

이 책에서 작가의 아버지가 활동했던 동해 영흥만은 남북첩보전의 최대 격전 지역이었는데 북한 인민군은 영흥만 도서에 있는 첩보부대를 타격하기 위해 하루에 300여 발씩 밤낮으로 포격을 가했고, 그 중에서도 특히 지휘소가 있는 여도에 포격이 집중되었다고 한다.

황하용 씨는 "당시에는 전쟁이 끝나면 영웅이 됐다. 부대에 들어가면 입을 것, 먹을 것, 잘 곳을 제공해준다. 고향에 돌려보내 주겠다, 가족을 찾아주겠다"는 말에 HID의 부대원이 된 것이라고 기술했다.

전쟁을 전후해서 160번이나 낙하산을 타고 북에 침투했던 김 대령은 북한지역 첩보활동을 위해 인민군 경력이 있거나 영흥만을 거쳐 내려오는 피난민 중에 판단이 빠른 자 등 똑똑해 보이는 북한 출신들을 HID로 차출하여 편성하였다. 황하용 씨도 이들 중 한 명이었다.

HID 36지구대 첩보부대원들은 야간에 은밀히 북한군 후방으로 침투하여 게릴라, 기습, 암살, 첩보, 납치, 주요시설 폭파 등 각종 임무를 수행했다. 밤이면 물에서 올라와 첩보활동을 펼치고 해가 뜨면 사라지는 36지구대 첩보원들의 활동방식 때문에 북한 인민군들은 이들을 '물쥐'라고 불렀고 김 대령은 '물쥐 대장'이 되었다.

참군인이란?

백범 김구 선생의 경호원을 역임했던 김 대령은 육사8기로 6·25 남침전쟁이 터졌을 때 중위로 중대장이었으나 전쟁기간 중 박성철이 지휘한 북한군 15사단을 낙동강 전선 안강~기계 전투에서 궤멸해 전 장병 1계급 특진의 명예를 얻는 등 두 차례나 특진해 소령을 달고 육군첩보부대 HID 36지구대장으로 부임하였다.

보다 앞서 조선 애국의용대 대장을 지냈던 1945년 광복 직후에는 일본 관동군 소속이었던 박정희 중위가 소련군에게 체포됐다 탈출하는 과정에서 도움을 주기도 했다.

그 밖에 무수한 공적으로 한국군 사상 가장 많은 37개 훈장을 받았다. 주한미군으로부터 전쟁영웅 칭호를 받은 김 대령은 정전 직후인 1954년 2월, 적진에 잠입해 강원도 통천 부근에서 매복 중 인민군 17사단장 이영희를 납치해 귀순시킨 뒤 일본의 미군기지로 보내 정보를 캐내도록 하는 전과도 올렸다. 이에 대해 김 대령은 "인민군 사단장을 잡은 것은 큰 일이었다"고 간단하게 소감을 밝힌 참군인이었다.

아쉬웠던 점은 장군 진급을 앞두고 5·16쿠데타(혁명)가 발생하자 동참하지 않았다는 이유 때문에 대령으로 전역하게 되었다. 이후 박정희 대통령의 배려로 삼척군수, 강릉시장, 목포시장, 함경북도지사 등을 역임했다.

1960년대 초 삼척군수 시절 큰 수해를 당해 위문단이 현지를 방문했을 때 그 중 한 명이었던 모윤숙 시인은 "웬 젊은 홍보요원이 브리핑을 잘하더라고 생각했는데 그분이 군수여서 놀랐고, 또 그가 군 출신이자 전쟁영웅이었다는 말에 한 번 더 깜짝 놀랐다"고 술회한 바 있다.

진정한 보훈과 국민의 책무

목숨 걸고 국가를 지킨 전쟁영웅을 대하는 미국과 한국정부의 태도는 극과 극이다. 미국은 끝까지 찾아내 업적을 기리지만, 한국은 그

평가와 업적 발굴에 인색하다 못해 아쉬움으로 남는다.

HID 36지구대장이었던 김동석 대령이 그 좋은 예이다. 미군은 그를 '4대 영웅'으로 추앙하지만, 한국 정부는 평가를 제대로 하지 않을 뿐 아니라 그 결과 우리 국민은 그에 대해 잘 알지도 못하고 있는 실정이다.

그나마 다행인 것은 설악산 기슭인 강원도 양양에 위치한 호국 사찰 영혈사에서 조국을 위해 산화한 HID 36지구대 호국영령들의 위패를 모셔 놓고 매년 호국영령 천도제를 봉행한다는 점이다. 또한 최근 국군정보사령부 내 박물관에 김동석 대령 유품을 모아 전시하며 그의 업적을 기리고 있다는 소식에 약간의 위안을 갖기도 한다.

반면 이대용(예비역 준장) 전 주월공사는 최근에 심일 소령의 거짓 신화를 밝히면서 "우리 군은 과거에 저지른 허위날조 오류를 과감하게 바로잡아 정도(正道)를 당당하게 걸어가야 한다"고 강조하며 교전 당시 나흘간 상황과 군배치도 등을 꼼꼼하게 기록한 자료를 모 신문사에 제공하기도 하였다.

보훈은 살아남은 자들의 '책임(責任)'이자 의무(義務)'이다. 잘못된 역사를 바로잡는 것 또한 살아남은 사람들의 엄중한 '책무(責務)'인 것이다. 사실을 기록하는 일에는 대단한 용기가 필요하다. 게다가 모든 사람들의 신화로 믿고 싶어 하는 것을 사실이 아니라고 바로잡으려 할 때는 자신의 모든 것을 걸어야 할 만큼 위험한 짓이다. 91세 노장(老將)의 이러한 용기에 우렁찬 박수를 보낸다.

호국보훈의 달에 국가를 위해 희생한 영령들을 추모하고 선배들의 업적을 기리는 것도 중요하지만, 조작된 전쟁영웅 신화의 오류를 지적한 후 진실을 밝히는 것도 중요하다고 생각한다.

마찬가지로 그동안 북파공작 활동에 얽힌 비밀들에 대해 입을 굳게 다물어 왔던 김동석 대령은 작고 전인 2005년 자신의 회고록을 발간했다. "적진에 들어가지도 적 지휘관을 암살하지도 않았던 가짜 HID들이 설쳐 진짜 HID가 있었다는 사실을 알리고 싶었다"며 회고록《This Man》의 출판 동기에 대해 밝혔다.

이제 미군이 선정한 '6·25 4대 영웅' 중 한 분인 고(故) 김동석 대령에 대해서는 역사적 사실임을 분명히 알고 그와 함께 첩보활동을 하다가 영혈사에 모셔진 위패의 영웅들처럼 군번도 계급도 없이 조국을 위해 싸우다 순직한 호국영령들을 각골난망(刻骨難忘)하여 추모 선양하는 활동을 전국적으로 전개할 필요가 있다. 또한 이번 기회에 김동석 전쟁영웅을 온 국민이 기억하고 추모하는 기회로 확산되길 기대해 본다.

온 국민이 전쟁영웅을 추모하고 그 뜻을 기리는 것이 진정한 보훈이자 국민의 책무인 것이다. 이렇게 온 국민이 한뜻이 된다면《손자병법》에 싸우지 않고 승리하는 것이 가장 최선이라고 했던 '부전이굴인지병 선지선자야(不戰而屈人之兵 善之善者也)'가 구현되는 길이라 생각한다.

3

포화 속으로 '학도의용군'과
신출귀몰한 '불암산호랑이'

2016/06/10

6·25 남침전쟁으로 완전히 초토화되었던 대한민국은 온 국민이 하나가 되어 절약과 근면으로 오늘날의 경제 10대 강국으로 발전을 이루었다. 이제 대한민국은 세계 속의 어려운 나라를 돕고 그들과 세계평화를 위해 다함께 잘사는 세상이 되도록 역사적 사명감을 갖고 노력해야 한다.

나라를 구해준 고마운 이들

월드피스자유연합(사) 이사장 안재철은 오랜 시간 동안 역사적 사료를 연구·조사하여 6·25 남침전쟁 때 대한민국을 도운 나라가

67개국임을 밝혀내고 2010년 9월 3일 영국 기네스북 본사로부터 기네스북 등재 인증서를 받았다. "6·25 남침전쟁 당시 전 세계의 67개국이 대한민국을 지원한 기록은 역사상 가장 많은 국가가 단일연합군으로 지원한 세계기록인데다 앞으로도 이 기록은 깨질 수가 없을 것"으로 보인다.

최근에는 우리를 도와준 나라에 감사하고 우리의 진정한 우방으로 만들어가는 해외봉사가 확대되고 있다. 특히 많은 민간단체가 자발적으로 봉사와 지원활동을 하여 공공외교의 장으로 만들면서 국내에서도 국민 안보의식 고취에 큰 역할을 하고 있다. 이처럼 백척간두의 국가적 절체절명 위기에서 구해준 해외지원국에 대한 감사와 보은도 중요하다.

그렇지만 국내에 숨겨진 애국자들의 보이지 않은 희생을 통해 나라를 지켜낸 분들에 대해서도 기억하고 감사해야 할 의무가 우리에게는 명확하게 부여되어 있는 것이다.

6·25 남침전쟁 시 해외지원국뿐만 아니라 숨겨진 애국자와 민간단체들 중에서도 학도의용군들이 나라를 지켜냈음을 우리는 너무도 잘 알고 있다.

제대로 평가받지 못한 학도의용군

북한군의 남침으로 서울이 함락된 지 하루 뒤인 1950년 6월 29일,

경기도 수원에 모인 200여 명의 학생들은 국방부 정훈국의 후원으로 '비상학도대'를 발족시켰다. 이들은 소총 1정과 실탄만을 지급받은 뒤 국군혼성부대에 수십 명씩 편입해 한강 방어선에 투입됐다.

7월 말에는 대구에서 87명의 학생들이 자진 입대하여 김석원 장군 휘하의 부대로 편성돼 포항에서 북한군의 4차례 파상공격을 막아내는 전과를 올렸다. 이 전투는 60년이 흘러간 뒤에 가수 겸 배우인 탑 주연의 〈포화 속으로〉라는 영화로 재현되기도 하였다.

6·25 남침전쟁이 발발하면서 나라를 지키겠다는 일념 하나로 전투에 참여한 학도병은 최소 2만여 명이며 전사자도 7,000명에 이르는 것으로 추정된다. 또한 육군본부가 2004년 펴낸 〈학도의용군〉에 따르면, 전쟁기간 중 전투참전과 치안활동, 가두선전에 참가한 학생들을 27만 5,200명으로 집계했지만 중앙학도호국단은 전투참가 학생 2만 7,700여 명 중 전사자를 1,394명으로 기록했다. 그러나 교육부 통계에는 학도의용군 5만여 명 중 7,000명이 전사한 것으로 기록되어 있다.

이 같은 기록 부실로 학도병들은 전쟁이 끝난 지 64년이 지났어도 전공(戰功)을 제대로 평가받지 못하고 있다.

암호명 '불암산호랑이'

학도의용군이면서도 군인이라 할 수 없었던 '불암산호랑이'라는 전설 같은 자랑스러운 인물들도 있었다.

6월 25일 새벽 북한의 불법남침이 개시되었을 때 서울 태릉의 육군사관학교에는 생도 1기(10기)와 2기(종합 1·2기)가 교육을 받고 있었다. 13대 1의 경쟁을 거쳐 1949년 7월 15일 생도 1기 338명이 입교했고, 생도 2기는 4년제 정규 과정을 목표로 28대 1의 경쟁을 거쳐 1950년 6월 1일 334명이 정식 입교했다.

전쟁 발발 당일 제1기생 262명은 임관을 20일 남겨놓고 있었고 제2기생은 입교 25일째로 소총 자격사격 측정이 예정되어 있었다. 북한의 기습남침이 시작되자 육사와 보병학교 교도대대가 문산 축선에 투입됐다. 뒤이어 오후 1시쯤 사관생도들을 포천축선으로 투입하라는 채병덕 총참모장의 명령이 하달됐다.

장교로 임관할 사관생도가 병사로 전투에 참전한 사례는 역사상 별로 없다. 미국의 남북전쟁 시 남군과 제2차 세계대전 초기 독일군 등에서 극히 일부 사례가 있을 뿐이다. 일본군은 미군의 본토 상륙이 임박한 상황에서도 사관생도와 후보생을 전장에 내보내지 않았다. 군의 미래를 위해 간부 양성은 필수이기 때문이다.

학교장 이준식 준장은 제1기생 262명과 제2기생 277명으로 생도대대를 편성하고 학교본부와 생도대 장교로 대대본부를 편성했다. 그들은 오후 8시쯤 징발된 차량을 이용해 경기도 포천시 내촌면의 303고지(부평리)에 배치됐다. 생도대대의 우측에는 전투경찰대대가 자리를 잡았다. 생도대대는 치열한 백병전 끝에 1개 대대 규모의 북한군을 물리쳤지만 전황 악화에 따라 큰 피해를 입고 철수할 수밖에 없었다.

생도대대는 태릉으로 철수해 포천에서 철수해온 제9연대의 잔여병력과 함께 불암산 일대에 배치됐다. 27일 밤이 깊어지면서 전황은 걷잡을 수 없이 악화됐다. 학교장은 생도들이 적진에 고립되는 상황이 발생할 수 있다는 보고를 받고 철수를 명령했다. 그러나 이미 지휘체계가 마비돼 학교장의 철수명령은 제대로 전달되지 못했다.

대부분 생도는 28일 아침 망우리고개~용마산을 거쳐 광나루 방향으로 철수해 한강을 건넜다. 이때 철수명령을 받지 못했거나 받았다 하더라도 서울을 쉽사리 적에게 내줄 수 없다는 사명의식에 불타는 사관생도들이 있었다. 제1기생 김동원 생도는 후방으로 철수하여 몸을 숨겨 살아나가는 방법 대신 목숨을 걸고 불암산 일대에서 유격 활동을 감행키로 하고 동료 생도들의 뜻을 모았다.

죽음을 무릅쓴 김동원 생도는 불암산호랑이 유격대를 만들고 지휘하여 북한군을 타격하고 끌려가는 학생들과 국민을 구출하는 등 많은 전과를 올렸다.

불암산 유격대, 공격을 시작하다

강원기, 김봉교, 박금천, 박인기, 이장관, 조영달, 전희택, 홍명집, 한효준 등 제1기생 10명과 인적사항이 확인되지 않은 제2기생 3명,

제9연대 김만석 중사 등 부사관 2명, 병사 5명으로 총 20명의 대원이 모였다.

전 대원의 투표로 최초 유격활동을 제안했던 김동원 생도를 유격대장으로 선출했다. 조영달 생도를 제1조장, 박인기 생도를 제2조장, 김만석 중사를 제3조장으로 각각 선출했다. 암호명은 '불암산 호랑이'로 했다.

그들은 윤용문 불암사 주지 스님을 찾아가 지원을 요청했다. 김동원 생도는 불교 신자로 평소 주지 스님과 친분이 각별했다. 김 생도가 불암산을 근거로 한 유격활동을 결심하게 된 배경에는 주지 스님과 인근 주민들의 적극적인 지원이 크게 작용했다.

불암사 위쪽 석천암의 김한구 스님도 많은 도움을 주었다. 김 스님의 안내로 석천암 인근에 흩어져 있는 3개의 자연동굴을 은거지로 활용키로 했다. 준비를 갖춘 유격대는 홍명집 생도를 정보책으로 임명했다. 그는 믿을 만한 주민과 접촉해 북한군의 동향에 관한 정보를 입수해 공격할 목표를 선정했다.

불암산 유격대의 첫 번째 공격은 7월 11일 새벽, 경기도 남양주 퇴계원에 있는 북한군 보급소 기습이었다. 이 작전에서 유격대는 보급품을 불태우고 30명을 사살하는 전과를 올렸다. 그러나 김봉교·박인기 생도와 2기생 1명 등 3명이 희생되었으며 한효준 생도는 부상을 입었다.

두 번째 공격은 7월 31일 새벽, 서울시 도봉구 창동역 부근에 있는 북한군 수송부대와 보안소 기습이었다. 대원들은 수류탄과 화염병을 사용해 보급차량과 사무실 등을 습격하는 데 성공했지만 퇴각 도중 김만석 중사가 전사했다.

8월 15일 밤에 이뤄진 세 번째 공격의 대상은 생도들의 모교였던 육사였다. 당시 북한군은 육사를 의용군 훈련소로 사용하고 있었다. 유격대는 의용군으로 끌려온 학생들을 탈출시키기 위해 대담한 공격작전을 시행해 북한군 50여 명을 사살했다. 그러나 유격대장 김동원 생도 등 6명이 희생되었다.

유격대의 마지막 전투는 북으로 끌려가는 마을 사람들을 구출하기 위해 9월 21일 밤, 경기도 남양주시 진접읍 내곡리에서 적의 수송대를 기습한 것이었다. 그때 100여 명이나 되는 많은 주민을 구출했으나, 6월 29일부터 9월 21일까지 불암산을 중심으로 80일 동안 활약했던 유격대원 전원이 계급과 군번도 없이 9월 28일 수복을 앞두고 모두 전사하고 말았다.

쓰러진 유격대원 중에서 강원기 생도가 다음날 구사일생으로 마을 사람들에게 구출돼 군병원으로 후송될 수 있었다. 그렇지만 강원기 생도 역시 부상 후유증으로 1951년 7월 10일 세상을 등지고 말았다. 강원기 생도의 생존 시 증언으로 불암산호랑이 유격대의 활약상이 세상에 알려지게 됐다. 석천암 김한구 주지 스님의 손자 김만홍 씨도 당시 유격대에 식사와 물을 제공했다는 사실 등을 증언했다.

헌신으로 지켜낸 국가

박근혜 대통령은 2016년 5월 25일부터 6월 4일까지 에티오피아 등 아프리카 3개국과 프랑스를 국빈 방문했으며, 6·25 남침전쟁 때 지원해준 것에 대한 감사표시를 했다.

그러나 불암산 유격대에 대한 정부 차원의 선양사업과 무공훈장 수여는 현재까지 이뤄지지 않고 있다. 이번 기회에 실제로 전투에 참가한 학도병 2만 7,700여 명과 고립무원(孤立無援) 구천을 떠돌고 있는 7,000여 명의 고귀한 영혼을 기리는 선양사업을 거국적이고 최우선적으로 시행해야 할 것이다.

그래야 국가의 존재가치를 깨닫게 되고 조선시대의 의병과 6·25 남침전쟁 때 학도의용군처럼 국가 존망의 위기에 처했을 때 분연히 떨쳐 일어날 수 있을 것이다. 그리고 이러한 사업은 군과 정부가 앞장서고 현재보다 더 확대해야 한다.

"장수(정부)가 병사 보기를 사랑하는 자식같이 돌봐야 전투에 참여하여 목숨을 버릴 수 있다"는 의미의 《손자병법》 지형(地形)편의 '시졸여애자 고가여지구사(視卒如愛子 故可與之俱死)'가 구현되며, 애국심으로 똘똘 뭉쳐 학도의용군과 불암산호랑이처럼 헌신적으로 국가를 지켜내는 역할을 할 수 있기 때문이다.

4

'의병의 날' 견리사의見利思義
견위수명見危授命을 되새기며

2016/06/01

6월은 '호국보훈의 달'이다.

매년 6월 6일 현충일에는 대통령을 비롯한 여야 대표들이 각각 서울 동작동 국립묘지를 방문하여 추모행사를 한다. 그런데 이번에 당선된 20대 국회의원 임기가 5월 30일부터 시작되는 가운데 국회법상으로는 임기 개시 후 7일째 되는 날부터 임시국회를 열도록 되어 있기 때문에 6월 5일 이후 20대 국회 첫 개원일이 잡힐 것으로 보인다.

하지만 국회 원구성 협상이 순탄치 않아 개원일은 미지수이다. 2012년 19대 국회에서도 여야는 원구성 협상에 진통을 겪다가 그해 7월 2일이 되어서야 개원에 합의한 바 있다. 이번에도 현충일 추모행사를 제대로 할 수 있을지 우려된다.

국가기념일로 제정된 '호국의병의 날'

고려·조선시대에도 마찬가지였다.

조정의 군대들은 몽고군과 왜군에게 패퇴하여 쫓겨 갔지만 국가가 위기에 처했을 때 자발적으로 일어난 의병들의 항전이 애국·애족정신을 바탕으로 국가 보존과 통합, 국가 발전의 원동력이 되었다.

그래서 1982년 10월 19일 안효상 의병기념사업회장과 박순천 씨 등은 4월 22일을 '의병의 날'로 정해 달라고 국회 등에 청원했다. 이들은 독립기념관 건립 추진과 때맞춰 외세항쟁 정신을 국민들에게 심어주기 위해 임진왜란이 일어났던 1592년 홍의장군 곽재우가 경남에서 의병을 일으켜 항일의병의 효시가 됐던 4월 22일을 '의병의 날'로 정하자고 건의했다.

그 후 2008년 8월 경북 의령군수 등 1만 5,586명이 '호국의병의 날' 기념일 제정을 국회에 다시 청원하였고, 2010년 2월 국회 본회의에서 의결되었다. 곽재우 홍의장군이 최초로 의병을 일으킨 4월 22일을 양력으로 환산해 호국보훈의 달 첫째 날인 6월 1일로 선정했다.

2010년 5월 25일, '각종 기념일 등에 관한 규정 일부 개정령'이 대한민국 관보에 게재·공포되면서 오늘에 이르고 있다.

민중 스스로 나라를 지킨 의병들

조선시대 이전에는 '의병'이란 용어를 사용하지 않았다. 이는 조선시대 이전에는 개인이 지배하는 사병이 존재하였고, 때로는 사병이 나라의 명을 받아 활동하기도 하는 등 정규군과 비정규군의 경계가 모호하였기 때문이다.

고려시대 삼별초는 고려가 항복하기 이전에는 최우의 사병집단이었으며, 대 몽고 항전에서 유명한 김윤후가 몽고군 사령관 살리타를 사살할 때 그의 신분은 승려였고 그가 이끈 군대는 노비가 주축인 민병이었다. 조선시대에는 임진왜란과 일본제국주의 침략에 맞서 싸운 각지의 민병들을 의병이라 불렀다. 임진왜란 기간 동안 각지에서 의병이 조직되어 일본군과 싸웠다. 그때 의병은 농민이 주축을 이루었으나 그들을 조직하고 지도한 것은 전직 관료와 사림 그리고 승려들이었다.

의병의 신분 구성이 다양하듯이 사상적 기반도 여러 분야였지만 유교의 충의정신이 핵심을 이루고 있었다. 유교를 발전시킨 것이 국방을 소홀히 한 점도 있지만, 대신 국민들의 충성심을 길러 그 저력이 서서히 드러나게 된 것이다. 또한 한국은 예로부터 향촌 공동체가 향토방위를 떠맡아 온 오랜 전통이 있기 때문에 의병 부대의 조직은 매우 수월하였다.

의병들은 향토 지리에 익숙한데다 향토 조건에 알맞은 무기와 전술을 터득하고 있었다. 그리하여 적은 병력으로 대군과 싸우기 위해서는 정면충돌보다는 매복·기습·위장 등과 같은 유격전술을 많이 써서 적에게 큰 피해를 입혔다.

의병은 각처에서 일어나 그 수를 헤아리기 어려우나 그 중에서도 많은 전과를 거두고 명성을 떨친 사람은 평안도의 조호익·양덕록·서산대사, 함경도의 정문부, 경기도의 김천일·심대·홍계남, 경상도 의령의 곽재우, 고령의 김면, 합천의 정인홍, 영천의 권응수, 충청도의 조헌, 전라도의 고경명, 황해도의 이정암, 강원도의 사명당 등이다.

전란이 장기화되면서 일본군에 대한 반격 작전은 한층 강화되었다. 이에 따라 지금까지 산발적으로 일어났던 의병부대 등을 정리하여 관군에 편입하고 지형지물을 이용한 작전 등 관군의 전투 능력을 강화해 의병들은 한층 조직성을 띠게 되었다.

병자호란 때도 각지에서 의병이 조직되어 청나라군의 주 침공 루트를 중심으로 크게 저항하였다.

일제강점기에 저항했던 의병들은 13도 창의군을 조직하여 서울 공격을 시도하는 등 강력히 저항하였으나, 결국 국권회복에 성공하지 못한 채 일본군에 의해 진압되거나 해산될 수밖에 없었다. 그러나 이들의 상당수는 독립군과 광복군에 참여하여 이후 항일 무장 독립운동의 모태가 되었다.

대한제국 시기 일본 제국주의에 대항하여 일어난 의병은 1895년의 을미의병과 1905년 이후의 을사·정미의병이 대표적이다. 1895년 의병은 흔히 '을미의병'이라 하며 지방의 명망 있는 유생을 중심으로 단발령과 명성황후 시해에 반발하여 일어났다. 초기 의병은 양반 중심의 활동으로 인해 큰 성과를 거둘 수 없었다.

이들 중에는 흥선대원군 집정기에 쇄국정책의 사상적 기반을 제공한 이항로의 문하생이 많았으며, 성리학 이외의 모든 종교와 사상을 배척하자는 위정척사 명분에 의해 봉기하였다. 일본군의 무자비한 공격에 신변에 위협을 느낀 고종와 왕세자가 조선왕궁을 떠나 러시아 공관으로 옮겨 거처한 아관파천이 일어나고 일본의 영향력이 어느 정도 퇴조하자 을미의병은 대부분 해산하였다.

1905년 을사늑약이 체결되자 국권회복이 가장 큰 과제로 떠올랐고 전국 각지에서 다시 의병이 봉기하였다. 이를 '을사의병'이라 한다. 이 시기 의병 역시 초기에는 최익현 등 지방의 존경받는 유생에 의해 시작되었으나 투쟁 대열에서 곧 떨어지고 말았다. 최익현은 관군이 진압하자 국왕에게 칼을 겨눌 수 없다는 봉건 윤리에 의해 스스로 투항하였다. 대신 무명이었던 유생과 농민들이 의병의 주축이 되었던 것이다.

1907년 군대 해산 이후 상당수 군인이 의병에 합류하기도 하였다. 당시 의병장은 안계홍 같은 몰락 양반이거나 한봉수(한민구 국방장관의 조부), 신돌석 같은 평민이었다. 이들의 요구 역시 을미의병의 위정척사라는 명분보다는 공평한 토지 분배와 같은 봉건 수탈의 해체를 주장했다.

그해 일어난 의병을 '정미의병'이라 한다. 특히 1907년과 1910년 사이의 의병 투쟁은 매우 격렬하여 일본 측의 공식통계로 볼 때도

15만여 명의 봉기, 2,851회의 충돌에 1만 6,700명 사망, 부상 3만 6,770명으로 총 5만 3,000여 명의 의병 사상자가 발생하였다.

의병의 의미를 되새겨볼 때

《한국통사》를 지은 박은식은 "의병은 우리 민족의 국수요, 국성이며, 나라는 멸할 수 있어도 의병은 멸할 수 없다"고 했던 만큼 의병의 의미를 되새겨볼 필요가 있다. 의병은 나라가 외적의 침입으로 위급할 때 국가의 명령을 기다리지 않고 민중이 스스로 의사에 따라 외적에 대항하여 싸우는 구국 민병을 뜻한다.

스스로의 의사에 따른 민중이라 하면 군사적 훈련을 전혀 받지 않은 백성과 선비들을 뜻한다. 칼 한번 제대로 휘둘러보지 못한 선현들은 오로지 의지 하나로만 외적을 막고 목숨을 바쳤던 것이다.

최근 유행하는 문구 중 눈에 확 띄는 것이 있다. "우리나라 골프와 바둑이 성공하는 것은 정부에 골프와 바둑을 담당하는 부서가 없기 때문이다?" 무능한 정부 행정을 비유한 말로 시사하는 바가 크다.

작금의 톱뉴스는 검찰의 홍만표 변호사 조사이다. 전두환·노태우 전 대통령, 김영삼 전 대통령의 차남 현철 씨, 박연차게이트 당시 노무현 전 대통령 등의 수사에 참여한 특수통 검사로 명성을 날렸다. 그런데 이번에는 횡령과 비자금 조성 혐의로 구속된 정운호 대표로 인해 거꾸로 검찰 '특별수사 1번지'인 중앙지검 특수부 후배들의 칼날 위에 섰다. 또 최유정 변호사도 5월 13일 '정운호게이트'와 관련된 인물 중에 처음으로 구속됐다.

임진왜란이나 일제침략의 역사 속에서 당파싸움과 개인이익을 위해 나라를 풍전등화(風前燈火)의 위기로 몰아넣은 것은 조정관료들이었고 이 나라를 구해낸 것은 앞서 설명한 것처럼 의병들이었다.

오늘날도 바둑기사와 골프선수들이 세계적인 명성을 떨치고 있는 대신, 정치인들과 정부 관료는 언덕 위에 떠도는 허황된 구름만 좇으며 민생과 국민들은 내팽개쳐지고 있는 실정이다.

의병의 날을 맞이하여 일제강점기 때의 유명한 의병활동가 중 한 분이며 이토 히로부미를 사살한 안중근 장군의 가르침을 관군민은 마음속에 굳게 되새기며 다시 한 번 다짐을 새롭게 해야 할 것이다.

이익을 볼 때는 정의를 생각하고 국가가 위기에 처한 것을 볼 때는 목숨을 바쳐라. '견리사의 견위수명(見利思義 見危授命)!'

5

1,000만 히트 영화처럼
대북제재 성공기원

2016/03/11

2016년 3월 10일 오전 5시경, 북한은 동해상에 500km 거리의 단거리 탄도미사일 2발을 또 발사했다. 이틀 전인 8일 박근혜 정부가 독자적 대북제재 조치를 발표하자 오기를 발동한 것인지도 모른다. 또한 때를 같이하여 북한 핵실험과 미사일 발사에 이어 국방부와 국가안보 주요 직위자 핸드폰에 대한 해커 공격이 재개되었다.

2013년에도 북한의 사이버 테러가 있었다. 2013년 3월 20일 KBS, YTN, 농협 등 3만 2,000대의 PC 하드가 북한의 APT 해커공격(지능형 지속공격, Advanced Persisted Treat)을 받아 마비되는 3·20 사이버 테러였다. 2013년에도 북한에 의한 개성공단 폐쇄가 있었고, 2016년에는 우리 정부가 개성공단 폐쇄 등 대북제재 조치를 강화하고 있다.

역사는 반복된다!

현재 사건과 주요 이슈들의 진행을 보면서 반복된 역사의 교훈을 찾으면 해결책을 얻어낼 수 있다고 본다. 관객 수 1,000만 명을 돌파한 영화들을 살펴봐도 마찬가지이다.

영화 역사상 최고 히트작은 《명량》이었다. 무려 1,761만 4,854명의 관객을 동원하며 1위에 등극했고 이 기록을 깨기란 쉽지가 않을

역대 1,000만 돌파 영화 순위

순위	영화제목	관객수(명)	비고
1	명량	17,615,039	2014년
2	국제시장	14,260,489	2014년
3	베테랑	13,403,426	2015년
4	괴물	13,019,740	2006년
5	도둑들	12,983,341	2012년
6	7번방의 선물	12,811,213	2013년
7	암살	12,705,700	2015년
8	광해	12,319,542	2012년
9	왕의 남자	12,302,831	2005년
10	태극기 휘날리며	11,746,135	2004년
11	해운대	11,453,338	2009년
12	변호인	11,374,861	2013년
13	실미도	11,081,000	2003년

것이다.

2016년 들어서 〈검사외전〉이 3월 첫 주 960만 명을 돌파했고 14번째 1,000만 관객 영화 등록에 초읽기에 들어섰다. 또한 그 뒤를 좇는 위안부 영화 〈귀향〉의 추격도 만만치 않다.

표에서 보는 것처럼 5편(베테랑, 괴물, 도둑들, 7번방 선물, 해운대)을 제외한 8편의 1,000만 관객을 돌파한 영화들은 역사적 사실을 기초로 재구성한 것들이다. 〈베테랑〉, 〈괴물〉, 〈도둑들〉도 근대사에서 빅 이슈가 되었던 유사한 사건들을 흥미롭게 영화화했다.

최근 궁지에 몰렸던 야당의 숨통을 트이게 하였고 더민주당 의원들의 선거운동을 위한 홍보로도 볼 수 있는 사건이 있었다. 5시간 34분 동안 진행한 김광진 의원을 필두로 최종 이종걸 원내대표의 12시간 31분까지 총 192시간 동안 국회 본회의장에서 진행된 필리버스터(Filibuster)가 바로 그것이다.

필리버스터도 1964년 국회 본회의에서 이미 시행되었던 반복된 역사이다.

"공화당 정권이 한일협정 협상 과정에서 1억 3,000만 달러를 들여와 정치자금으로 사용했다"고 폭로한 민주당 김준연 의원 구속동의안이 국회에 상정되었다. 이때 의사진행 발언에 나선 초선 김대중 전 대통령은 물 한모금도 마시지 않은 채 회기 마감인 오후 6시를 넘겨 5시 19분 동안 발언을 이어갔다.

김대중 초선 의원은 원고도 없이 한일 국교수립 과정의 잘못된 점, 김준연 의원 구속의 부당성을 조목조목 지적했고, 결국 구속동의안 처리는 무산되었다. 당시 의사진행 지연 발언은 세계 최장이라는 기록을 인정받아 기네스북 증서를 받았다고 한다.

또 재미있는 것은 현재의 안보라인 주요 직위자들의 구성도 과거 역사와 어쩔 수 없이 반복되고 있다. 현재 안보라인의 주축은 김관진(육사 28기) 안보실장, 이병호(육사 19기) 국정원장, 한민구(육사 31기) 국방장관으로 구성되어 있다. 3년 전 2013년 3월 4일자 〈조선일보〉 5면에도 "안보라인 '육사 전성시대'"라는 타이틀의 기사가 게재되었다.

남재준(육사 25기) 전 육군참모총장이 1999년 12월 임동원(육사 13기) 이래 12년 만에 군 출신 국정원장으로, 전 연합사령부사령관 김병관(육사 28기)이 국방장관으로 내정되면서 김장수(육사 29기) 안보실장, 박홍렬(육사 28기) 경호실장과 더불어 육사 출신들이 새 정부의 외교안보 라인을 장악했다는 평가였다.

대북제재도 앞서 제시한 바와 같이 과거 역사가 반복되고 있다. 지난 3월 2일 채택된 유엔안전보장이사회의 대북제재 결의 2270호 이행과 같은 날 발효된 대북제재 강화법에 따라 우리는 독자적인 대북 경제·금융·무역제재 조치를 강화해야 한다.

필리핀과 멕시코에서 북한원양해운관리회사(OMM) 소속 유엔 제재목록 북한선박을 압류하고, 중국에서는 선박 입항 거부와 입항선박 귀환을 차단했다. 유엔 대북제재 결의에 따른 '세컨더리 보이콧(Secondary Boycott, 제재국가와 거래하는 제3국의 기업과 은행, 정부 등에 대해서도 제재를 가하는 방안)'이 시행되어 역사상 가장 강력한 '북한 옥죄기'가 전개되고 있다. 특히 미 재무부는 2005년 마카오 방코델타아시아(BDA)에 예치된 북한 자산 2,500만 달러를 동결한 사례를 응용한 강력 금융제재를 준비 중이다.

더불어 이번 3월 실시되는 키리졸브·독수리(KR/FE) 연습은 사상 최대 규모인 31만 명이 넘는 한미연합훈련으로 진행되며, 북한 군부의 긴장을 최고조로 끌어올리게 하고 있다.

특히 중국에서의 항공유 지원이 끊긴 북한의 공군들은 남쪽에서 출격하는 전투기 훈련에 상응하는 초계비행을 해야 하는데 한미연합군의 비행을 쫓아 대응하려면 남아 있는 항공유마저 모두 소모하여 실전 대비에 차질을 가져올 수 있는 진퇴양난(進退兩難)의 난처함을 겪고 있다. 2~3년 전처럼 F-111, F-22 등 스텔스기가 출격을 하면 김정은은 지하 벙커를 전전하고 있다는 소식도 들려온다.

남한이 평화를 준비할 때가 더 위험하다

《논어》의 위정(爲政)편에 나오는 공자의 말 중에 '온고이지신 가이위사의(溫故而知新 可以爲師矣)'라는 구절은 "옛것을 알고 새것을 알면 남의 스승이 될 수 있다"는 뜻으로, 역사를 배우고 익힘에 있어 전통적인 것이나 새로운 것을 고루 알아야 한다고 가르치고 있다.

어제의 역사는 오늘도 내일도 반복된다. 그러나 새로운 환경에 적응할 수 있는 창의성도 중요하다는 의미이다. 〈명량〉, 〈검사외전〉

등 1,000만 관객 히트영화의 원인을 살펴봐도 알 수 있다.

북한이 남한을 대상으로 전쟁을 일으키려 할 때 남한이 전쟁준비를 하고 있으면 전쟁을 일으키지 않고, 남한이 평화를 준비하면 전쟁을 일으키려 한다. 이것은 현재 북한이 핵실험과 미사일을 발사하고 사이버 테러를 자행하며 공갈 협박하는 상황을 보아도 잘 알수 있는 냉혹한 현실이다. 한국군이 종이호랑이가 아니라는 것을 김정은에게 보여줘야 한다.

고대 로마의 전략가 베게티우스(Vegetius)는 다음과 같이 강조했다.

"평화를 원한다면 전쟁을 준비하라(Si vis pacem para bellum)!"

6

후배장성들에게 주는
'고언'

2015/10/21

희비가 엇갈리며 끝없이 빨려드는 블랙홀

2015년 10월 19일 월요일 오후 청와대 출입기자들은 갑자기 바빠
졌다. 예상치 못했던 '깜짝인사'가 단행됐기 때문이다. 한국형 전투
기(KF-X) 기술 이전 협상이 무산된 데다 대미 외교의 미흡함이 거
론되자 청와대는 외교안보팀 부분교체를 포함한 국토교통부와 해
양수산부 장관 내정자를 발표했다.

  지난 9월 합참의장, 육·공군총장, 각 군 사령관 후임자 발표에
이어 이번에는 황인무 전(前) 육군참모차장이 국방부 차관에 내정
되었고, 후속하여 국방부는 2~3성 장군급 진급심사에 돌입했다.

  매년 10월이 되면 국군통수권자인 대통령의 일정에 우리 국군

장군들은 관심을 갖게 된다. 왜냐하면 본인의 진급 여부도 중요하지만 소속된 부대의 지휘관이 누가 보임될 것인가에 관심을 갖고 새로운 상급자에 맞춘 업무수행에 대비해야 하기 때문이다.

통상 3성 장군으로 진급하면 청와대에 들어가 대통령께 진급 및 보직신고를 하게 된다. 진급에 선발된 것도 기쁜 일이지만 대통령을 직접 뵙고 장군도(삼정검)의 수치를 달아주는 것에 대한 영광도 누리게 된다.

그렇게도 어렵게 진급한 순간은 보람과 성취감을 만끽하게 된다. 생도 및 후보생 생활을 거쳐 소위로 임관한 후 근 30여 년 동안 전후방 각지에서 부하들과 함께 흘린 땀과 눈물의 결정체임을 느낄 때 진급은 더욱 숭고해지며 책임감에 불타오른다.

그러나 이런 영광도 잠시일 뿐이다. 올해도 방산·인사 비리 등으로 구속된 장군과 제독들은 영광과 기쁨이 지속되기보다는 잠깐의 실수로 그동안 피땀의 결과를 물거품으로 만들고만 이들이 많다. 땅속으로 떨어지는 치욕스러운 회환과 슬픔의 한숨을 지으며 추락하는 모습을 가끔 볼 수 있었다.

그래서 10월은 현역 장성들의 희비가 엇갈리며 끝없이 빨려드는 블랙홀이다.

또한 현역 대령들은 10월이 되면 매년 80여 명 선발되는 장성 반열에 오르기를 기대하면서 가슴을 졸이게 된다. 육군 약 50여 명, 해·공군 각각 15명 정도가 선발되기 때문이다.

군 선배가 후배 장군에게 보내는 3가지 조언

10년 전 필자가 장군으로 진급하는 행운을 얻었을 때 당시 공군참모총장 김은기 대장이 "장군(將軍)이란 티끌만 한 영광에, 태산 같은 짐을 진 군인(軍人)"이라고 평했다.

필자의 사관학교 동기생들은 이번에 4성 장군이 되어 각 군사령관으로 보직을 받아 전투력 향상과 상시 작전태세 확립에 분골쇄신(粉骨碎身)하고 있다. 이제는 군 선배로서 장성 반열에 오르는 후배 장군들에게 블랙홀에 빨려 들어가지 않도록 3가지의 제언을 하고자 한다.

첫째, 장군이 되면 태산 같은 믿음직한 태도로 신중한 처신을 해야 한다.

기업 최고경영자(CEO)가 지녀야 할 가장 큰 조건은 건전한 결심을 할 수 있는 통찰력이다. 장군도 의견제시보다는 결심(시행)조건 관련 사항들을 종합하여 결정(Decision)을 내리는 것이 가장 중요하다. 따라서 어렵고 복잡할수록 원칙대로 처리해야 한다. 지휘는 기교가 아니라 진실된 마음으로 공평무사(公平無私)하게 처리하는 것이다. 그리고 책임만 지면 된다. 나쁜 부대는 없다. 오직 나쁜 지휘관만 있는 것이다(There are not bad troops, there are only bad leaders).

둘째, 장군이 되면 변화에 따라 요구되는 자세, 즉 정무적 감각이 필요하다.

군 통수권자의 의도를 잘 이해하고 항상 싸워 이기는 군대를 유지하기 위해서는 상급 부대와 맥을 같이하는 목표를 설정해야 한다. 정무적인 감각을 갖고 조직원들의 노력을 결집할 수 있는 동기부여와 비전을 제시하여 공감대를 형성해야 한다.

상하급자가 같은 목표로 나아가야 승리할 수 있다. 그렇기 때문에 소속원들에게 안정감을 주고 지휘관에게 신뢰감을 가질 수 있도록 《손자병법》 3장 모공(謀攻)편에 있는 '상하동욕자승(上下同欲者勝, 윗사람과 아랫사람이 목표로 하는 것이 같다면 승리한다)'이 구현되어야 한다.

셋째, 장군이 되면 엄격해야 하나 때로는 관용과 절제도 필요하다.

자신은 보다 엄격하게 절제해야 한다. 기준은 '신문윤리(Paper Ethic, 지금 나의 말과 행동이 신문을 통해 기사화되어도 문제가 없는지 성찰하고 행동하는 윤리의식)'로, 본인의 언행이 신문 등 언론에 기사화되더라도 떳떳할 수 있어야 한다.

또한 자신의 그릇 크기에 따라 미래가 결정된다. 낮은 곳으로 물은 흐르고, 담길 그릇이 있을 때 담을 수 있다. 장군은 관용을 갖고 많은 물을 담을 수 있도록 그릇을 키워야 한다.

즉 노자가 말한 '대해불기청탁(大海不忌淸濁, 큰 바다는 맑은 물이건 구정물이건, 찬물이건 더운 물이건 가리지 않고 받아들여 용해하여 정화시킨다)'이라고나 할까?

이런 3가지 제언을 참고하여 실천한다면 희비가 엇갈린 채 끝없이 빨려드는 블랙홀에서 자유로워질 것이다. 후배들로부터 존경받고 선배들로부터 신뢰받는 멋있는 장성이 되어 국가와 군을 위해 더 비약적인 역할을 할 수 있을 것이다. 그리고 역사에 남는 훌륭한 업적을 쌓으리라 확신한다.

7

항명으로 팔만대장경 지킨
고故 김영환 장군의 숭고한 애국

2015/07/28

"왜 해인사를 폭격하지 않았는가?"

1951년 8월, 미 군사고문단으로부터 무장공비가 잠입한 경남 합천 해인사를 폭격하라는 명령을 받은 김영환 공군 대령은 휘하 조종사들에게 해인사 주변의 능선을 공격함에 있어 폭탄과 로켓포 대신 기총소사로 공격하라고 명령을 내렸다.

당시 우리 공군은 정찰기를 타고 다니면서 맨손으로 폭탄과 수류탄을 투하했는데, 김 대령은 해인사와 팔만대장경을 지키기 위해 기총소사로만 공격을 한 것이다.

미군 장교가 그에게 "왜 해인사를 폭격하지 않았나?"라고 묻자 김영환 장군은 이렇게 대답했다.

"영국 사람들이 대문호 셰익스피어와 인도를 바꿀 수 없다고 한 것처럼, 한국 사람들은 셰익스피어와 인도를 다 준다 해도 해인사 및 팔만대장경과는 바꿀 수가 없는 보물 중의 보물이다. 그래서 폭격을 하지 못하고 우회했다."

고(故) 김영환 장군의 숭고한 역사의식을 엿볼 수 있는 귀중한 대목이다. 세계대전 패전을 앞두고 히틀러가 파리를 초토화하라는 명령을 거부한 채 "파리가 불타고 있다"며 허위보고를 했던 독일의 폰 콜티츠(Von Choltiz) 사령관이 그랬던 것처럼 김 장군도 아름답고 소중한 문화유산을 보호하고자 노력했던 것이다.

덕분에 우리는 팔만대장경을 온전히 지켜낼 수 있었고 유네스코 세계기록유산과 문화유산으로 등재된 팔만대장경을 맘껏 즐길 수 있게 되었다.

고 김영환 장군은 경기고와 일본 관서대학 법과에 재학 중 징집되어 육군 예비사관학교를 수료하고 1948년 공군에 입대했다. 6·25 전쟁 당시 T-6 훈련기를 조종하며 폭탄과 수류탄을 직접 손으로 던져 적의 남하를 저지했다.

1951년 9월 28일에는 강릉전진기지 사령관으로 임명돼 한국 공군 최초의 단독 출격작전을 지휘하기도 했다. 이외에도 뛰어난 활약으로 한국전쟁 때 을지훈장·금성충무훈장·금성을지무공훈장·미비행훈장(美飛行勳章)을 받았다.

생전 김영환 장군의 모습(좌), 합천 해인사를 폭격하라는 명령을 받은 김영환 공군 대령 휘하 조종사들이 초계비행을 하고 있다(우).

'빨간 마후라'를 처음 시도한 김영환 장군

하지만 1954년 3월 5일, 제10전투비행단 창설 기념행사에 참석하기 위해 F-51기를 타고 사천기지를 이륙하여 강릉기지로 가던 중 기상악화로 동해안 묵호상공에서 실종되고 말았다.

2010년 8월 21일 해인사에서 고 김영환 장군 추모제가 열렸는데 해인사와 팔만대장경을 지킨 뜻을 기리고자 문화재청에서 금관문화훈장(1등급)을 추서하기도 했다.

또한 고 김영환 장군은 공군의 상징인 '빨간 마후라'를 처음 시도한 인물이기도 하다. 전쟁 중이던 1951년 김영환 장군은 어느 날 그의 형 김정렬(당시 공군참모총장) 장군의 집을 방문했다. 평소 김 장군은 제1차 세계대전 중 붉은 머플러를 착용하고 전장에 나선 것으로 유명한 전설의 독일 조종사 만프레드 폰 리히트호펜(Manfred von Richthofen)을 흠모해 왔다. 그런데 형수인 이희재 여사가 입은 붉은 치마를 보고 형수에게 그 옷으로 머플러를 만들어 달라고 해 목에 두르기 시작한 것이 '빨간 마후라'가 된 것이다.

국정원의 불법 민간 해킹 사건

한편 임모 과장의 자살을 불러왔던 국가정보원의 민간인 해킹 의혹 사건에 대한 검찰 수사가 7월 27일부터 시작됐다. 국정원은 이탈리아 해킹팀으로부터 2012년 PC·스마트폰 등 단말기 도·감청 프로그램 RCS(Remote Control System)를 구입해 불법으로 해킹했다는 의혹을 받고 있다. 국정원은 해당 프로그램의 구매 사실은 인정하면서도 민간인 불법사찰 의혹에 대해서는 부인하고 있는 실정이다. 대공·연구 목적으로만 쓰려고 프로그램을 도입했다는 것이다(해킹 프로그램을 구매한 5163부대는 5·16쿠데타 때 박정희 소장이 새벽 3시에 한강철교를 넘었다는 데서 숫자를 따온 것이라고 한다).

하지만 국정원이 해킹팀에 국내 통신사 단말기에 대한 도·감청 기능 업데이트를 요구한 사실이 밝혀졌다. 이 사건과 연루된 국정원 직원인 임모 과장이 해킹 프로그램 사용 기록을 무단삭제한 뒤 스스로 목숨을 끊으면서 논란은 증폭됐다.

새정치민주연합은 지난 23일 통신비밀보호법과 정보통신망법 등을 위반한 혐의로 전 국정원장 등을 검찰에 고발했다. 이들은 국정원이 이탈리아 해킹팀으로부터 해킹에 주로 쓰이는 스파이웨어를 수입한 과정이 위법하고 이를 민간인 사찰에 쓴 의혹이 있으므로 검찰이 실체를 밝혀 달라고 요청했다. 증거인멸을 시도한 정황도 수사 대상이었다.

국정원이 검찰 조사를 받는 건 이번 정부 들어 벌써 세 번째다. 국정원은 불법 댓글 사건, 간첩증거 조작 사건 등으로 검찰의 압수수색을 받았고 직원들이 재판에 넘겨져 유죄 판결을 받았다. 원세훈 전 국정원장은 이번에도 고발 대상에 포함돼 댓글 사건과 개인 비리에 이어 세 번째 검찰 수사를 받을 예정이다.

현재 참여연대, 민주사회를 위한 변호사 모임 등 시민단체들의 고발도 앞두고 있어 관련 의혹이 계속 제기되는 만큼 국정원에 대한 검찰의 고강도 수사가 예상됐다.

한편 국정원은 그날 열린 국회 정보위에서 국정원 직원 임모 씨가 삭제한 파일과 관련된 내용을 보고했다. 그러나 야당 측은 국정원 스스로 불법행위를 인정하고 보고를 할 리 없다며 국정원의 보고를 불신하고 있어 논란은 계속될 전망이다. 야당은 삭제된 데이터 원본과 해킹프로그램의 로그파일 제공을 요구했다.

이 해킹툴은 미국의 FBI, 국방부, 마약단속국과 호주, 스위스, 스페인, 룩셈부르크 등 유럽의 인권국가 정보기관들도 모두 구매한 것이라고 한다.

세계적인 정상급 해킹전문가를 배출하는 북한

북한은 1980년대 중반부터 해킹 전문인력 양성에 심혈을 기울여 왔다. 대표적인 해커양성기관은 자동화대학(미림대학)으로 불리던 5년제 군사정보대학인 김일군사대학이다. 1986년에 세워진 이 학교는 인민무력부 산하에 있는데 세계적인 정상급 해킹전문가를 매년 100명씩 배출하고 있다고 한다.

미국 존스홉킨스대 국제관계 대학원(SAIS)의 데니스 핼핀 연구원은 지난 소니픽처스 해킹을 주도한 북한을 중국이 우회 지원했을 가능성을 제기했다.

핼핀 연구원은 〈위클리 스탠더드〉에 기고한 글에서 "북한 해커부대인 '121부대'의 주요 비밀거점이 북한에서 멀지 않은 중국 선양의 칠보산 호텔 내에 있는 것으로 추정하면서 베이징의 컴퓨터 전문가들이 소니해킹과 관련된 북한 해커들을 훈련시켰다"면서 "2013년 3·20 사이버 테러와 6·25 사이버 테러를 주도한 121부대의 지휘책임자는 2010년 3월 천안함 폭침사건과 연평도 포격에 관여한 김영철 총국장이라고 지칭하며 김영철에 대한 적절한 제재조치가 이뤄져야 유사 행위가 반복되지 않을 것"이라고 주장했다.

국가관도 역사관도 없는 한심한 국정원 대처

최근 벌어진 국정원 민간인 해킹 의혹 사건의 후속조치를 지켜보면 한심한 생각마저 들 정도다.

64년 전 고(故) 김영환 장군은 항명까지 하면서 폭격을 기관총 소사만으로 무장공비를 제압함으로써 팔만대장경을 지키기 위해 노력했다. 그러나 작금의 행태는 국가관도 없고 역사관도 없다. 오직 개인의 영달과 정권쟁취를 위해 국가안보의 주축인 정보기관을 분해하려 한다. 국정원 사이버 시스템이 완전히 노출되어 붕괴되면 북한 해커들이 마음 놓고 침입해 국가, 군사, 사회 모든 분야를 혼란시킨다면 어떻게 대비할 것인가?

《손자병법》 허실(虛實)편에 '형인이아무형, 아전이적분(形人而我無形, 我專而敵分)'이라며 적의 형태를 드러나게 하고 아군의 형태를 감추면 아군은 뭉쳐지고 적은 분산해 승리할 수 있다는 말이 있다.

그나마도 국정원 직원 임모 과장은 죽음으로써 국가를 지키려고 최선을 다했다. 그 직원은 과거의 모 최고위직처럼 가족과 지인들의 비리를 덮기 위해, 또는 최근의 성모 씨처럼 그동안 믿고 지원했던 자들의 배신에 화가 나서 운명을 달리한 것은 결코 아니다. 자살한 국정원 직원은 오직 해당 조직을 지키기 위해 그 머나먼 영면의 길을 선택한 것이다. 그런데도 그의 죽음에 조의를 표하기보다는 오히려 타살이라며 더욱 혼란을 부추기는 자들까지 있어 몹시 안타까울 뿐이다.

이번 국정원 민간 해킹사건 진상조사를 통해 적에게 우리의 정보체계를 노출시키지 않도록 검찰 수사가 바람직하게 잘 처리되길 기대한다. 시민단체와 정치권에서도 정의구현은 꼭 필요하지만 그 와중에 국가적 소중한 정보가 노출되지 않도록 노력해 주길 간절히 바라는 바이다.

우리는 일련의 행위들을 묵묵히 지켜보면서 최초의 빨간 마후라 고 김영환 장군의 숭고한 애국심과 희생정신 그리고 전 세계를 감 동시킨 역사관에 한없는 존경심을 보낸다. 그리고 이번 하계휴가 때는 유네스코 세계기록유산과 문화유산으로 등재된 합천 해인사 의 소중한 팔만대장경을 찾아 맘껏 즐기면서 그의 업적을 기리고자 한다.

8

부패척결과 정치개혁에 가려진
참군인의 희생정신

2015/07/14

금품의혹으로 인한 구속과 기소 파장

박근혜 대통령은 2015년 4월 "금품의혹 등이 과거부터 어떻게 만연해 오고 있는지 낱낱이 밝혀서 새로운 정치개혁과 문화를 만들어 나가야 한다"고 발표한 바 있다. 또한 김성우 홍보수석이 대독한 메시지를 통해 "그동안 만연했던 지연, 학연, 인맥 등의 우리 정치문화 풍토를 새로운 정치문화로 바꾸고 쌓여 온 부패구조를 청산해야 한다"고 강조했다.

박 대통령의 부정부패 척결을 위한 검찰의 사정 드라이브가 가속화되자 성완종 전 경남기업 회장이 지난 4월 9일 숨진 채 발견되었다. 500억 원대의 방위산업 예산을 가로챈 혐의를 받은 무기중개

업체 일광공영 이규태 회장은 지난 3월 14일 구속 수감됐다.

이와 관련해 이완구 총리가 사임하고 홍준표 경남지사도 기소돼 두 사람은 지난 7월 7일부로 새누리당 당원권이 정지됐다. 뿐만 아니라 홍 지사에 대한 첫 재판은 오는 23일 열릴 예정이다. 그런데 그 여파는 정치인과 경제인들에게만 국한된 것이 아니라 공군준장 출신 전모 SK C&C 전 상무, 또 전 해·공군 총장과 기무사 간부 등 군인까지도 줄줄이 구속 기소되는 파장을 일으키고 있다.

지금으로부터 19년 전인 1996년에도 YS정부의 공군총장 출신 국방장관까지 구속돼 실형을 선고받은 '린다 김 무기 로비'사건이 대한민국을 거세게 뒤흔들었다. 아웃사이더의 입장에서 일련의 사건들을 살펴보면 부정부패 척결로 정의사회를 구현한다는 측면에서는 새정치 개혁 추진이 선진국가로 발전하기 위한 당연한 수순이라고 생각된다.

하지만 정권마다 내세우는 부패척결 칼날의 끝에는 항상 군의 고급 간부들이 연루돼 침묵으로 맡은 바 책무를 다하며 국가와 군 발전에 희생 봉사하는 많은 군인들이 잊혀져가고 국민들에게 도매금으로 매도당하는 것이 아쉽다.

한국판 가미가제, 고(故) 이근석 장군

그럼에도 7월이 되면 꼭 기억하고 추모해야 할 전쟁 영웅이 있어

소개하고자 한다. 6·25 남침전쟁 중이던 1950년 7월 4일 경기도 수원 부근 상공에는 왼쪽 날개에 불이 붙은 대한민국 공군 전투기 F-51 무스탕 한 대가 연기를 내뿜으며 북한군 탱크 20여 대의 무리 속으로 돌진하는 한국판 가미가제가 있었다.

공군 11전투비행단소속으로 6·25 전쟁당시 장렬히 산화한 고 이근석 장군 [사진 뉴스투데이]

"3번 기 도로 좌방 탄약차량 공격, 건투를 빈다!"

고(故) 이근석 장군(공군준장 1917. 1.17~1950. 7.4)은 평양보고를 졸업하고 17세에 일본 구마가아 비행학교에서 조종술을 배웠다. 담당 교관이 '비행술의 천재'라고 할 만큼 재능이 뛰어났다. 광복 후에는 한국 공군 창설에 힘을 쏟았다. 1948년 조선경비사관학교 1기 간부후보생으로 졸업한 뒤 육군소위로 임관했다. 육군 항공기지사령부에서 비행단장으로 근무한 뒤 육군대령으로 진급했다.

당시 한국군에는 연락기와 정찰기 30여 대만 보유하고 전투기는 없었다. 군 당국은 이 항공기로는 남하하는 북한군의 T-34 전차를 막을 수 없다 판단했다. 6월 26일 이근석 대령을 포함한 10여 명의 조종사를 일본 이다쓰케 기지에 급파해 미공군으로부터 F-51 무스탕 전투기를 인수받게 했다.

체계적인 교육훈련도 받지 못한 10여 명의 조종사들은 10대의

F-51 무스탕 전투기를 직접 조종해 현해탄을 건너오게 됐다. 이것이 우리나라 첫 공군 전투기 조종의 시작이었다. 남침해 온 북한군에 맞서 싸울 전투기가 없는 상황에서도 우리 조종사들은 경비행기 22대를 총동원해 초저고도로 비행하며 포탄을 손으로 직접 투하해 싸우고 있었다.

이로 인해 북한군의 서울 진입을 24시간 동안이나 지연시키는 성과도 거뒀다. 급박한 전쟁 상황으로 이근석 대령을 포함한 이들은 도착 다음 날인 7월 3일 북한의 남침을 막기 위해 도입한 F-51 무스탕 전투기의 첫 출격을 감행했다. 하지만 이 첫 비행에서 이근석 대령은 안타깝게도 적의 대공포를 맞았다. 순간적으로 대공포에 엔진이 명중되자 탈출하기는커녕 적 전차 무리로 돌진해서 비행기와 함께 산화했다. 이근석 대령은 "3번 기 왼쪽 탄약차량 공격, 건투를 빈다!"는 마지막 명령을 내린 뒤 이 같은 희생적 공격을 함으로써 우리나라 첫 전투기 조종사 전사자로 기록되었다.

이후 이 대령에게는 최고 훈장인 태극무공훈장이 내려지게 됐으며 공군은 2008년 7월 3일 전투기 첫 출격을 기념해 이날을 '조종사의 날'로 선포했다.

"숨은 전쟁 영웅을 추모하고 군인들에게 배려와 격려를"

지금도 고 이근석 준장의 고귀한 희생정신과 용기를 기리기 위해

정기적으로 대구에 있는 이 장군 동상에서 7월 기일을 전후해 추모식을 열고 있다. 공군의장대원 군악대 50여 명이 군악을 울리고 한국항공 소년단 30여 명도 동상 앞에서 경례를 한다. 공군군수사령관 등 현역 공군장군들도 매년 참가한다. 대구비행장은 이 장군이 생전 마지막으로 출격한 곳이기도 하다.

우리 군의 후배와 일부 국민들은 고 이근석 준장을 추모하는 행사를 하고 있다. 하지만 정치권에서는 부패척결의 마지막 표적으로 군이 활용되고 과거 군사정권에 대한 좋지 않은 경험 때문에 많은 국민들이 군의 소중함을 잊은 채 지내고 있다. 미국 시민들이 군을 아끼는 마음에 비하면 고 이근석 장군에 대한 추모행사는 아무것도 아니다. 그래서 몇 가지를 제언하고자 한다.

첫째, 숨겨져 있는 전쟁 영웅들을 찾아 추모하는 노력을 지속해야 한다.

참군인으로 존경받던 고 한신·채명신 장군, 월남전의 영웅 고 강재구·이인호 소령, DMZ에서 솔선수범하다 순직한 고 강병식 대령, 연평해전의 고 윤영하 소령을 포함한 6명의 용사 등 숨겨진 많은 영웅들을 찾아내고 추모해야 한다. 또한 현재 복무하는 군인들과 국민들에게 홍보하고 그 뜻을 이어 받도록 행사를 확대하고 고위급 정치인부터 솔선해야 한다.

둘째, 현역들 중 무기체계사업 등 많은 예산을 다루는 담당자들은 소탐대실(小貪大失)이란 명언을 명심해 정직하게 업무를 처리해야 한다.

과거 린다 김 사건으로 이미 망쳐 놓은 백두금강사업을 당시 현역 중령(현 예비역 준장 서용석)이 도맡아 미 록키드 사와 긴밀히 협조해 가장 저렴한 예산으로 현재의 정보획득 시스템으로 발전시킨 좋은 사례도 있다. 《중용中庸》에 나오는 '계신호기소불도, 공구호기소불문(戒慎乎其所不睹, 恐懼乎其所不聞)'이라는 말처럼 보이지 않는 바에 경계하고 삼가며 들리지 않는 바에 조심하고 두려워하는 자세로 모든 사업에 임해야 할 것이다.

셋째, 우리 국민들은 일부 그릇된 정치군인들이 전부가 아님을 분명히 알고, 음지에서 묵묵히 충성하는 많은 군인들에게 배려와 격려를 아끼지 말아야 할 것이다.

필자가 2011년 육본정책실장 근무 시 업무 차 미국에 갔다가 일반 식당을 들렀는데 그곳에 있던 시민들이 군복 입은 군인들을 보고 모두 일어서서 격려의 박수를 치는 모습을 목격하고 큰 감동을 받았다. 이국만리 생활여건이 좋지 않은 곳에서 해외파병 부대로, 전후방 각지 격오지에서 책무를 다하는 우리 아들들에게 격려와 배려를 보내는 것은 당연한 것 아니겠는가?

다행스럽게도 〈연평해전〉 영화가 개봉해 7월 초 벌써 400만 명을 돌파하고 많은 시민들이 감동 받아서 애국을 다시 한 번 생각하게 됐다고 한다. 국민배우 이순재 씨는 국가 발전을 위해서는 영화 관람객이 1,000만 명을 돌파해야 한다고 강조했다.

군인들도 마찬가지이지만 현재 이처럼 침묵하고 있는 많은 현명한 시민들도 있어 대한민국의 미래에 희망을 걸어 본다.

9

6·25 남침전쟁은
지금도 진행 중

2014/06/24 · 2015/06/19

속내를 알 수 없는 북한의 행태

연중행사처럼 금년에도 6·15선언 15주년을 맞아 북한 김정은은 방송과 〈로동신문〉, 〈조선신보〉 등을 통해 5·24조치 해제를 전제조건으로 남북대화 재개를 주장했다. 메르스 파동으로 경제가 마비되는 등 전국적으로 공황상태에 빠진 우리나라를 비웃는 듯한 일방적 통보였다.

2013년에도 마찬가지로 박근혜 대통령이 현충일 기념사에서 남북회담을 제의하자 2시간 뒤에 즉각적으로 북한 방송을 통해 대응한 바 있다. 위기관리센터는 즉각 대통령에게 보고하고 외교안보정책조정회의를 통해 회담에 응하도록 결정했다. 이어 3일 뒤, 남북

실무 당국자가 판문점에서 만나 오전 10시부터 다음날 새벽 3시까지 지루한 실무협상 끝에 합의서가 아닌 각자의 발표문으로 1차 회의는 종료됐다.

같은 해 6월 11일, 남북회담을 위한 수석대표 명단을 교환하는 과정에서 북한 조직평화통일위원회(조평통) 국장에 맞는 통일차관을 제시하자, 통일장관이 나와야 한다는 핑계로 회담을 무산시키면서 그들의 속내를 드러냈다.

이번에도 마찬가지였다.

6·15선언 15주년에 맞춰 남북회담을 제의해 왔지만, 현충일 하루 전날 북한 TV에서는 김정은이 잠수함발사 탄도미사일(SLBM)을 시험발사하는 장면을 방영했다. 또한 2014년 11월, 국내에서 추방된 종북주의자 신윤미가 일본에서 종북 콘서트를 재개하며 북한 찬양 선동에 앞장서고 있는 모습도 보였다. 이처럼 북한은 언제 어떠한 추가도발을 감행할지 아무도 모른다.

2년 전, 6월 25일 오전 9시 10분에 경제신문사 〈이투데이〉, 청와대 국무조정실이 북한 해커의 공격을 받았다. 때문에 금년에도 '6·25 남침전쟁 65주년'을 기념한 6·25 사이버 테러가 또 발생해 6·25 남침전쟁이 제4세대 전쟁으로 진행 중임을 보여줄 수도 있을 것이다.

제1, 2차 연평해전

사실 6월은 호국보훈의 달이면서도 휴전 후 북과 잦은 군사적 충돌을 빚은 달이기도 하다. 햇볕정책이라 불리는 대북화해 협력정책 추진으로 금강산관광에 관련해 협상 중이던 1998년 6월, 동해 북방한계선(NLL) 남쪽에서 작전을 수행하던 북한 잠수정이 어선의 그물에 걸려 발견됐다. 인양된 잠수정 내부에서는 다수의 화기와 함께 사살된 9명의 승조원과 장착됐던 어뢰 발사기 2문을 발견했다. 그러나 정부는 아무런 항의도 없이 인도적 차원에서 승조원 시신을 판문점을 통해 송환했다.

이듬해인 1999년 6월 초부터 북한 경비정들이 연평도 부근의 NLL 남쪽으로 연일 내려와 남북한 해군 전력이 서로 대치했다. 이때 남북 양측은 남북한 정상급 회담을 열기로 합의했고, 회담은 6월 15일에도 진행됐다.

바로 그날 오전 8시 45분 제1차 연평해전이 시작됐다. 북한 경비정 7척이 대한민국 해군 고속정에 접근해 충돌 공격을 감행했다. 우리 해군은 참수리급 고속정을 이용해 북한 경비정의 선체 뒷부분을 부딪쳐 막는 일명 '밀어내기 작전'으로 대응했다.

그러나 오전 9시 28분 북한 함정이 먼저 사격을 가해 옴에 따라 우리 해군도 즉각 대응사격을 시작했다. 양측은 14분간 치열하게 교전했다. 그 결과 북한은 어뢰정 1척이 격침되고 5척이 크게 파손당해 NLL을 넘어 북쪽으로 도주했고, 우리 해군은 고속정 5척이 경미한 손상을 입었다.

제1차 연평해전이 벌어진 지 3년 후인 2002년 6월 29일, 2002 한일월드컵이 막바지에 이른 시점에 북한은 다시 한 번 NLL을 침범하며 무력충돌을 일으켰다.

이날 오전 9시 54분부터 NLL을 넘기 시작한 북한 경비정들은 오전 10시 25분 근접차단(밀어내기 작전)을 실시하던 참수리 357호에 집중 사격했다. 이에 참수리 357호와 358호가 대응사격을 개시하는 한편 인근의 제천·진해함(PCC)과 참수리급 경비정 4척을 투입해 격파사격을 실시했다. 31분간 진행된 교전에서 북한은 30명의 사상자가 발생하고, SO-1급 초계정 등산곶 684호가 반파된 채 북으로 퇴각함으로써 종결됐다.

제2차 연평해전의 결과, 우리 군도 고속정 357호가 침몰했고 정장 윤영하 소령, 한상국·조천형·황도현·서후원 중사, 방동혁 병장 등 6명의 전사자와 18명의 부상자가 발생했다.

이는 3년 전 제1차 연평해전 패배를 설복하기 위해 계획된 북한의 만행이었다. 그러나 우리 피해 못지않게 북한도 많은 사상자 피해를 입었다. 이와 같은 제2차 연평해전의 실화를 바탕으로 만든 〈연평해전〉이 6월 초 개봉 예정이었지만 메르스 사태로 일정이 연기됐다.

메르스 혼란 속 '남북회담' 제의하는 북의 화전양면 전술

메르스의 파괴력은 정말 대단했다. 1만 명이 넘은 자가격리 대상자가 나왔고 공항, 백화점, 휴게소 등 사람이 모이는 곳은 텅 빈 공간이 됐다. 또한 시장 상인, 외국관광객의 예약 취소 등으로 경제 피해가 세월호 때와는 비교할 수도 없을 정도다.

그래서인지 바이러스 습격에 대한 당국의 대처를 사자성어로 비교한 것이 관심을 끌고 있다. 사스는 '유비무환(有備無患)', 신종플루는 '발본색원(拔本塞源)', 메르스는 '속수무책(束手無策)'이라 하여 씁쓸한 미소를 짓게 한다.

이런 와중에 북한은 남북회담을 제의하고 6월 17일에는 지난달 북중 국경지역 여행 중 실종신고된 우리 국민 2명을 판문점을 통해 보내주었다. 이러한 북한의 제스처에 현혹돼서는 안 된다. 지금까지 화전양면(和戰兩面) 전술을 구사해 온 북한의 진의를 정확하게 파악하고 있어야 한다.

호국보훈의 달인 6월에도 지속된 북한의 무력도발이 예상되지만, 2년 전의 3·20, 6·25 사이버 테러도 또다시 발생할 가능성이 충분하다. 또 2011년 9월 753만 5,000가구 정전 등으로 75억 원의 피해보상을 해주었던 하계 전력대란도 인위적으로 유발시킬 수 있다. 더욱이 만약 북한의 생화학무기 공격이 있다면 어떤 일이 벌어질지 상상하기 어렵다.

세계 3번째 많은 북한 생화학무기 보유량

북한이 보유한 생화학무기는 2,500~5,000t으로 러시아, 미국에 이어 세계 3번째로 많다. 서울 인구의 절반을 사망케 하는데 필요한 핵무기는 2.6mt, 사린가스는 2.25kg, 탄저균은 17kg으로 알려졌다. 만약 북한이 보툴리늄 독소 100g을 무인기에 장착한 뒤 서울 중심부에서 살포한다면 서울시민들은 고통스럽게 죽어가는 데도 원인 규명을 하지 못하는 사태가 벌어질 수도 있다.

생화학무기를 활용한 북한의 공격 가능성은 메르스에 의한 피해와 비교도 안 된다. 이런 엄청난 위협에도 불구하고 이를 걱정하는 정치인은 거의 없어 보인다. 이런 우려를 하는 것은 의료 비상대응체제로는 메르스조차 제대로 대응하지 못하였기 때문이다. 게다가 북한은 많은 무인기들을 개발해 남쪽으로 내려 보내 정찰활동을 하고 있다. 이에 대한 저고도 방공체계도 더욱 강화해야 한다.

더 놀랍고 걱정되는 것은 북한으로부터의 세균 전파는 이미 현재 진행형이라고 분석하는 일부 언론의 논설들도 있다. 이는 북한 인권단체 상근자들이 때아닌 결핵으로 고생하는 것은 탈북자와의 접촉에 의한 것으로 알려져 있기 때문이기도 하다.

제4세대 전쟁을 대비하라

우리는 무력도발 등의 정규전이 아닌 제4세대 전쟁에 완벽하게 대비해야 한다. 특히 사이버 테러, 생화학전 같은 눈에 보이는 하드웨어뿐만 아니라 정신적인 소프트웨어 분야의 대비도 말할 나위 없이 더욱 중요하다.

일각에서는 대북전단 날리기를 온몸으로 막고 북한을 찬양하며, 정부 시책에 건전한 비판보다는 무조건적인 비난으로 일삼는 경우가 종종 있었다. 이는 아직도 우리 사회에서 암약하고 있는 북한의 종북세력들이 정치, 사회, 문화 등에서 남남갈등을 조장하고, 내부 분란을 확대시켜 혼란을 가중시키고 있음을 보여준다.

이런 일들을 뒤에서 조종·유도하고 있는 북한의 이이제이(以夷制夷, 오랑캐로써 오랑캐를 다스린다는 의미)를 미리 차단할 수 있는 진정한 애국자들의 목소리가 더욱 커져 민주주의가 단단하게 뿌리내릴 수 있도록 우리 모두가 노력해야 한다.

북침전쟁으로 오해하는 이유

요즈음 정치·경제·사회 분야에는 '제 얼굴에 침 뱉기' 식으로 상대방 비난에 열을 올리는 사례를 종종 볼 수 있다. 이렇듯 '얼굴에 침 뱉기'는 부정적인 의미지만 아프리카에서는 반대의 의미라고 한다.

아프리카의 마사이 부족은 반가운 사람을 만나면 얼굴에 '침 뱉기 인사'를 한다. 이는 그 지방이 너무 건조해서 상대방 얼굴에 습기를 더해주기 위한 배려인 것. 이처럼 용어의 의미는 환경에 따라 너무나 상이함을 알 수 있다.

또 한 가지를 살펴보겠다. 초등학생들에게 설문조사하였더니 놀랍게도 6·25전쟁을 '북침전쟁'이라고 답하는 어린이가 많았다고 한다. 이들 중 대부분은 북침전쟁 의미를 북한이 침범한 전쟁으로 오해해서 그렇게 답했다고 한다.

한 남자의 말실수가 베를린장벽을 무너뜨리다

이와 같은 해석의 차이와 소통 부재는 독일의 베를린 장벽도 조기에 무너뜨렸다. 1990년 11월 9일, 동독공산당 대변인 귄터 샤보브스키(Gunther Schabowski)는 변경된 여행자유화 정책에 대해 기자회견을 하던 중 이탈리아 기자로부터 "언제까지 유효한가?"라는 질문을 받자 "바로! 지금부터!"라고 잘못 대답했다.

독일어가 서툰 그 기자는 "베를린 장벽이 무너졌다"는 내용으로 본국에 타전했고 미국과 서독 언론들도 "동독이 드디어 국경을 개방했다"고 보도했다. 이 엉뚱한 소식을 접한 동서독 주민들은 베를린장벽으로 달려가 망치 등으로 장벽을 부수기 시작했고 마침내 동·서독의 통일이 조기에 이루어졌다.

때로 역사는 이런 식으로 흘러간다. 질문과 동떨어진 얼토당토 않는 샤보브스키의 엉뚱한 대답이 베를린장벽을 쉽게 무너뜨렸듯이 역사는 필연적 관계보다 우연한 계기에 의해 변화하는 경우가 허다하다.

6·25는 남침전쟁으로 부르자!

정전상태인 한반도도 예외가 아니다.

카네기 국제평화단이 발간하는 〈세계의 전쟁〉이란 글에는 기원전 1496년부터 약 3357년간을 분석한 결과, 평화기간은 227년이고 전쟁기간은 3130년이었다고 한다. 즉 1년의 평화를 위해 13년간 전쟁을 한 셈이다. 마키아벨리는 "결코 전쟁을 피할 수는 없다. 단지 한쪽의 이익을 위해 연기되고 있을 뿐"이라고 말했다.

우리는 북한과 종북세력의 용어 혼란전술로 인한 소통과 해석의 오류로 인해 안보의식과 군사대비 태세를 약화시켜서는 안 된다. 그들이 주장하는 민족이란 '유일사상을 공유하는 사람들'이고 평화는 '미군이 철수한 상태'이며, 남북통일이란 '남북이 공산화되는 것'이라고 북한이 발행한 《조선말 대사전》에 명기되어 있다.

호국보훈의 달인 6월을 맞이하여 우리는 '6·25는 남침전쟁'이라고 분명히 하여 용어 혼란전술로 사상무장을 와해시키려는 특정 세력들의 의도에 휘말려 들어서는 절대 안 될 것이다.

10
—

'6월 호국보훈의 달' 존중받는
군으로 거듭나길

2015/05/28

매년 호국보훈의 달인 6월이 되면 전후방 각지의 장성급 지휘관들이 청와대에서 대통령과 식사를 하면서 그동안의 노고에 대해 격려를 받고 자긍심이 고무되어 임지로 돌아가 최선을 다하게 된다.

2013년 6월 7일 오전 10시에도 국방부 대회의실에서 전반기 전국 주요 지휘관 회의가 개최됐다. 당시 김관진 국방장관은 "북에서 제의한 개성공단·금강산 관광·이산가족 찾기 및 상봉 등의 정상화에 관련한 당국자 회담 개최 발표에 현혹되어서는 안 되며 보다 철저한 대비태세를 유지하자"고 강조했다. 이어 지휘관 회의에 참석한 각 부대 지휘관들은 청와대 영빈관에서 박근혜 대통령 주관 격려 오찬 행사에 참석했고, 대통령은 전 지휘관들과 일일이 악수를 하며 노고를 치하했다.

부끄러운 군인, 자랑스러운 군인

그런데 2014년 6월 19일 대통령 해외순방 기간 중 당시 1군사령관 신현돈 대장은 정부 차원에서 시행하는 '나라사랑 안보강연' 계획에 따라 신 사령관 모교인 청주고교에서 강연을 했다. 행사를 마치고 동창 및 지역 인사들과 저녁식사 후 부대로 복귀하는 도중 휴게소에 잠시 들렀다. 이때 화장실로 가는 과정에서 수행원의 과도한 경호, 민간인과의 승강이, 복장의 흐트러짐 등 '음주 추태'를 보였다는 이유로 그해 9월 초 자진 전역했다.

헛웃음만 나올 뿐이다. 4성 장군이 이같은 이유로 전역한 것은 처음 있는 일이었다. 당시 국방부 국정감사에서 안규백(새정치민주연합) 의원이 제의하여 국방부 진상조사 결과, 언론보도는 사실이 아닌 것으로 밝혀졌다. 과도한 경호, 민간인과 승강이, 흐트러진 복장 등은 전혀 없었다.

단지 휴게실에서 사령관을 만난 모 대학 교수가 상의를 하의 밖으로 내놓아 입는 신형 전투복 착용 규정을 이해하지 못했던 것이다. 과거에는 전투복 상의를 바지 안에 넣어 입는 것이 복장 착용 규정이었다. 현재는 반대이다. 이처럼 신형 전투복 상의를 밖으로 내어 입은 것을 흐트러진 복장으로 잘못 인식하고 야당 모 의원에게 이야기한 것이 발단이 되었던 것이다.

그 후 권오성 육군참모총장도 일련의 사태 등에 책임을 느껴 사퇴했다.

최근에는 방위사업 비리 혐의로 정옥근 전 해군참모총장에 이어 해군참모총장 황기철 제독도 전역 후 한 달 만에 구속돼 해군은 멘붕에 빠졌다.

또한 현 공군참모총장 최차규 대장도 국방장관으로부터 '엄중경고' 조치를 받았다. 최 총장은 2008년 제10전투비행단장 시절 370여만 원의 복지기금을 유용하여 총장공관 고가 비품을 구매, 총장실과 복도 보수에 수억 원을 지출했기 때문이다. 관용차량 사적 운용 등의 내용으로 제출한 일방적인 민원과 오로지 당시 운전병의 진술에만 의존해 감사한 결과였다.

30년이 다 되어야 장성 반열에 오르는 군인

6월 호국보훈의 달을 맞아 전후방 각지에서 고생하고 있는 군인들은 이러한 사태를 보면서 과연 무엇을 느낄 것인가?

아쉽게도 한숨만 나올 뿐이다. 더욱이 군의 최고 장성인 4성 장군에 대한 언론의 질타는 험난한 정의의 길을 걸어온 참군인들의 마음을 아프게 한다.

장군이 되려면 적어도 30년 가까운 세월을 묵묵히 복무해야 한다. 그것도 청운의 뜻을 품고 사관생도로 입교한 사람 중에 10% 남짓 되는 인원만이 생도(후보생) 생활을 거쳐 소위부터 위관, 영관 장교의 직무를 성공적으로 수행해야 장군이 될 수 있다.

반면 국민의 뜻을 대변하는 국회의원 중 최연소 기록은 김영삼 전 대통령이 26세로 3대 민의원 의원에 당선(1954년)되었을 때이다.

현재 새누리당 정책위원장을 맞고 있는 4선 원유철(53세) 의원은 역대 최연소(28세) 경기도의회 의원에 당선되어 정계에 입문 (1991년)했다.

또한 안대희 전 중수부장은 약관 20세에 사법시험을 통과(1975년)해 5년 뒤 최연소 검사로 임관했다.

필자는 1년 전 33년 군생활을 마치고 전역한 뒤 재취업 면접 시험장에서 받은 질문 중 가장 기억에 남은 것이 있다.

"오랜 군생활을 통해 장성 반열에까지 올랐는데 왜 재산이 이것밖에 안 되며 만약 개인 재산관리를 잘못했다면 회사의 더 큰 자산 운용에 문제가 있는 것 아닙니까?"라는 다소 당혹스러운 질문이었다. 막내아들은 중3이다. 그러나 현재 갖고 있는 재산으로 교육시키고 의식주 해결과 문화생활을 하는 데 전혀 부족하지 않다고 생각해 왔다. 그렇기에 남들이 말하는 부자는 아니지만 떳떳하다고 생각했는데 이러한 질문을 받고 참으로 부끄러웠다.

사실 33년 군생활 기간 중 오로지 군발전 업무에만 매진했다. 재테크에 관심을 두어 부정한 행위를 하는 것은 나라에 불충하는 것이라 생각했다. 즉시 면접 심사위원에게 과거 어느 대대장 취임사에서 들었던 이야기를 해줬다.

"대대장 취임 명령은 3년 집행유예와 2,000만 원 벌금형을 선고받았다고 합니다."

이유는 대대장 근무기간 중 사고가 발생하면 바로 보직 해임된다. 지금은 부대 운영비가 비교적 충분히 지급되지만 당시에는 운영비 부족으로 대대장직을 성공적으로 마치려면 개인 돈 2,000만 원 정도를 투입해야 되기 때문이다. 이렇게 군복무에 충실하다 보니 재테크에 소홀했다고 설명했다.

사실이 그렇다.

방위사업 비리로 일부 구속되는 장성들도 있다. 그러나 대부분 군인들은 전후방 각지로 이동하며 근무하고 자녀교육을 위해 두 집 또는 세 집 살림을 하다 보면 재테크에 소홀할 수밖에 없다. 오로지 적과 싸워 이기기 위한 전투준비와 부대 발전에 총 매진하는 참군인들이 더 많은 것이 사실이다. '국가 안위'의 마지막 보루는 군(軍)이란 말은 진리이다.

국회의원이나 판·검사 등은 당선되거나 합격만 하면 어린 나이에도 해당 직위에 오를 수 있다. 그러나 장군은 시험만 잘 치러서 되는 것이 아니다. 혹독한 후보생 과정을 지나 소위로 임관하여 일련의 과정을 거쳐 30년이 다 되어서야 장성의 반열에 오를 수 있다.

비리를 저지른 사람들에게는 엄격한 벌을 주어야 한다. 그러나 이러한 어려운 과정을 거쳐 오른 장성에게 그것도 4성 장군에게 일방적인 민원과 언론의 보도만으로 전역시키고 문책 경고하는 것만이 능사는 아니라고 생각한다.

존중받는 군인이 될 수 있도록

호국보훈의 달을 맞아 우리 국민들도 미국 시민들처럼 군을 존중하는 자세를 배울 필요가 있다. 항공기 일반석에 앉아 있는 군인들에게 비즈니스석을 양보하고, 식당에 군복을 입고 들어가면 앉아 있던 시민들이 일어서 격려의 박수를 보내는 등의 시민의식을 우리 국민들도 갖고 있다면, 최근 마음고생에 빠져 있는 최차규 공군참모총장과 자진 전역한 신현돈 장군 등을 비롯한 현역 군인들에게 큰 힘이 될 것이다.

카를 폰 클라우제비츠는 "전쟁은 정치의 수단"이라고 했다. 유사시 국가 안위를 위해 전쟁에 대비하는 군인들은 지금도 피땀을 흘리며 복무하고 있다. 많은 후배 간부들은 장성을 바라보면서 기나긴 세월 동안 꿈을 키워간다. 이들에게 4성 장군이 되면 명예스럽고 존경받을 수 있다는 희망을 줘야 한다. 따라서 최근과 같은 사태는 또다시 되풀이 되어서는 절대로 안 된다.

또한 우리 군인들도 안중근 장군의 명언처럼 '견리사의 견위수명(見利思義 見危授命)' 하는 자세로 누가 뭐라고 하던 국가의 마지막 보루로 책임을 다하는 참군인이 되길 기대한다.

11

안중근 장군과
한주호 준위의 '위국헌신 爲國獻身'

2015/03/26

3월 26일은 온 국민이 슬프지만 꼭 기억하고 각오를 다져야 하는 날이다. 2010년 북한의 천인공노할 천안함 폭침 만행으로 46명의 전우가 희생한 날이자, 동양평화를 유언으로 남긴 채 32세의 일기로 순국한 안중근 장군의 기일이기도 하기 때문이다.

대한의군 참모중장 안중근 장군

1876년 9월 2일, 황해도 해주에서 출생한 안중근 장군은 15세 때 부친을 도와 선봉장이 돼 사이비 동학 농민봉기를 진압했다. 27세 때는 을사늑약 등의 정세에 대응, 삼흥·돈의 학교를 설립해 구국

인재를 양성했다.

1907년 8월 군대가 해산되자 군사적 대결 없이는 국권을 되찾을 수 없음을 깨닫고 무장독립운동을 위한 망명길에 올라 소련의 연해주에서 의병 창설에 참여했다. 대한의군 참모중장이 된 후에는 두만강을 건너 회령·영산에서 일본군과 치열하게 싸웠다.

당시 고종황제는 강제퇴위당한 상황에서도 연해주 지역 동포들에게 군자금을 보내 항일의병조직을 지원했는데, 이 조직이 바로 '대한의군'이다. 안 장군은 이 조직의 지휘관으로 맹활약했다. 따라서 안중근 장군은 '의사'로 부르는 것보다 '장군'으로 호칭하는 것이 더 타당하다.

'대한의군'은 국권수호를 위한 민족적 저항의 효시로, 대한제국 황제로부터 직접적인 지원을 받는 국가적 공인성을 갖춘 대한제국 최초의 해외 군사조직이었다.

대한의군 특파대장인 안중근 참모중장은 1909년 10월 26일 오전 9시 30분쯤 러시아 군대를 사열하던 대한제국 침탈의 원흉 이토 히로부미를 사살하는 하얼빈 대첩의 전과를 올렸다. 거사 후 안 장군은 일제 경찰의 22번에 걸친 악랄한 심문에도 자신은 대한의군 참모중장으로서 적장을 쏜 것이므로 만국평화회의에서 제정한 육군 포로에 관한 규정을 적용하라고 당당히 요구했다.

일본정부 법원의 사형선고에도 상고 절차를 밟는 것은 일본법과 체계를 인정하는 수치로 여겨 포기했다. 죽음을 눈앞에 둔 옥중에서는 '이토 히로부미 죄악 15개조'를 제출하는 등 절대 굴하지 않는 항일투쟁의 강한 의지를 보여주었다.

이러한 안 장군의 숭고한 독립정신에 기초를 둔 대한의군은 1910년 6월 '13도 의군'으로 재발족해 항일무장 투쟁의 중추적 구실을 했다. 1919년 3·1운동의 위력을 배경으로 대한민국 상해임시정부가 수립될 때는 '대한민국 육군 임시군제' 제정의 토대가 됐다.

임시군제는 마침내 우여곡절 끝에 광복군 창설(1940년)로 발전했으며, 광복 후 대한민국 정부의 탄생과 함께 국방군에 관한 규정(1948년)으로 이어져 국군 창설의 빛을 보게 됐다.

이처럼 대한의군 참모중장 안중근 장군의 '하얼빈 대첩'은 대한제국 최초 해외 군사조직의 활약상을 명명백백하게 보여준 쾌거로, 망국의 암흑 속에서도 국군 탄생의 앞날을 환하게 밝힌 영원한 불꽃이 되었다.

군인본분 위국헌신

3월 26일, 안중근 순국 105주년을 맞아 "나는 동양평화를 위해 한 일이므로 내가 죽은 뒤에도 한일 양국은 동양평화를 위해 서로 협력해주기 바란다"고 말한 안중근 장군의 유언을 되새겨야 할 것이다. 이에 우리 국민은 KAL기 폭파, 아웅산 테러, 천안함 피격사건, 연평도 포격 도발 등으로 무고한 시민들까지 살상하는 북한이 동양평화에 가장 위협적인 존재임을 확실하게 인식해야 한다.

또한 천안함 폭침에 희생된 전우들의 위령탑 제막식에서 또다시 무력도발을 할 때는 단호히 응징하겠다고 발표한 한민구 국방장관을 포함한 우리 국군에게 무한한 신뢰를 보낸다. 천안함 폭침에 따른 46명의 전우를 위해 구조 활동 중 유명을 달리 한 한주호 준위와 안중근 장군의 '군인본분 위국헌신(軍人本分 爲國獻身)'을 되새겨본다.

12

밸런타인데이의
또 다른 의미(1-203-1051)

2015/02/10

사랑의 사제 밸런티누스

밸런타인데이(St. Valen-tine's Day)에 대한 유래는 여러 가지가 있지만 가장 유력한 설은 군(軍)과 밀접하게 관련돼 있다.

　　로마 황제 클라우디우스는 여성에 대한 사랑이 전투력을 약화시킬 것이란 우려에서 청년 군인들에게 결혼금지령을 내렸다. 그러나 황제의 명을 거역하고 사랑하는 젊은이들을 결혼시켜 주던 사제가 있었는데 그가 바로 밸런티누스였다. 그는 곧 반역죄인으로 지목돼 서기 269년 2월 14일 순교했고, 이를 기념해 연인에게 사랑을 전하는 풍습으로 전해지게 됐다는 것이다.

　　당시 밸런티누스는 군대의 질서를 어지럽히는 반역자였다. 그러나 오늘날까지 그는 수많은 젊은이들의 사랑을 이어주는 메신저 역할을 하고 있다. 병영에도 매년 이맘때쯤이면 맛있는 초콜릿이나 사탕, 예쁜 애인 사진 등이 전해져 영하 20도를 오르내리는 혹한 속에서도 장병들의 마음을 따뜻하게 하는 활력소가 되고 있다.

병사들을 아들 돌보듯 한 2명의 장수

필자에게는 이날이 또 다른 의미로 다가온다.

꼭 23년 전인 1992년 2월 14일에 발생한 사고 때문이다. 평소 존경하던 7군단장 이현부 중장과 사랑하는 동기생 한황진 중령을 떠나보낸 날이다. 이들은 전술토의 참가를 위해 헬기를 타고 이동 중 경북 선산 일대 야산에서 헬기가 추락해 탑승한 이현부 군단장 등 7명(작전참모 허정봉 대령, 군수참모 이원일 대령, 감찰참모 노영건 대령, 비서실장 한황진 소령, 전속부관 서상권 중위, 헬기승무원 조규상 상병)이 동시에 순직했다.

이현부 장군은 육사 졸업 때 학업성적과 리더십이 가장 우수한 생도가 받는 대표화랑상을 수상했다. 군사전술·작전지휘 능력과 리더십을 포함한 인품이 탁월하다는 정평이 나 군단장 직책에도 동기생 중에 가장 빨리 보직됐으나 그만 취임 두 달 만에 사고를 당했다.

한황진 중령 역시 육사를 2등으로 졸업했으며, 럭비부 주장까지 할 정도로 실력과 리더십이 뛰어난 군인이었다. 이들의 죽음은 당시 그들을 군생활의 멘토로 삼고 있던 필자에게는 대단히 충격적이고 안타까운 일이었다.

또한 "추락 당시 수행원 모두가 이 장군을 끝까지 보호하려 감싸고 있었다"는 사고 수습자가 전해준 증언은 많은 이들의 가슴을 숙연케 했다. 이 장군과 한 중령의 사망 소식에 많은 장병의 조문과 함께 전역한 병사들까지도 애도를 표해 왔다.

'시졸여애자고 가여지구사(視卒如愛子故 可與之俱死)', 즉 "장수가 병사들을 사랑하는 아들 돌보듯 한다면 가히 생사를 같이할 수 있다"는 《손자병법》의 지형(地形)편을 확인하게 하는 대목이다.

이들은 죽어서도 함께했다. 대전현충원의 묘비 번호를 1048번부터 1052번까지 나란히 부여받아 안장되었다. 사랑하는 동기생인 한 중령은 새로운 군번인 묘비번호 '1-203-1051번'을 부여받았다. 2월 14일이 다가오자 먼저 떠난 전우들의 기억이 더욱 선명해진다.

순교와 순국

밸런티누스는 사랑을 위해 순교했다. 고(故) 이현부 장군과 한황진 중령은 국가를 위해 순국했다. 비록 목적은 달랐으나 이들의 순교와 순국은 남을 위한 희생이었다. 자신의 목숨보다 남녀 간의 애절한 사랑을, 자신의 목숨보다 조국을 더욱 뜨겁게 사랑했다. 그렇기에 오늘날까지 많은 이들에게 깊은 감동을 주고 있다.

오는 14일에는 대전현충원을 찾아 옛 전우들의 숭고한 뜻을 되새기고 보이지 않는 곳에서 묵묵히 책무를 다하는 수많은 군인들처럼 대의를 위한 희생의 길을 다시 한 번 조용히 다짐해 볼 것이다.

1 3

——

9월의 현충인물 '박정모 대령'과 '임병래 중위'가 남긴 역사적 교훈

2014/09/26

목숨 걸고 나라를 지킨 의인들

1950년 9월 27일 오전 6시 10분, 서울이 북한군에게 점령당한 지 꼭 89일 만에 다시 중앙청에 태극기가 새벽의 포연 속에 휘날리게 되는 감격적인 순간이었다.

9월 15일 '크로마이트 작전'이라 칭한 인천상륙작전에 성공한 미 해병대와 육군(17연대), 그리고 한국 해병대는 서울로 진격했다. 연합군은 부천과 영등포 등에서 전차를 동원해 저항하는 북한군을 모두 격파하고 행주·마포·동작나루 등 3곳에서 한강 도하를 시작했다. 연합군은 상륙한 지 9일째였던 9월 24일 마포나루로 도강한 해병1연대를 마지막으로 유엔군은 서울 탈환 작전에 돌입하게 되었다.

그보다 앞선 8월 22일 인천 앞바다의 영홍도에 임병래(1922년 평남 용강 출생, 1950년 4월 20일 해군 중위 임관, 해군정보국 창설 요원) 중위가 이끄는 인천상륙작전 첩보대가 은밀히 상륙·잠입하여 서울과 수원, 인천 등 사지(死地)를 왕래하였다. 그들은 북한군의 병력 배치와 그 규모 보급관계, 지뢰매설 사항, 상륙지점의 지형, 암벽의 높이, 기뢰 수송사항, 인천해안포대 위치, 인천시내 주둔 병력의 규모와 활동 내용을 수집해 해군 본부와 맥아더 사령부에 제공하기 시작했다.

이름하여 'X-Ray작전'이었다. 그러나 인천상륙작전을 하루 앞둔 9월 14일 새벽 2시 영홍도 옆 섬인 대부도에 주둔해 있던 북한군 1개 대대가 첩보대 활동을 눈치채고 영홍도를 기습 공격했다.

이미 인천상륙작전이 시작될 9월 15일이 다가오자 영홍도 첩보기지는 철수명령을 받았으나 임병래 중위와 홍시욱(1948년 6월 1일 해군 신병 10기로 입대하여 해군 정보국 투수공작에 2조에 편성됨) 하사를 비롯한 해군 첩보대원 9명과 해군 외용대원 30여 명은 공격하는 북한군들과 치열하게 교전하게 되었다.

적으로부터 포위될 위기에 직면하자 임병래 중위와 홍시욱 하사는 다른 대원들을 보트로 탈출할 수 있도록 하기 위해 위험을 무릅쓰고 적의 공격을 차단했다. 다른 대원들은 그곳을 탈출했지만 마지막까지 퇴로 확보를 위해 적군을 저지하던 두 대원은 끝내 탈출에 실패해 포위되고 말았다.

해병대는 선봉부대로서 서울 서(西)측방에서부터 연희고지,
104고지, 서울시내 등 여러 곳에서 전투를 치르며 중심부로
진격하는 장면 [사진 해병대]

　절체절명의 순간, 인천상륙작전을 불과 24시간 앞둔 시점에서
포로가 될 경우 인천상륙작전이 탄로 날 것으로 판단한 임 중위와
홍 하사는 적과 교전 후 "대한민국 만세!"를 힘차게 외치면서 장렬
한 죽음의 길을 택했다. 작전의 승패를 좌우하는 군사기밀은 목숨
을 걸고 지켜야 할 가치가 있다는 사실을 몸소 실천했던 것이다.

　그 후 인천상륙작전에 성공한 유엔군은 한강 도강 후 남산을 중
심으로 동서로 나누어 동쪽은 동작나루로 도하한 미 육군(7사단
32연대)과 한국군(수도사단 17연대)이 공격하고, 미 해병1사단 3개 연
대는 서울 서쪽으로 진격했다. 이때 미 해병연대에는 한국군 해병
대 1개 대대가 배치됐다.

인천상륙작전, 서울을 탈환하다

9월 25일 서울 탈환의 막바지 전투가 개시됐다. 주요 공격목표는 중앙청과 서울시청을 연결하는 선이었다. 중앙에 위치한 5연대는 며칠 동안 서울 연희고지 전투 등 격렬한 전투로 병력 손실도 크고 인원도 부족하여 연대 해병들은 지쳐 있었다.

서울 진입 전투는 바리게이트 전투로 불린다. 북한군은 인천상륙작전 직후부터 서울 시민을 동원해 주요 도로 요충지에 200~300m 간격으로 전진 방해 바리게이트 장애물을 설치했다. 게다가 북한군 병사들은 빌딩의 지붕이나 창문마다 득실거렸다. 그들은 전진하는 유엔군 부대원들을 저격하거나 휘발유로 만든 사제 폭탄을 던지기도 하였다.

바리게이트 극복은 매우 느리고 위험했지만 보병들이 바리게이트 주변의 저격수·기관총수들을 사살하거나 패주시키면 공병들이 뛰어들어 지뢰를 제거하고 후에 전차가 바리게이트를 깔아뭉개면서 진격로를 열었다. 바리게이트 1개를 돌파하는 데 약 1시간 정도가 걸려 전진은 매우 느리게 진행되었다.

다음날 조선호텔까지 진출해 대대본부를 배치한 한국해병대 제2대대장 김종기 소령은 중소대장들에게 작전계획을 설명하고 있었는데, 옆에 있던 박성환 종군 기자가 "중앙청은 미 해병대 제5연대의 목표지만 우리 동포의 손으로 태극기를 올려야 한다는 이승만 대통령 말씀이 있었고 상금 3,000만 원이 걸려 있다"는 사실을 귀띰해줬다.

이 말을 들은 박정모 소위는 훗날 이렇게 회상했다.

"내 머릿속에 떠오르는 것은 상금이 아니라 태극기를 꽂을 사람은 결국 나밖에 없다는 신념 하나뿐이었다"고 밝혔다.

박 소위는 바로 대대장에게 자기의 뜻을 전하고 중앙청 돌진 허가를 상신했다. 허락을 받은 박 소위는 9월 27일 새벽 3시경 대형 태극기를 몸에 감고 소대를 진두지휘하며 중앙청으로 접근했다.

세종로 일대에서 북한군이 구축해 놓은 마대진지로부터 간헐적으로 총탄이 날아왔다. 그는 수류탄 공격으로 여러 개의 진지를 격파하고 2시간 만에 연기가 자욱한 중앙청 앞에 도착했다. 우선 청내에 남아 있던 적을 제압한 후 2개 분대를 중앙동 입구에 배치하

서울 시민들의 환호를 받
으며 중앙청을 향해 진격
하는 모습 [사진 해병대]

고 1개 분대를 근접 방호케 하여 2m 길이의 깃봉을 든 최국방 견습 수병과 양병수 이등병 조를 대동하고 계단으로 올라갔다.

철제 사다리는 폭격으로 절단되었고 끊어진 와이어 로프 일부를 이용해 꼭대기로 기어오르다 떨어져 부상을 당할 뻔했다. 천신만고 끝에 동창문까지 접근한 다음 태극기를 봉에 달아 창밖으로 비스듬히 내걸고 고정시켰다. 이때가 오전 6시 10분이었다.

유엔군의 서울 공격이 시작되자 북한군은 제9사단과 제18사단 등 2만 여 명을 동원해 서울을 끝까지 방어하려 했다. 그들은 서울 시가지 교차로마다 장애물을 설치해 시가전을 전개할 준비를 갖추면서 연희고지와 안산을 고수해 아군의 서울 진입을 저지하려 했다. 이는 용감한 우리 해병대에 의해 무산됐다. 이어서 9월 28일 유

해병대 제2대대 6중대 1소대 박정모 소대장과 최국방 해병이 중앙청에 태극기를 게양하며 서울을 다시 찾았음을 알리고 있다. [사진 해병대]

엔군은 북한군을 서울시내에서 빗자루로 쓸어내 듯 소탕하며 경기도 의정부 방면으로 공격을 계속했고 서울을 완전히 수복했다.

3개월 동안 적의 치하에서 신음하던 서울 시민들이 다시 찾게 된 자유는 더욱 가치 있고 보람된 일이었다. 아울러 대부분 국민은 이를 통해 분단된 조국이 통일된 정부를 수립할 수 있을 것이라는 기대를 갖기에 충분했을 것이다.

전쟁영웅들의 귀감 되는 역사적 교훈

한편 국군과 유엔군이 서울을 수복한 시점에서 퇴로를 차단당한 낙동강 전선의 북한군은 산악지대 소로를 통해 북쪽으로 퇴각하고 있었다. 당시 패잔병이 되어 38선 북쪽으로 넘어간 북한군 병력은 10여만 명 중 2만~3만 명으로 추정됐다. 국군과 유엔군은 이들을 추격하며 다음 단계인 반격작전으로 전환했다.

훗날 박정모 소위는 금곡전투, 원산상륙작전, 화천댐 탈환작전 등에서 큰 공을 세워 을지무공훈장 등을 수여받았고 해병 대령으로 전역한 뒤 2010년 숙환으로 별세했다. 양병수 이등병도 미 동성무공훈장을 받았다.

인천상륙작전 성공의 결정적 기여자인 고 임병래 중위와 홍시욱 하사는 미 은성무공훈장과 을지무공훈장을 받았고 두 분의 유해는 서울 동작동 국립현충원에 안장되었다.

2014년 올해도 9월의 현충인물에는 박정모 대령, 9월의 6·25전쟁 영웅에는 임병래 중위와 홍시욱 하사가 선정되어 그 소중한 정신과 실천을 가슴 깊이 기리고 있다.

   대리운전기사 집단폭행 사건을 포함한 세간에 떠도는 몰상식한 책임 회피성 행태가 만연한 지금 국가를 위해 죽음도 두려워하지 않고 희생정신과 책임감으로 무장한 채 임무를 다한 전쟁영웅들의 귀감 되는 역사적 교훈이 우리들의 가슴을 울리며 조용하게 파장을 일으키고 있다.

14

격투기 선수 밥 샙과 69년 전 맥아더 장군의 교훈

2014/09/02

미국과 프랑스, 일본 등에서 21명의 선수들이 참가한 프로레슬링 대회가 2014년 8월 30일~31일까지 평양에서 열려 1만 명의 관중이 참관한 가운데 성황리에 막을 내렸다.

일본을 대하는 남북의 공통점

남북의 공통점은 대일 관계에서 공통점을 찾을 수 있다.

　미국의 밥 샙 격투기 선수가 일본 선수들을 상대로 승리했을 때 류경정주영 체육관을 찾은 평양 시민들은 박수갈채를 보내면서 환호했다.

지금부터 69년 전인 1945년 9월 2일, 일본의 도쿄만 요코하마에 정박 중이던 미국 전함 USS 미주리(BB-63) 선상에서 일본 외무장관 시게미쓰 마무루는 미국의 맥아더 장군이 지켜보는 가운데 무조건 항복문서에 서명하면서 태평양전쟁과 함께 제2차 세계대전은 끝났다.

　그해 7월 26일, 미국·영국·중화민국 등 정부 수뇌들이 모여 일본의 민주화를 요구하는 포츠담선언을 발표했다. 그러나 일본제국 정치가들은 포츠담선언을 묵살했다. 그 결과 무서운 저승사자가 8월 일본을 강타했다. 그것은 세계 최초로 8월 6일 히로시마, 8월 9일 나가사키에 각각 투하된 2발의 원자폭탄(16~20KT 위력)이다.

　핵폭탄 이외에 8월 9일에는 소련군이 일본제국이 세운 괴뢰 국가인 만주국을 침공했다. 그리고 대한민국 임시정부에서는 1945년 9월 정식으로 제2차 세계대전에 참가하여 일본을 공격하고 한반도로 합세할 계획이었으나 일본이 예상보다 빨리 항복하는 바람에 이는 물거품이 되고 말았다.

　또한 연합국(미국, 소련, 영국, 중화민국) 측에서는 9월에 일본을 독일처럼 분할 점령하려 했다. 그러나 이 역시 일본이 항복하는 바람에 무산되어 결국 미국이 단독으로 점령했다.

　그리고 포츠담선언은 1945년 9월 2일부로 발효됐다. 조인식에서 트루먼 미 대통령은 "9월 2일을 '대일 승전 기념일(VJ-Day)'로 명명한다"고 선언했다.

　우리는 8월 15일을 일본의 패망일로 알고 '광복절'이라 하지만,

그날은 단지 일본 쇼와 천왕이 항복을 선언한 날일뿐이다. 공식적으로는 5월 8일 나치 항복에 이어 9월 2일이 일본제국의 항복일이다. 이날이 결국 제2차 세계대전의 종결과 냉전시대의 시작을 선포하는 큰 전환점이 된 날이기도 하다.

그러나 일본의 아베 신조 총리는 일본 항복 기념일 다음날인 3일 개각에서 '독도는 일본 고유 영토'라는 주장을 중·고교 교과서에 명시하게 한 시모무라 문부과학상(교육장관)의 유임을 굳혀 역사 수정주의에 입각한 '교육우경화' 정책을 변함없이 추진하고 있다는 것을 만천하에 보여주고 있다. 군위안부 강제 동원을 부정하는 동시에 '고노 담화(1993년 고노 요헤이 관방장관의 군위안부 문제 관련 담화) 흔들기'를 하여 오바마 미 대통령을 비롯한 전 세계의 우방으로부터 지탄을 받고 있다.

일본 정부의 잘못에 적극 대응해야

그런데 우리는 무엇을 하고 있는가?

결실의 계절인 9월이 성큼 다가오고 있다. 이제 '대일 승전 기념일(VJ-Day)'이자 일본 항복일인 9월 2일을 맞이한다. 게다가 세월호 침몰사건과 관련해 유민아빠 김영오의 SNS를 보면서 일부에서는 크게 실망했다. 이제 근본적으로 세월호의 족쇄에서 벗어나 전 국민이 독도를 지키고 군위안부를 부정하는 일본 정부의 잘못에 적극 대응해야 할 때이다.

또한 2014년 인천아시안게임에 참가하지만 언제 돌변할지 모르는 북한의 화전양면(和戰兩面) 전술의 도발에도 대비해야 한다. 각종 사고로부터 안전한 국가를 만들기 위한 여러 가지 개선책도 마련해야 할 것이다. 이와 함께 병역의무를 다하고 있는 청년들의 병영생활 개선과 민생경제도 살려내야 한다.

이러한 몇 가지 요구가 과유불급(過猶不及)인가?

15

국민안전 위기관리에
'노마지지老馬之智'가 필요하다

2015/06/08

2015년 6월 8일 낮 12시를 기준으로 각종 언론 발표를 보면, 전북 순창에서 발병한 최초 환자의 무분별한 행동으로 메르스(MERS) 확산에 따른 격리 대상자 2,361명 중에서 87명이 확진 판명되었고, 주로 어르신들과 지병을 앓던 6명이 사망하여 6.9% 치사율을 기록했다.

이로써 우리나라는 세계 2위의 메르스 확산국으로 기록되는 불명예를 얻은 데다 삼성서울병원 등 27개 대형병원에서 빠르게 퍼져나갔다. 전국적으로 기업과 학교는 1,869곳에서 휴업과 휴교 조치를 취했다.

돌이켜 보면 2012년 9월 27일 발생한 경북 구미시 불산누출 사고로 5명이 사망하고 18명이 부상했으며, 인근 주민 398명은 병원

치료를 받았다. 이는 최초 불산 확산 방지를 위해 소방차가 물을 뿌려 증기로 변하면서 더욱 확산되고 말았다. 발화 장소 부근에 있던 석회로 덮었더라면 초기에 진화될 수 있는 것을 무지한 데다 성급한 조치로 불은 걷잡을 수 없도록 커졌다.

우리의 문제는 현장에 답이 있다!

2013년 2월 12일 오전 11시 57분, 북한 풍계리에서는 제3차 핵실험이 있었다. 실험결과는 기상청과 지질연구원 등에서 진동으로 감지했다. 진동은 전 세계가 동시에서 느낄 수 있을 정도였다.

당시 안광찬 위기관리실장은 즉시 대통령에게 보고하고 대통령은 국가안전보장회의(NSC) 긴급소집을 지시했다. 이날 오후 1시, 청와대 내 지하벙커 위기관리센터 상황실에는 김황식 국무총리, 김성환 외교통상부, 류우익 통일부, 김관진 국방부, 맹형규 행정안전부 장관과 원세훈 국정원장, 하금렬 대통령실장 등이 참석해 대통령 주관으로 NSC가 열렸다.

기상청은 인공 지진 규모를 5.1로 최초 판단했다. 독일정부 산하 연방지질자원연구소(BER)는 진도 5.2로, 미국 국립지질도시국(USGS)은 진도 4.9~5.1 규모라고 발표했다. 7,000km 떨어진 노르웨이와 호주 아웃백 지역에서도 동시에 감지됐을 정도였다.

지진파의 숫자는 한국의 안보 측면에서 매우 중요한 의미를 갖는다. 북한의 1차 핵실험은 2006년 10월 9일 진도 3.58이었는데 핵무기 규모로는 0.8~1kt이며, 2차 핵실험은 2009년 5월 25일 진도 4.5로 약 2kt 규모였다. 3차 실험이 만약 5.1 이상이 되면 과거 일본 히로시마(廣島)에 떨어뜨린 원자폭탄과 유사한 20kt 이상이 되어 우리 군의 대응태세가 매우 심각할 수 있을 것이다. 앞으로 서로 상이한 지진파 감지 숫자로 인해 많은 혼동이 일어날 수 있음을 필히 염두에 두어야 할 것이다.

"우문현답(우리의 문제는 현장에 답이 있다)"이라는 말처럼 진도를 정확하게 판단할 수 있는 곳은 발생 장소에서 가장 가까운 데 위치해 있는 지질 연구소다. 따라서 대한민국 지질연구원장을 전화로 연결해 대통령에게 정확하게 보고하도록 했다.

결국 지진파는 4.9로 통일되었으며 "북한의 핵실험 폭발력이 수소폭탄 전단계 핵분열에도 미치지 못하는 10kt(히로시마의 2분의 1 수준)으로 통일하여 군사대비 태세를 3단계에서 2단계로 격상하고 주한미군 측과 긴밀한 공조하에 대북감시 태세를 강화하여 북한의 추가 도발에 대비하고 있다"고 천연우 외교안보수석이 기자 브리핑을 하여 일단락지었다.

조기에 상황을 종료시킬 수 있음에도 불구하고

메르스(MERS)를 빗대 KORS(한국형 메르스)라고 하는 안타까운 일까지도 벌어지고 있는 실정이다. 최초 환자가 5월 4일 입국하여 전북 순창에 머물다 평택성모병원을 거쳐 5월 17일 삼성서울병원에 입원한 뒤에야 중동을 다녀 온 사실이 밝혀졌지만 이미 여러 사람들이 확진자로 판명돼 이 지경에 이른 것이다.

사실 메르스는 중동 감기일 뿐이다. 전 세계적으로 독감 사망자는 연간 4,000명을 넘는다고 한다. 가장 최근의 국내 신종플루 감염자는 1만 명이 넘었고 이에 따른 국내 신종플루 사망자는 48명이라고 한다.

2002년 중국 광둥성에서 발생한 중증급성호흡기증후군(SARS)은 6개월 만에 중국 내에서 5,000명이 감염되었고 이후 30개국으로 확산되어 8,000명 이상이 감염돼 744명이나 사망했다. 국내에서는 3건의 추정환자와 17건의 의심환자가 발생했지만 성공적으로 극복했다.

앞서 3건의 위기 중 대처했던 상황을 비교해 볼 때, 어떻게 통합하여 컨트롤타워(Control tower) 역할을 잘 하는지가 국민의 혼란을 방지하고 실질적인 위기를 극복할 수 있는 주요 요인일 것이다.

구미 불산 사태는 석회만 뿌렸으면 될 것을 물을 살포하면서 확산되었다. 세월호 침몰 때는 현장에서 지휘해야 할 선장과 선원들이 승객을 구할 생각은 하지 않고 먼저 탈출함으로써 희생자가 크게 늘어났다.

반면 북의 제3차 핵실험 때는 혼란을 초래했던 지진파 강도를 NSC에서 가장 정확하게 판단할 수 있는 지질연구원장을 통해 의견을 수렴한 뒤 공식화해 대비책을 강구함으로써 조기에 상황을 종료할 수 있었다. 좋은 귀감이 될 만한 사례라 할 것이다.

유비무환의 마음으로 보안해야 할 3가지

이제 일련의 사태를 분석해 볼 때 크게 3가지를 보안해야 할 것으로 보인다.

첫째, 여건 조성이다.

세월호 침몰 때는 해양수산부, 메르스 소동 때는 보건복지부 등에서 담당했는데 이들 단일 기관만으로는 정부 전체의 기능을 통합 조정하는 데 한계가 있을 수밖에 없다. 따라서 '국민안전처'가 설치되었으나 이번 메르스 소동 때는 제 기능을 발휘하지 못했다. 이는 위기관리 기본법이 없기 때문이다. 국민안전처가 정부 기능을 통합 관리할 수 있는 기본법을 시급히 제정해야 한다.

둘째, 노마지지(老馬之智)이다.

이는 춘추전국 시대 제나라 환공(桓公)이 조주국 정벌에 나섰다가 길을 잃고 전군이 진퇴양란에 빠졌을 때 "이럴 때 늙은 말의 지혜가 필요하다"고 말한 데서 유례한 사자성어이다.

위기상황을 철저하게 대비하기 위해서는 국가위기관리기본지침(대통령 훈령)에 의거해 38개의 '위기관리 표준 매뉴얼', 269개의 '실무 매뉴얼', 3,300여 개의 '현장조치 매뉴얼'이 있으나 실제 상황 발생 때 이 매뉴얼을 참고할 수 있는 시간은 거의 없다. 법규나 매뉴얼보다는 과거에 실제로 위기상황을 경험했던 유능한 1명의 인재가 더 필요한 것이다.

셋째, 교육훈련이다.

평소부터 위기에 대비한 반복 훈련이 필요하며, 이러한 훈련에 따르는 불편함을 감수할 수 있는 국민의식이 절실하게 요구되는 때이다.

《손자병법》구변(九變)편의 한 소절을 소개하고자 한다. "무시기불공 시오유소불가공야(無恃其不攻 恃吾有所不可攻也), 즉 적이 오지 않을 것이라 믿지 말고, 나에게 공격할 수 없는 태세가 되어 있음을 믿어야 한다"라는 의미이다.

유비무환(有備無患)이다. 역시 그 중심에는 인사(人事)가 있다.

3장

안보에는
여·야가 없다

국가안보시스템 구축

불멸의 병법가 손자는 '형인이아무형 아전이적분
(刑人而我無形 我專而敵分)'이라고 했다.
적군은 드러나게 하고 아군은 드러나지 않으면
아군은 집중되고 적은 분산되어 승리할 수 있다!

1

북의 화력도발은
'성동격서와 피실격허' 전법

2015/08/21

한국은 자유민주주의와 시장경제체제 아래서 경제발전을 이루어냈고 이를 바탕으로 국제적 지위가 향상되었다. 반면 북한은 동구권 공산국가 붕괴 등 국제사회의 환경변화와 체제유지를 위한 폐쇄적 정책으로 국제사회로부터 고립을 자초한 데다 경제적으로도 낙후를 면치 못하고 있다.

남북한 간 군사력 면에서는 북한이 양적인 면과 비대칭 전략에서 일부 앞서고 있으나 장비의 성능과 주한 미군전력을 감안하면 전반적인 전력에서는 한국이 우위를 점하고 있는 것 또한 사실이다.

실제로 두 차례 연평해전과 연평도 포격사건 시 우리의 K-9 대응사격으로 북한 해군과 연평도에 포격한 군부대는 엄청난 손실을 입었다. 물론 우리의 피해도 있었지만 북측의 피해가 훨씬 큰 데다 그들은 아무런 성과도 없이 물러나 대한민국의 완전한 승리였던 것이다.

또한 2013년 필자가 위기관리비서관 근무 시절에 을지연습 후 '미 공군 스텔스 폭격기(B-2)가 한반도 상공에서 훈련하자 북한 김정은은 놀라 비상을 걸어 자정을 넘긴 시간에 인민군 최고 사령부 긴급회의를 소집하고 비밀리에 지하벙커를 옮겨가며 피해 다녔다'는 후문도 있었다.

2015년 8월 4일의 목함지뢰 폭발사고부터 발생된 일련의 북한 도발은 아마도 김정은을 추종하는 군부세력의 치밀한 계획에 의해 이루어진 사건이라 볼 수 있다.

북의 공갈 협박에 대처하는 우리의 자세

이희호 여사의 북한 방문으로 온 국민의 관심이 대북화해협력 재개

북의 대남 침투 · 도발 현황

(단위 : 건)

구분	계	~60년대	~80년대	2000년	2011년	2012년	2013년	2014년
계	3,340	1,745	637	523	10	26	32	45
침투	1,968	1,397	480	79	0	5	3	0
국지도발	1,072	348	157	444	10	21	29	45

[자료 p251, 〈2014 국방백서〉 참조]

가 아니냐 하는 쪽으로 관심이 쏠렸다. 북한 군부는 이때 기득권 확보를 위해 DMZ 추진철책 동문에 목함지뢰를 매설하는 성동격서(城東擊西, 동쪽에서 소리를 내고 서쪽에서 적을 친다는 뜻) 전법을 구사했다.

또한 우리가 대북 확성기 방송재개로 강하게 대응하자 대국민 혼란과 남남갈등 유도를 위해 연천군 중면에 실제 피해를 입히지 않은 범위의 포격으로 입질을 했다.

그러나 우리 군은 155mm 자주포 사격으로 강하게 대응했고, 우리의 강한 의지를 확인한 북한은 김양건 비서를 통해 "현 사태를 수습하고 관계 개선의 통로를 열기 위해 노력할 의사가 있다"고 슬쩍 의견을 덧붙여 전해 왔다.

이러한 일련의 사태는 북한이 우리의 대응을 시험해 봤는데 우리가 강하게 대응하는 것을 보고 일단 움찔한 상황이다. 이같은 상황으로 보아 우리에게 보여주기 위한 도발이 아니라 김정은에게 인정받기 위해 시도한 도발이었다. 이제 더 이상 더 세게 나갔다간 뒷감당을 할 수 없기 때문에 엄포만 놓고 이 상태로 유야무야될 가능성이 매우 크다.

북한은 지금도 마오쩌둥이 즐겨 썼던 《손자병법》의 피실격허(避實擊虛, 실재하는 상대의 힘을 피하고 허를 노린다는 뜻) 전법을 구사하고 있는 것이다.

현재 김정은은 2013년 미 스텔스폭격기 B-2가 한반도 상공을 비행했을 때처럼 조바심에 떨고 있을 것이다. 지금 이 시간에도 북한 방송을 통해 전군 준전시상태 선포 등 군사적 위협을 떠드는 것은 허허실실(虛虛實實)이다. 일면 공갈 협박인 것이다.

이때 우리가 할 일은 정부와 군 그리고 우리 국민들이 본연의 업무에 충실하면서, 내부의 선동하는 세력들이 추가적인 남남갈등을 유발하지 못하도록 언론과 정부가 일반 국민들에게 우리 정부와 군의 강한 의지와 우리 국민이 안전함을 논리적으로 적극 홍보하는 것이 필요하다.

이런 상황에서 의연함을 버리고 부화뇌동해 국민혼란 가중과 경제에 타격을 받으면, 북한의 의도대로 끌려가 북한의 성동격서와 피실격허 전법에 무릎을 꿇는 결과가 되기 때문이다.

2

승리한 '제2차 연평해전'과 '동락리 전투영화'는 히트했다

2015/07/03

호국보훈 의식과 장병들에 대한 고마움 고취

2015년 6월 29일 오전, 경기도 평택 해군 제2함대 사령부에서 열린 '제2차 연평해전 13주년 기념식'에 참석한 한민구 국방장관은 추모사를 통해 "제2차 연평해전은 우리 장병들이 북한의 도발을 온몸으로 막아 승리한 해전"이라고 강조했다.

연평해전 기념식에 현직 국방부 장관이 참석해 추모사를 한 것은 13년 만에 처음이라 더 큰 의미를 두고 싶다.

13년 전 그날, 참수리 357정의 고(故) 윤영하 정장 등 전사한 6명의 대원들과 교전했던 북한군은 어뢰정 1척이 격침되고 5척이 크게 파손당했다. 또한 사상자도 30여 명이나 되었다. 절체절명의 순간에 우리 용사들이 보여준 위국헌신의 군인정신은 날이 갈수록 우리 가슴속에 더욱 뜨겁게 살아나고 있다. 이 해전은 확실한 우리 해군의 승리였다.

또한 최근 영화 〈연평해전〉은 개봉 8일 만인 7월 2일 누적 관객 수 206만 8,395명을 기록했다. 이는 올해 개봉한 한국영화 중 최단 기간에 관객 200만 명을 돌파하는 신기록을 세운 것이며, 연속 박스 오피스 1위에 오르는 등 앞으로도 계속 선두자리를 지킬 것 같다.

동락리 전투의 승리

50년 전인 1966년에도 국민들을 감동시킨 전투영화가 있었다.

65년 전인 1950년 6월 25일, 북한군의 불법 남침으로 서울이 피탈되고 우리 국군은 남으로 후퇴하던 중인 7월 6일, 강원도 춘천에서 효과적으로 방어했던 6사단 예하 7연대 2대대가 충북 충주시 동락리에서 북한군 15사단 48연대를 궤멸시키는 승전고를 울렸다.

동락리 전투는 6·25 남침전쟁 초기 후퇴를 거듭하던 우리 국군에게 희망을 심어준 첫 번째 승리였다. 전투 경과를 보면 7월 4일 오전 9시 충주중학을 출발한 제6사단 7연대 2대대(대대장 소령 김종수)는 저녁에 충주 신덕 저수지에 이르러 진지를 점령했다. 제7연대장(중령 임부택)은 음성 방어가 긴급하다는 판단 하에 제1대대는 무주리로, 제2대대는 음성으로 이동시켜 사정 고개 일대에 배치하고,

제3대대는 생극을 향해 전진시켰다.

　7월 6일 북한군 제48연대는 "국군이 차를 타고 도망쳤다"는 동락초교 김재옥 여선생과 주민들의 말을 듣고 신양리까지 수색한 결과 국군이 없다는 것을 확인했다. 이후 안심한 듯 동락리에 진출한 야포의 엄호 아래 신양리를 경유하고 음성으로 진출하기 위해 야음을 이용해 주력부대가 차량으로 7월 7일 새벽 5시경 동락리를 통과하고 있었다.

　이때 국군 제7연대 3대대장은 공격 명령을 내렸고 9중대는 북한군 차량대열 선두를 공격했다. 북한군의 선두 첨병중대가 교전에 들어가자 국군 제3대대가 배치돼 있는 310고지 정면에서 북한군은 밀집 대형으로 정지했다. 이에 나머지 3대대원들이 측면을 타격하자 적은 크게 당황하여 혼란에 빠졌다.

　한편 가섭산 북쪽 644고지를 점령하고 있던 국군 제2대대는 7일 새벽 5시경 동락초교 앞 도로에 수십 대의 차량이 병력을 가득 태운 채 서 있는 것을 발견했다. 이후 고지 아래로 신속하게 내려가 6시에 공격을 개시하자 기습을 받은 북한군은 도주하기 시작했다.

　동락초교에서 국군 제3대대 방향으로 사격을 하던 적의 야포가 2대대 방향으로 포구를 돌리고 있었고, 제2대대 8중대장 신용관 대위는 81mm 박격포 1문으로 사격을 개시했다. 이에 북한군의 포진지를 파괴했고 후속탄에 의해 야적된 포탄 상자도 연쇄 폭발됐다. 이후 제2대대는 북한군의 저항이 거의 없이 남아 있던 적을 소탕할 수 있었다.

동락리 전투에서 국군은 적 사살 2,186명, 포로 132명, 122mm 곡사포 6문, 76mm 박격포 18문, 구경 50 기관총 6정, 중기관총 12정, 경기관총 14정, 자동소총 37정, 소총 919정, 장갑차 4대, 2분의 1t 트럭 60대, 4분의 1t 지프차 15대, 사이드카 7대, 무전기 4대, 전화기 12대, 말 24필과 상당량의 탄약 등을 노획하며 6·25 남침전쟁 발발 이후 최초 승리이자 최고의 전과를 올리는 기록을 세웠다. 이에 비해 국군의 손실은 전사 9명, 부상 53명뿐이었다.

노획장비는 대전에서 국민에게 전시함으로써 국군의 승리를 널리 알리는 계기가 되었다. 노획품은 소련 제품이라는 표시가 있어 소련이 6·25전쟁에 개입했다는 증거로 유엔에 보내졌다. 승전 보고를 받은 이승만 대통령은 제7연대 전 장병에게 1계급 특진의 영예와 함께 격려금 50만 원을 하사했다.

동락리 전투의 승리는 북한군의 동태를 정확히 파악하고 있었기 때문에 달성할 수 있었다. 또한 북한군 실태를 국군에게 알린 동락초교 여교사였던 김재옥 선생은 대한민국 역사상 최초로 민간인으로서 태극무공훈장을 받기도 했다.

이 전투는 1966년 임권택 감독이 당대 최고 스타 배우인 김진규와 엄앵란을 주연으로 뽑아 〈전쟁과 여교사〉라는 영화로 제작해 대히트했다.

두 영화의 묘한 공통점

〈연평해전〉과 〈전쟁과 여교사〉 영화를 보면 묘한 공통점과 교훈을 얻을 수 있다.

첫째, 북한군과의 교전을 배경으로 한 영화이다.

'전쟁은 정치적 목적을 달성하기 위한 최후의 물리적 수단'이라는 클라우제비츠의 말처럼 전쟁은 이념 대립과 사회구조 변화 그리고 정치지도자의 개인적인 야망(욕심) 때문에 발생한다. 그러나 전쟁을 수행하는 군인들은 그러한 목적보다는 단순하게 애국심과 전우애 때문에 생사(生死)의 기로에서 피를 흘린다는 것이다.

둘째, 참전 용사들의 위국헌신과 희생이 감동을 준다.

연평해전의 고(故) 윤영하 소령 등 6명의 전사자(순직자 처리했으나 13주년 기념식을 계기로 전사자 추서 추진 중)에 대한 추모하는 마음과 잊지 않는 정신을 함양해야 한다. 또한 동락리 전투와 같이 지역 주민들의 애국적인 시민의식을 갖춰야 한다. 헌데 당시 병기장교로 임무를 수행했던 이득주 소위와 김재옥 여선생은 훗날 결혼하여 행복하게 살았다. 그러나 아쉽게도 1963년 고재봉 사건으로 인해 자신과 일가족이 참변을 당하는 슬픔도 겪었다.

셋째, 장병 정신교육과 국민의식 개조에는 히트한 영화가 최고 성과를 낸다는 점이다.

군에서 간부들이 아무리 군인정신과 전투의식 고취를 위한 정신교육을 하더라도 이러한 영화 한 편이 더 효과적일 수 있다. 또한 국민을 한뜻으로 모으는 성과를 올릴 수도 있는 것이다. 더 고무적인 것은 〈연평해전〉 제작비가 부족해 메인 투자자를 변경하고 출연진들을 교체하는 시련도 있었다. 그렇지만 총 제작비 60억 원 중 20억 원은 국민 성금으로 조성되었다. 엔딩 크레디트(종영 자막)에 성금을 기부한 7,000명 국민들의 이름이 올라가면서 감동을 더해준다.

한마디로 진흙구덩이 속에서 분탕질하는 듯 국민들에게 염증을 느끼게 하는 정치 실태와 온 국민들을 불안에 떨게 한 메르스 사태의 아픔, 그리스의 디폴트와 중국의 경기 부진, 미국의 금리인상 우려 확산에 따른 경제침체의 어려움이 인상을 찌푸리게 한다.

하지만 〈연평해전〉 영화를 보면서 부족한 제작비를 국민 성금으로 기부했던 7,000명의 시민들은 물론 군(軍)을 더욱 아끼게 됐다. 또한 김재옥 여선생처럼 국가안위(國家安危)를 위해 노심초사(勞心焦思)하고 행동으로 실천하는 애국시민들이 있는 한, 전쟁이 발발하더라도 위국헌신(爲國獻身)하는 우리 군은 승리를 보장받을 수 있을 것이다. "대한민국 만세, 애국시민 만세!"

3

월남 패망의 교훈을
상기하자!

2015/04/30

4월, 가장 잔인한 달

1975년 4월 30일 오전 11시 30분경, 정규군이라곤 겨우 10만 명이던 월맹군이 수적으로 월등하게 많은 100만 대군과 세계 4위의 막강한 군사력을 보유하고 있던 월남군을 무력하게 와해시킨 후 사이공에 있는 대통령궁을 점령하면서 월남공화국은 지구상에서 사라지고 말았다.

4월은 가장 잔인한 달이다.

2013년 4월 3일, 북한의 김정은은 개성공단을 차단하며 협박해 우리 국민을 불안에 떨게 하면서 새로 출범하는 박근혜 정부를 시험했다. 2010년 4월 29일에는 천안함 폭침 순직자 46명에 대한 영결식이 열려 현충원은 울음바다가 되고 말았다. 1975년 4월에는 월남이 패망하자 공산치하가 싫어 탈출하려는 약 106만 명으로 추정되는 '보트 피플' 중 11만 여 명이 익사하거나 해적에게 살해되는 참혹한 비극도 일어났다.

베트남 5년 억류, 이대용 주월 대사

월남 패망 당시 휘몰아치는 격동의 현장에서 온몸으로 처참함을 목격하며 공산당으로의 전향을 거부하고 5년 동안 인간 이하의 잔혹한 홀대 속에서도 꿋꿋하게 형무소 생활을 하며 굳은 의지를 불태웠던 진정한 군인 이대용(예비역 장군) 주월 한국대사관 정무담당 공사가 있었다.

이대용(현 자유수호 국민운동 상임의장) 장관은 1963년 주월 한국대사관 무관으로 파월해 3년을 근무했고, 1968년 장군으로 진급해 주월 한국대사관 정무담당 공사직을 수행했다. 또한 한국군이 철수한 후인 1973년 4월 주월 한국대사관 공사로 임명돼 월남 패망시까지 그곳에 계속 남아 있었다. 총 3번의 대사관 근무 9년 6개월, 형무소 생활 5년을 베트남에서 보냈다.

월남 패망 2년 전인 1973년 1월, 프랑스 파리에서 미국과 남북 베트남 3국 간에 평화협정이 체결돼 외국 군대는 모두 철수했다. 그 후 월맹군 총공세가 시작돼 부패한 월남정부와 반공정신을 모르는 월남국민들은 공산 월맹에 손쉬운 먹잇감이 되고 말았다.

공격해 오는 월맹군을 저지하기 위해 출격시킨 월남 전투기들은 기수를 돌려 자국의 구엔 반 티우 대통령이 머무르고 있는 대통령궁을 폭격하고(훗날 월맹군으로부터 영웅 대접 받음), 정부·군대·대학 등 어디든지 월맹의 스파이들이 가득했다. 각종 민간단체로 위장한 공산분자들이 나라의 여론을 분열시키고 지식 있는 학자들과 종교인들 그리고 대학생들은 연일 반정부 데모로 날을 지새우며 서로 큰 목소리를 내다가 그들의 소원대로 나라는 쫄딱 망하고 말았다.

당시 한국인 철수 본부장이었던 이대용 공사는 베트남에 남은 동포들을 고국으로 돌려보내야 했다. 또 그 일을 맡아 교섭해야 하는 임무와 책임감 때문에 철수하는 헬기가 저만치 멀어져 가는 것을 바라 볼 수밖에 없었다.

이 공사는 곧 월맹군에게 체포돼 치화형무소 사형수 방에 2년 1개월 갇혀 있는 것을 포함해 5년 동안 끔찍한 수감생활을 했다. 사형수 방은 면회도 안 되고 햇볕도 298일만 볼 수 있었다. 식사도 하루에 두 끼니밖에 주지 않아 원래 78kg이던 몸무게가 40kg까지 빠졌다. 오랜 기간 수감생활을 하다 보니 피하조직 파괴로 온몸에 구더기가 득시글거리는 등의 참혹한 환경에서 생활했다.

그런 와중에 월남에서 반정부 데모를 주동했던 많은 지식인·종교인들을 포함한 반정부인사들까지 수감됐다. 나중에 확인된 것이지만 공산주의 사상에 물들어 반정부 투쟁을 벌이며 파월 한국군과 미군들이 싸웠던 베트공 전사들조차도 체포돼 형장의 이슬로 사라졌다. 이때 처형된 월남인은 1,000만 명에 이른다고 한다.

처형된 진짜 이유는 간단하다. 월남에서 반정부 활동을 벌인 세력들은 통일 베트남에서도 똑같이 반정부 활동을 벌일 것이라는 논리에서였다. 마치 6·25 남침전쟁 전 남로당 당수를 하며 공산당의 총수임을 자처했던 박헌영이 6·25 이후 월북해 열렬한 환영을 받다가 처형된 것과 같은 행태라 할 수 있겠다.

내부 적은 반드시 색출해야

이 공사는 박정희 대통령의 강력한 의지와 노력, 영국계 유대인 아이젠버그의 적극적인 중재로 5년간의 수감생활을 끝내고 석방돼 1980년 4월 김포공항을 통해 귀국했다.

한국에 돌아온 이 공사는 서울대 병원에 입원해 있었다. 그런데 거리에서 '계엄해제 독제타도'를 외치며 데모하는 시위군중들을 보며 월남처럼 될까 봐 노심초사했다. 아직도 북한 노동당 규약에 있는 적화통일을 하겠다는 내용을 진보니 뭐니 하는 사람들이 제대로 알지도 못하고 따라하려 한다면서 매우 안타까워했다. 또 그런 사람들이 진보 정치인처럼 가장하고 있다며 더욱 애통해했다.

진정 그렇다. 월남은 내부의 적을 방치했기 때문에 안에서 곪아 터져 무너졌다. 우리도 내부의 암적 존재인 적은 반드시 색출해 제거해야 한다. 그러므로 우리 헌법을 절대 부정해서는 안 된다. 물론 좌익은 미국이나 영국에도 있지만 그들도 헌법을 지키면서 국가 존재를 최우선으로 생각하면서 활동한다.

얼마 전 주미대사 마크 리퍼트(Mark Lippert)에게 테러를 가한 우리마당 대표의 무모함도 있었다. 그런 사람들이 월남 패망의 교훈을 상기해 이번 기회에 제도권으로 들어와 마음을 바꾸고 합법적으로 행동해 선진 법치국가의 위상을 제고하길 바라는 마음 간절하다.

또한 4월의 마지막 날 월남 패망의 현장에서 책임을 다한 이대용 장군의 견위수명(見危授命)하는 군인정신에 진심으로 존경을 표하는 바이다.

4

을지프리덤가디언UFG
국가안전보장회의NSC

2016/08/23

2016년 8월 22일 오전, 청와대 국가안보상황실에서 '을지프리덤가디언(Ulchi-Freedom Guadion, UFG) 국가안전보장회의(NSC)'가 열렸다. 그 자리에서 박근혜 대통령은 "최근 북한의 주요 인사 망명은 북한 분열과 체제 동요의 조짐으로, 이를 만회하기 위해 군사도발 때 철저히 응징해야 하며, 사드 배치는 북한으로부터 우리를 지키기 위한 최소한의 자위행위"라고 밝혔다.

박근혜 정부 원년인 2013년에는 UFG NSC가 개최된 후 북한의 조국평화통일위원회(조평통)는 "청와대 지하 전쟁지휘소에서 '국가안전보장회의'를 벌여 놓고 반 공화국 대결과 북침전쟁 태세를 고취하였다"고 비난했다. 그동안 개성공단 재개, 이산가족 상봉 협상을 통해 화해 협력하는 듯한 태도를 보였으나 이를 통해서 북한의 실체를 정확하게 알게 되는 계기가 되었다.

자유를 수호하는 을지프리덤가디언

을지프리덤가디언 연습은 '자유를 수호한다'는 의미를 가지고 있다. 또한 한미 양국 군이 한반도 우발상황 발생 시 작전 수행에 필요한 협조관계, 절차, 계획, 시스템을 평가하고 개선하기 위한 목적으로 매년 8월 말 일부 전투기, 함정 소규모 부대가 훈련에 참가한다. 하지만 실제로는 병력과 전투장비 투입 없이 컴퓨터 시뮬레이션으로 전장상황을 가정하여 지휘소 훈련을 실시한다. UFG의 기원은 1954년부터 시작된 유엔군사령부 주관의 군사연습 '포커스렌즈(Focus Lens, FL)'이다.

그 뒤 1968년 김신조 사건(북한 무장공비의 청와대 기습)이 발생하자 이를 계기로 정부 행정기관까지 포함해 그해 7월 '을지연습'이 시작됐다. '을지'라는 명칭은 수나라 30만 대군을 살수에서 몰살시킨 고구려 영웅 을지문덕 장군의 이름에서 따온 것이다.

각각 따로 진행되던 두 연습은 1976년부터 '을지포커스렌즈(Ulchi Focus Lens, UFL)' 연습으로 통합됐으며, 2008년 '을지프리덤가디언(UFG)'으로 명칭을 변경해 오늘에 이르고 있다.

한미 안보협력체제를 공고히 하는 팀스피리트 훈련

한편 연례적으로 실제 병력과 전투 장비를 투입해 한미 양국의 연합군사훈련을 하는 팀스피리트(Team Spirit)는 1975년 베트남 공산화 이후 급변하는 주변정세와 북한의 도발 위험이 고조됨에 따라 한미 안보협력체제를 공고히 하여 전쟁을 억제하고 국민에게 국가안보에 대해 신뢰감을 주기 위하여 1976년 6월 처음 실시되었다.

이 훈련은 1969년 포커스 레티나(Focus Retina) 훈련과 1971년 프리덤 볼트(Freedom Volt) 훈련의 연장선상에 있다.

1969년 3월 9일부터 시작된 포커스 레티나 훈련은 한미연합 공수기동훈련으로 미 본토의 지상군을 얼마나 신속하고 능률적으로 한반도에 공수·전개할 수 있는가를 시험하는 것이다. 또한 이들 병력과 한국군 및 주한미군 삼자 간의 협동작전 능력과 지휘요령 등에 관해 시험·평가하는 것이 주목적이었다.

1971년에는 포커스 레티나 훈련에 비해 규모가 상대적으로 작은 프리덤 볼트 훈련이 실시되었다. 이러한 한미연합 공수기동훈련은 1969년 닉슨 독트린 이후 가시화되기 시작한 주한미군 철수에 대비하기 위한 조치였으며 팀스피리트 훈련도 그 일환이었다.

훈련은 농한기 철인 2월에서 5월에, 매년 동일한 경기 이천~강원 문막 지역에서 동서를 기동 축으로 하는 훈련이 실시되었다. 훈련기간은 최초 10일이던 것이 나중에는 70~80일로 연장되었으며, 참가병력 규모도 최초 4만 6,000명에서 1984년 이후에는 20만 명이 참여하는 대규모 야외기동훈련으로 발전하였다.

돌연 중단된 한미연합훈련

팀스피리트 훈련을 두고 북한은 북침을 위한 공격훈련이라고 비난하면서 훈련 중단을 고집해 왔다. 북한은 이 훈련을 각종 남북회담과 연계해 대화 중단과 한반도 긴장상태에 대한 책임을 한국 측에 전가하기도 했다. 이에 한미 양국은 팀스피리트 훈련이 방어적 성격의 훈련임을 강조하면서 1982년부터 계속해서 북한군 당국자들의 참관을 요청하였다.

1982년 1월 28일, 판문점에서 개최된 군사정전위원회 본회의에서는 이 훈련을 전쟁도발 준비라고 주장하는 북한 측에 유엔군 측이 평화를 위한 방어훈련임을 강조하면서 정전위원회 공산 측 대표의 팀스피리트 훈련 참관을 제의하였다. 이후에도 매년 팀스피리트 훈련 참관을 제의했으나 북한은 이를 계속 거부하였다.

팀스피리트 훈련은 1992년 북한의 핵문제 해결을 포함한 실질적인 남북관계 진전과 북한 측에 신뢰감을 주기 위한 조치의 일환으로 한해 중단된 것을 제외하곤 1993년까지 매년 총 17회 실시되었다. 1994년 3월 3일 국방부는 북핵 문제의 성공적인 해결과 남북관계 개선을 위해 팀스피리트 훈련의 조건부 중단을 공표하였는데, 이것이 팀스피리트로 명명된 한미 간 연합훈련의 종결을 의미하였다.

이후 한미연합훈련은 매년 전반기에 실시되는 한미 전구급지휘소연습(CPX)과 야외기동훈련(FTX)인 키리졸브(Key Resolve)·독수리(Foal Eagle) 연습으로 축소되어 실시되고 있다.

이 훈련은 처음에 연합전시증원(RSOI) 연습과 독수리 연습으로 각각 시행되었으나, 연습의 효율성 제고를 위해 2002년 이후 통합하여 실시하였다. 2008년부터는 명칭을 키리졸브·독수리연습으로 개칭하여 오늘에 이르고 있다.

평화를 원하면 전쟁을 준비하라

고대 로마의 전략가 베게티우스(Vegetius)가 "평화를 원하면 전쟁을 준비하라(Si vis pocem para bellum)!"고 말했듯이 북한의 전쟁야욕을 포기하도록 하고 예방하기 위해서는 실병력·장비의 실기동훈련이 매우 중요하다. 그동안 팀스피리트 훈련을 통해 실질적인 효과로 전쟁을 방지할 수 있었는데 이제는 실병기동훈련이 아닌 컴퓨터 시뮬레이션으로만 전장을 체험하는 훈련으로 축소되어 안타깝기만 하다.

올림픽 같은 커다란 국가행사나 훌륭한 공연을 하기 위해서는 실제 인원·장비가 동원된 리허설이 아주 중요하다. 실병기동훈련은 전쟁을 대비하고 평화를 지키기 위한 가장 좋은 방법이다. 하지만 섣부른 정치적 판단으로 중단됨으로써 우리 군은 한미연합작전을 위한 가장 최선의 훈련 기회를 상실한 채 스스로 고군분투(孤軍奮鬪)하고 있다. 정치지도자들의 잘못된 정책에 동의하지는 않지만 어쩔 수 없이 '화이부동(和而不同, 남과 사이좋게 지내기는 하나 무턱대고 어울리지는 아니한다)'하고 있는 셈이다.

지금도 북한의 김정은 세력과 남한의 일부 진보세력은 불순하고 또 다른 목적 달성을 위해 UFG, 키리졸브·독수리연습 등의 폐기를 주장하고 있다.

맹자는 송나라 농부가 빨리 자라게 하려고 모를 잡아당기는 바람에 말라죽었다는 사례를 비유하여 '조장발묘(助長拔苗)'라고 말했다. 이는 '빠른 성과를 보려고 무리하게 다른 힘을 더하여 도리어 그것을 해치게 된다'는 뜻이다.

우리 정부와 군은 과거 북핵 문제의 성공적인 해결과 남북관계 개선을 위한다는 명분으로 팀스피리트 훈련을 폐기함으로써 보다 효과적인 전쟁을 예방하고 평화를 보장하는 실전 훈련의 기회를 잃은 것과 같은 조장발묘의 잘못이 되풀이되지 않도록 UFG를 계속 존속해야 한다. 또한 UFG연습을 내실 있게 실전적으로 하여 우리 국민을 지키는 안보수호와 전쟁억제의 가장 효율적인 훈련이 되길 기원한다. 포퓰리즘 속에서도 흔들리지 않고 고군분투하는 우리 군에 격려의 박수를 보낸다.

5

아웅산 테러 아픔 되새겨
국가안전처로 국가안보 시스템 구축을

2014/06/24 · 2014/10/08

미얀마 아웅산 묘소 폭탄 테러

우리의 뇌리에서 잊혀져가는 아픔 중에 큰 아픔 하나가 떠오른다.

31년 전인 1983년 10월 9일 오전 10시 28분, 미얀마(버마) 국립 묘지인 아웅산에서 전두환 대통령을 시해하기 위한 폭탄 테러가 자행되었다. 이날 불의의 사고로 서석준 부총리, 이범석 외무장관 등 17명의 외교사절과 수행원이 순직하고 이기백 합참의장 등 13명이 중경상을 입었다.

버마 당국은 이 사건이 북한 독재자 김정일의 지령을 받은 북한군 정찰국 소속 강민철, 진소좌, 신기철 대위 등에 의해 저질러졌다고 수사결과를 밝힌 뒤 북한과 외교관계를 단절하고 북한 대사관

요원들에게 출국 명령을 내렸다. 그해 12월에는 테러범들에게 사형 선고를 내렸다.

그런 와중에 있었던 숨은 일화 한 가지를 소개한다. 현 특전사령관인 전인범 장군은 당시 합참의장 부관으로 폭발이 발생하자 위험을 무릅쓰고 주저 없이 현장에 뛰어들어 응급조치를 하고 소중한 생명을 구하는 용감성과 책임감을 보여주었다.

2014년 10월 7일에도 북한 함정이 서해 북방한계선(NLL)을 침범해 쌍방 교전이 벌어졌다. 올해 들어 10번째다. 2014년 10월 4일, 아시안게임 폐막식에 북한 실세 3인방의 방한 이후 남북관계 개선 조짐이 어느 때보다 높은 상황에서 발생해 더욱 우려스럽기만 하다. 북한의 돌발적인 만행은 정말 예측하기 어렵다.

미국으로부터 배우는 위기관리 시스템

그러나 이러한 위기를 관리하는 우리 정부의 시스템은 빈약하기 이를 데 없다. 국정감사에서 논쟁이 되는 세월호 침몰사건 때의 조치도 마찬가지이다.

미국의 예를 보면, 지금부터 13년 전인 2001년 9월 11일 오전 8시 45분, 승객 92명을 태운 아메리칸항공 제11편이 뉴욕의 110층짜리 세계무역센터(WTC) 쌍둥이 북쪽 빌딩을 충돌한 것을 필두로 유나이티드항공 제175편이 WTC 남쪽 빌딩에, 아메리칸항공 제

77편이 국방부 펜타곤을 향해 돌진했다. 그런 중에 승객 45명을 태운 유나이티드항공 제93편이 10시경 펜실베이니아 주 피츠버그 동남쪽 130km 지점에 추락했다.

오전 9시 50분에는 WTC 남쪽 빌딩, 10시29분에는 북쪽 빌딩마저 무너져 내렸다. 사망자는 약 5,600여 명으로 추정되고 그 중 사체 400구를 포함한 700여 명의 신원은 바로 확인됐으나 나머지 유명을 달리한 희생자들은 찾을 수 없었다.

당일 오후 4시경 CNN방송은 '오사마 빈 라덴'이 배후 세력으로 지목되고 있다며 보도했다. 미국은 빈 라덴과 그가 이끄는 테러조직인 '알 카에다'를 테러의 주범으로 발표했다. 그후 9·11테러에 대한 미국의 아프칸 보복공격으로 빈 라덴을 비호하고 있던 탈레반 정권과 알 카에다 조직에 대한 '테러와의 전쟁'을 선포한 미국은 세계를 문명세력과 테러세력으로 분리해 새로운 국제질서 구축의 주도권을 잡기 시작했다.

9·11테러 이후 미국 연방정부는 국토안보부(Department of Homeland Security, DHS)를 창설해 미 본토 내에서의 테러, 마약, 불법이민, 자연재해 및 인위적 재난 등의 위협에 대한 위기관리를 해오고 있다.

DHS는 연방비상관제청(FEMA)과 해안 경비대 등 22개 연방기관을 모체로 구성되었고, 현재 직원이 22만 명이다. 연간 예산은 570억 달러 규모로 행정부 중 국방부에 이어 두 번째로 큰 조직으로 알려져 있다. DHS 비전은 테러와 각종 위험으로부터 본토를 안전하게 보호하고 신속한 복원을 보장하는 데 있다.

9·11테러가 발생한 지 10년째인 2011년 5월 1일 야간에 파키스탄 아브타바라에 은거해 있던 빈 라덴은 미군의 데브그루(DEVGRU) 특수부대 기습을 받고 사살되어 테러와의 전쟁은 종지부를 찍는 듯했다. 최근에는 인질의 몸값을 요구하는 수니파 급진 무장단체인 이슬람 국가(IS)에 의해 지난 10월 3일 영국인 인질 텔렌헤딩의 참수 동영상을 공개함으로써 IS에 의한 참수 희생자가 4명으로 늘어났다. IS 연계 조직인 준드 알칼리타에 의한 참수자까지 합치면 모두 5명의 미국과 유럽 희생자가 발생했다. 이를 볼 때 테러와의 전쟁은 아직도 진행 중이다.

국가안전처 창설히 시급하다

소말리아 해역에서 어선이 수시로 해적들에게 납치되는 것으로 보아 우리나라에도 시사하는 바가 크다.

2011년 1월 21일, 석해균 선장이 탄 삼호 주얼리호가 소말리아에서 납치되었을 때 우리 정부도 예전의 몸값으로 해결하던 관행에서 벗어나 청해부대를 투입해 과감한 소탕작전을 하였다. 이를 통해 해적을 일망타진하고 해적 중 생존자는 국내로 송환해 사법처리하는 '아덴만 여명작전'을 성공적으로 마쳤다. 비록 액수는 비공개일지라도 이전에는 수십억의 돈을 들여 현지 협상 브로커를 통해 억류된 선원들의 석방을 유도한다는 것이 정설이었다.

현재 북한의 아세안게임 참가와 핵개발, NLL 침범을 병행하는 화전양면(和戰兩面)의 전술과 정치·경제·문화·사회적 발전에 따른 해외에서의 우리 국민 피랍, 인터넷 해킹, 건축물 붕괴, 마약, 인위적·자연 재해 등의 새로운 위험도 기하급수적으로 증가하고 있다. 이는 군사적 안보위기뿐만 아니라 비군사적 위기도 가중되어 이런 분야를 포함한 포괄적 안보위기 관리의 중요성이 대두되고 있다.

이런 사건들을 종합해 볼 때 이제 대한민국도 미국 DHS 같은 시스템을 조속히 만들어야 한다.

이제 세월호 침몰사건 같은 비극을 최소화하고 불시에 다가오는 위기를 극복할 수 있는 대책을 만들어 실기하지 않도록 '국가안전처'를 창설해 포괄적 안보위기 발생 시 적절하게 대응할 수 있는 시스템 구축이 시급하다.

'국가안전처'는 국민이 만들 수 있다

세월호 참사가 발생하자 정부가 포괄적 안보를 위한 컨트롤 타워인 국가안전처를 설치하겠다고 한 지 벌써 4개월째다.

정부와 국회는 그동안 무엇을 하고 있는가?

차일피일 미루는 사이에 지하철 추돌, 전남 장성의 노인병원 화재, 동부전선 총기난사 사건 등이 계속 터져 국민들의 불안감은 커지고 있다.

이미 10여 년이 지난 일이지만, 한일월드컵이 한창이던 2002년 6월 29일 연평도 서쪽 해상에서는 치열한 교전이 벌어졌다. 북한군의 계획적인 기습도발로 윤영하 소령, 박동혁 병장 등 6명이 전사하고 18명이 부상했던 서해교전이 발발한 것이다.

이는 1999년 6월 15일 제1차 연평해전에서 대패한 북한군이 절치부심 이를 갈고 있다가 월드컵에 빠져 있는 국민들을 우롱하듯 3년 전의 패배에 대해 복수한 것이다. 그러나 당시 정부는 조용히 덮기에 급급했고 퍼주기 정책에 누가 될까 봐 군 자체의 일로 마무리해 젊은 나이에 순직한 전우들의 부모 가슴에 대못을 박아 시퍼런 멍이 들게 했다.

금년에도 큰 위기가 왔다. 지난 4월 16일, 전남 진도 앞바다에서 세월호 침몰로 304명의 사망 및 실종자가 발생했다. 이번 참사의 근본적인 원인 제공자인 유병언 검거 등의 후속조치가 더디게 진행되는 가운데 국무총리 지명자 사퇴 문제, 강원도 고성지역 총기난사 사건 등으로 이번 여름은 유난히도 국민의 가슴을 아프게 하고 불안하게 만드는 일들이 계속되고 있다.

이러한 불안감 해소는 군대만으로는 불가능하다. 국가정보원, 검찰, 경찰, 행정부서 등 국가의 모든 역량을 집결할 수 있는 시스템을 구축하고 조기경보체제나 국민행동 요령 같은 국민적 대비태세가 준비되어야 가능하다. 즉 군사적 위협에 대응하는 전통적 안보태세만으로는 효과적인 대처가 불가능하므로 포괄적인 안보태세를 점검할 수 있는 계기가 새로 마련되어야 한다.

2002년 미국은 9·11테러 이후 22개 정부기구를 통합하여 국토안보부(DHS)를 설치했다. 펜타곤과 DHS를 양대 축으로 하는 포괄적 안보태세를 구축한 것이다. 펜타곤(미 국방부)이 군사적 위기에 대응하고, DHS는 보스턴 폭발물 테러, 학교 총기난사 사고와 산불, 태풍, 홍수 등의 재해·재난에 대처하는 중심기구로 각각 자리매김했다.

그런데 우리는 이러한 위기에 즉각 대처할 수 있는 군부대 및 정보시설 등 수도권의 핵심적인 대응 기관들을 아파트를 짓는다며 변두리로 몰아냈다. 특히 이러한 위기에 대비하기 위해 일찍이 박정희 대통령이 출범시킨 비상기획위원회마저 없앴다.

국민 성금으로 마련한 백두산함

우리 국민들은 예나 지금이나 이러한 실수를 보고만 있지 않고 직접 해결하는 저력을 갖고 있었다. 과거 6·25 남침전쟁 직전까지 우리 정부는 영해를 지킬 단 1척의 전투함도 갖지 못했다. 그러나 우리 해군은 장병들이 매달 봉급에서 10%씩을 떼어 함정 도입자금을 마련했다. 당시 해군참모총장이었던 손원일·정긍모 제독의 부인들을 포함한 군인가족들도 삯바느질과 수제품 가공으로 돈을 모아 성금을 보탰다. 이어 곧 많은 국민이 어려운 형편에서도 주머니를 열고 보리쌀까지 팔아 100원, 200원씩 보태며 애국심을 발휘했다.

이렇게 마련한 성금으로 6·25 발발 불과 2개월 전 우리는 드디어 최초의 전투함인 백두산함(PC701)을 우리 바다에 띄울 수 있었다. 비록 미국이 제2차 세계대전 때 쓰던 중고 함정이었지만 우리 국민의 성금을 모아 무기를 장착한 눈물어린 애국심의 결정판이었다. 이렇게 국민의 힘으로 탄생시킨 백두산함은 큰일을 해냈다. 3일 정도 훈련한 뒤인 6월 26일, 북한 특수부대원 600명을 태우고 부산 앞바다로 기습 침투하려는 북한 함정을 동해에서 격침시켜 6·25 남침전쟁의 첫 승전보를 알렸던 것이다.

당시 군함은 바다와 강토를 지키는 데 꼭 필요하다는 국민적 지혜와 열망이 있었기에 백두산함은 부산항 침투와 후방 교란으로 우리의 배후를 위협했던 적을 차단할 수 있었다. 이를 계기로 유엔군 지원이 가능해져 아찔했던 국가적 위기에서 다시 일어설 수 있었다.

'포괄적 안보태세' 컨트롤타워 구축을 서둘러야

박근혜 정부 출범 전후로 발생한 북한의 장거리 미사일 발사 (2012년 12월 12일), 3차 핵실험(2013년 2월 12일), 동절기 전력 대란, 3·20 사이버 테러 등의 위기는 큰 혼란 없이 잘 극복했다. 또 과거 대구 지하철 방화(2003년 2월 18일, 196명 사망), 숭례문 화재(2008년 2월 10일)와 같은 대형사고 수습은 정부의 숙련된 위기관리 전문가들이 모든 부처에서 지속적으로 업무를 하고 있었기에 가능했던 일이라고 해도 과언은 아니다.

따라서 앞으로 운용될 국가안전처에는 군사적 위기 대비태세의 강화 못지않게 사이버 테러 등 현대의 다양한 위협에 대처할 수 있는 뼛속까지 숙달된 전문가들이 포진하여 '포괄적 안보태세' 컨트롤 타워 역할을 할 수 있도록 해야 한다. 미국의 DHS가 그랬듯이 우리도 과거 비상기획위원회의 역할을 강화한 국가안전처를 통해 시스템을 통합하고 사회적 안전망을 촘촘하게 정비한다면 미국보다 더 뛰어나게 위기관리를 할 수 있으리라 믿는다.

우리는 6·25 남침전쟁과 같은 위기에도 온 마음을 다해 국가를 위해 헌신했던 손원일, 정긍모 제독의 부인들처럼 진정한 애국의 손길을 내미는 국민들이 많다는 것도 상기해야겠다. 포괄적인 안보를 위한 국가안전처는 정성스러운 마음을 가진 국민이 나서야 가능한 일이다.

6

선무당이 사람 잡는
'모병제' 주장

2016/10/14

2016년 9월 5일 국회에서 열린 '모병제 희망모임 제1차 토크 - 가고 싶은 군대 만들기'에서 남경필 경기도지사는 모든 성인 남성에게 병역의무를 부과하는 현행 '징병제'를 월급 받는 직업군인인 '모병제'로 변경할 것을 제안했다.

이날 토론회에서는 2012년 민주통합당 대선경선후보로 출마해 '모병제'를 대선공약으로 제안했던 김두관 의원과 정두언 전 의원, 윤여준 전 환경장관 등 '모병제 희망모임' 소속인사 70여 명 등 총 150여 명이 참석했다.

남 지사는 "2025년 인구 감소로 50만 명 이상의 기존 병력규모를 유지할 수 없기 때문에 개인의 자유의지에 기초한 모병제가 필수적으로 검토돼야 하며, 일반 사병을 30만 명 수준으로 유지하되

9급 공무원 수준으로 월 200만 원을 지급해 제대 후 창업이나 학업에 필요한 자금을 모을 수 있도록 하자"고 주장했다.

모병제 시행 시 우려점

취업난에 시달리는 다수의 청년들과 부모들에게는 귀를 솔깃하게 하는 달콤한 제안으로 들릴 수 있는 의견이다. 수십만 개의 청년 일자리가 생기고 전문화를 통한 정예강군으로 거듭날 수 있기에 병역과 관련된 각종 소모적 논쟁을 종식시켜 사회갈등을 원천적으로 해소할 수 있다고 했다.

그러나 유승민 전 새누리당 원내대표는 한림대 특강에서 또 다른 의견을 제시했다. 유 의원은 "부잣집 아이들은 군대 가는 아이들이 거의 없고 형편이 어려운 집안의 자식들만 군대에 갈 것"이라고 비판하며 "정의롭지 못하다"고 악평했다.

그렇다.

첫째, 모병제가 시행되면 금수저에게는 병역의무를 면제해 주고 흙수저만 박봉을 받으면서 국방을 책임지는 잘못된 국방체계를 만들어낼 것임에 틀림없다. 이것은 병역과 관련하여 야기된 소모적 논쟁을 종식시키는 것이 아니라 일부의 가진 부자들과 박탈감을 느끼는 못 가진 다수의 약자들 사이에서 또 다른 사회적 갈등을 유발시키게 될 것이다.

남북 군사력 비교

한국	구분	북한
63만 명	총 병력	120만 명
49만 5천 명	육군	102만 명
7만 명	해군	6만 명
6만 5천 명	공군	12만 명
310만 명	예비병력	770만 명

[자료 〈2014 국방백서〉]

둘째, 안보 공백에 대한 우려가 대두된다.

북한 안전보위부요원을 포함한 평양의 엘리트들의 연이은 탈북 행렬 등으로 대내외적 위기에 몰린 김정은 정권의 핵위협과 국지도발 가능성이 고조되는 상황에서 '모병제' 논의는 안보의식을 악화시키는 악재로 작용할 가능성이 높다.

게다가 '모병제'를 주장하는 사람들은 화약고 같은 한반도에서 우리와 북한이 아직 전쟁이 끝나지 않은 휴전 중인 전시상태임을 망각하고 있는 것 같다.

표에서와 같이 북한 정규군 규모는 120만 명으로 우리 군의 2배이고 노동적위대 등 예비병력 역시 우리 군의 2배 이상인 770만 명에 달한다.

우리 군은 이러한 병력의 열세를 강한 정신력과 국민적 신뢰로 극복하려는 가운데 북한의 핵위협과 국지도발 가능성이 농후한 현

시점에 30만 명의 모병제가 도입되면 어떻게 감당할 것인가? 병력 규모가 우리 군의 4배나 되는 북한군의 위협에서 국가안보를 어떻게 보장할 수 있을지 매우 의심스럽다. 모병제를 주장하는 사람들에게 대책을 묻고 싶다.

셋째, 국가 재정의 과중한 부담이다.

모병제는 주로 주변국의 위협이 없어 주적(主敵)이 존재하지 않는 일부 유럽국가들이 채택하고 있다. 급여 및 모병에 많은 비용이 소요되지만 반면 효율성 측면에서 훈련비용이 감소하여 작지만 강한 군대를 만들 수 있다.

모병제는 시기상조다

현재 국내총생산(GDP) 대비 국방비를 비교하면 다음 표와 같다.

우리 주변국 중 위협이 될 수 있는 국가는 모두 징병제를 적용하고 있다. 우방인 미국과 일본은 병력규모에 비해 엄청난 국방비를 부담하고 있다. 우리의 경제규모와 북한과 주변국의 잠재적 위협을 고려할 때 모병제가 아직은 시기상조이다.

GDP 대비 국방비부터 4% 수준으로 높이는 것이 급선무다. 국방의 과학화·현대화로 주변국과 대등한 국방 수준을 만드는 것이 중요하다. 모병제는 남북통일이 된 후 주변국의 위협을 고려하여 신중하게 검토할 필요가 있을 것이다.

GDP 대비 국방비 비교

국가(순위)	GDP 대비	국방비	병력	비고
북한(1위)	23.8%	40억$	120만 명	징병
이스라엘(5위)	6.9%	152억$	17만 명	징병
미국(15위)	4.3%	6,004억$	141만 명	모병
러시아(25위)	3.1%	682억$	845만 명	혼합
한국(46위)	2.5%	305억$	63만 명	징병
중국(65위)	2.1%	1,122억$	221만 명	징병
일본(136위)	1.0%	510억$	23만 명	모병

[자료 〈2014 국방백서〉]

2016년 9월 〈리얼미터〉의 여론조사 결과를 보면, 인구와 병력감소에 대비한 군 전문성 제고와 병사의 인권 및 복지 향상을 위해 모병제로 전환해야 한다는 의견이 27%로 나타났다.

반면 남북이 여전히 대치하고 있는 상황을 감안할 때 아직은 시기상조이므로 징병제를 유지해야 한다는 응답이 61.6%로 징병제 유지가 모병제로의 전환보다 2배 이상 높은 결과가 나왔다.

〈리얼미터〉 이택수 대표는 4년 전 설문조사에서도 징병제 유지가 60%, 모병제 도입 찬성은 15.5%였다고 말한다. 이것은 20~30대 남성의 모병제 찬성률이 38.9%로 다른 연령대에 비해 높아, 결국은 병역의무 당사자들이 징병제보다는 모병제 쪽으로 기울어지고 있음을 잘 보여주고 있다.

설문조사 결과를 보면 아직은 건전한 안보관과 국가의식을 갖고 있는 국민이 2배 이상 많다는 데에 안심이 된다. 하지만 포퓰리즘만을 추구하는 잘못된 판단을 하고 있는 몇몇 인사들의 발언에 현혹될까 봐 걱정이 앞선다.

따라서 건전한 판단을 그르치고 일부 세력의 의도에 자신도 모르게 빠져들지 않도록 하기 위해 침묵하고 있는 사회지도층과 애국 시민들은 이제 자신들의 목소리를 높일 때가 되었다.

《손자병법》 지형(地形)편에 '지피지기 승내불태(知彼知己 勝乃不殆), 지천지지 승내가전(知天知地 勝乃可全)'이라는 말이 있다. '적을 알고 나를 알면 승리는 위태롭지 않고, 천시와 지형까지 알 수 있으면 승리는 온전할 것'이라는 뜻이다. 주변국의 위협과 우리의 실태 그리고 한반도의 지정학적 특성을 알면 아직은 모병제가 이르다는 것을 알게 될 것이다. 그러므로 모병제는 아직은 아니다.

한마디로 선무당이 사람 잡는(A little knowledge is a dangerous thing.) 일은 생기지 않도록 전 국민이 정신을 바짝 차리고 있어야 한다.

7

충무공 탄신일을
맞이하여

2016/04/26

진급한다는 것의 의미

매년 4월과 10월은 장성급 진급과 인사보직 발표가 있는 달이다.

2016년 4월 22일에도 국방부는 김운용 육본 정보작전 지원참모
부장과 이종섭(육사 40기) 합동참모본부 신 연합방위추진단장을 소
장에서 중장으로 진급시켜 군단장으로 임명하는 등 중장급 이하에
대한 전반기 장관급 장교 인사를 단행했다.

국방부는 "국가관과 안보관이 투철하고 연합 및 합동작전 수행
능력과 덕망을 고루 갖춘 우수자를 선발하는 데 주안을 두어 능력
과 전문성, 인품 및 차기 활용성을 고려하여 군을 선도해 나갈 인재
를 엄선했다"고 인사 배경에 대해 밝혔다.

필자는 육사 37기이다. 그래서 청와대 위기관리비서관 근무 시절 매년 있는 봄철 장관급 장교 인사 발표 때에 구설수에 오른 적이 있다.

'2013년 4월 20일자 〈조선일보〉 4면에 "박지만 씨 육사 37기 동기들 청와대·국정원·군 요직 올라"라는 타이틀로 "박근혜 대통령 동생 박지만(58) EG회장의 육사 동기(37기)들이 군은 물론 청와대와 국정원 요직에 자리 잡고 있다"는 기사가 실렸다.

그래도 다행인 것은 타이틀은 눈에 띄게 자극적으로 썼지만 내용에 들어가면 비교적 객관적이었다는 점이다.

"보통 육사 1개 기수에서 6~7명이 중장으로 진급하기 때문에 육사 37기들이 특별히 중장 진급 숫자가 많은 것은 아니다. 그러나 군내에서는 다른 동기들까지 감안할 때 중량감이 다르다는 얘기가 나오고 있다. 청와대에서는 국가안보실과 3명의 비서관 중 김희철(소장) 위기관리비서관과 서용석(예비역 준장) 정보통합비서관 등 2명이 37기 출신이다. (중략) 19일 인사에서 인사사령관에 임명된 이재수 중장은 지만 씨의 고교동창이다. 이 중장은 육군에서 인사분야 전문가로 통한다"는 기사가 관심을 끄는 내용이었다.

인터넷이 생활 깊숙이 자리 잡으면서 신문의 구독자가 대폭 줄어들고 영향력 역시 전자신문·SNS에 크게 뒤지는 현실이지만 군의 장성급 진급과 보직에 대한 관심은 여전한 듯하다.

영욕의 인생 속 행복이란

2016년 4·13 총선의 당선 결과는 절묘한 민심을 정확히 반영하였다. 여당은 여당대로 패배를 인식했지만, 야당이라고 절대 자만하지 않도록 3당 구도를 통해 국민의 뜻을 따르라는 엄명이었다.

2013년 4월 당시 재보궐 선거에서 안철수·김무성·이완구 후보가 당선되어 국회에 입성했는데 금년 총선에서 많은 역할을 하였다. 그런데 그 중 한사람은 당 원내대표를 거쳐 총리 후보까지 되었으나 성완종 사건으로 사법처리를 받고 과거의 지병(암)까지 겹쳐 인생의 회환 속에 빠져들고 있다.

이번에 당선된 국회의원 중 3분의 1 정도가 선거법 위반으로 재판에 회부될 위기에 처해 있다고 한다.

인생은 영욕(榮辱)의 반복인가? 시대에 따라 연속적으로 반복되는 영욕의 인생 속에서 행복을 어떻게 찾을 것인가? 별 한 개, 두 개···. 국회의원 초선·재선·3선···. 한 단계씩 올라가면 행복의 강도와 수준도 점점 더 높아지는 것인가? 곰곰이 생각건대 진정 그렇지 않다.

바쁜 일상 속에서도 눈을 감고 가만히 생각에 잠겨볼 필요가 있다. 2007년도 장군 진급이 되었을 때 모 선배가 한 말이 가슴에 울려온다.

"진급의 기쁨은 한 달도 가지 않지만 진급에 따르는 책임감은 양 어깨를 계속 짓눌러온다···." 그럼에도 불구하고 한 단계 더 진급하고 국회의원 차수를 더 늘리고 싶은 것이 인지상정(人之常情)이다.

앨버트 아인슈타인은 다음과 같이 말했다. "Try not to become a man of success, but rather try to become a man of value." (성공한 사람이 되려고 노력하지 말고 가치 있는 사람이 되도록 노력하라.)

어떤 사람은 세계 펜싱 대회에서 금메달리스트가 되었으나 음주운전으로 위기에 처하고, 국회의원에 당선되었으나 뇌물수수로 당선무효가 되어 재판에 회부되기도 했다. 부모가 어린자식을 학대하다 사망에 이르게 하는 등 긍정적인 모습이나 좋은 소식보다는 사건·사고가 훨씬 더 많은 세상이 되고 말았다. 세상이 온통 쓰레기장 같다.

보람, 즐거움, 가치를 찾는 인생

부하와 후배 대대장을 구하기 위해 작전지역을 잘 아는 대대장이 솔선해서 지뢰밭으로 들어갔다 두 다리를 잃으면서도 동료를 구해 나온 이종명(육사 39기) 예비역 대령이 장애인과 군인을 대표해야만 한다. 박봉의 일선 경찰들이 지역 내 불우이웃을 아무도 모르게 도와주는 일도 많다. 연평도 피격사건 때는 많은 청년들이 해병대에 지원하고자 줄을 이었다. 아인슈타인의 말처럼 해외 국적을 포기한 채 자원입대하는 등 가치 있는 사람이 되고자 노력하는 사람들이 여전히 많다는 것에 위안을 삼는다. 따라서 사람이 사람답게 대접 받고 사람다운 모습을 보여주는 사회로 조금씩 변화될 것이라 믿어 의심치 않는다.

이번에 승진한 장군들과 당선한 의원님들에게 간곡히 당부 말씀을 드린다. 집착과 욕심을 버리고 보람의 즐거움을 느끼며 살아가라고 한 우학 스님의 '낙이불착(樂而不着)'과 불경의 '방하착(放下着)'이란 구절을 전하고 싶다.

4월 28일은 충무공 탄신일이다.

북한의 잠수함 탄도미사일 발사실험 성공과 경제위기 등 많은 어려움이 닥쳐오더라도 이순신 장군처럼 "아직도 열두 척의 배가 남았고, 미천한 신하는 아직도 죽지 않았다"는 뜻의 '상유십이척 미신불사(尚有十二隻 微臣不死)'를 가슴에 새기길 바란다. 낙담하여 포기하지 않고 싸워 승리하겠다는 서신을 임금께 올린 뒤에 충성심과 애국심, 불굴의 기개를 갖고 명량해전의 신화를 만들어낸 이순신 장군의 심경처럼 우리 모두도 앞을 향해 힘차게 달려나가길 기대한다.

8

전략커뮤니케이션의 적절한 활용과 '남북관계'의 성과

2015/09/11 · 2015/09/16

전략커뮤니케이션이란 무엇인가?

2015년 9월 4일 한국갤럽이 조사한 박근혜 대통령 지지율은 54.0%로 나타나 세월호 참사 이후 최고치를 보여주고 있다. 비무장지대(DMZ) 목함지뢰 폭발, 연천군 GOP 화력도발에 이어 지난 8·25 남북합의 후 지지율이 급등하자 갤럽 측은 "이번 주 박 대통령 긍정률 추가상승은 중국 전승절(戰勝節) 참석의 영향으로 보인다"고 분석했다.

그러나 대통령 지지율이 상승하고 남북관계에서 주도권을 확보하게 된 근본 원인을 면밀히 분석해 보면, 이번 북한의 DMZ 지뢰 폭발과 화력도발 사건 발생에 있어 정부의 전략커뮤니케이션(Strategic

Communication, SC) 차원의 조치가 적절했던 데서 기인한 것으로 결론지을 수 있다.

SC는 원래 경영, 광고, 홍보 등에서 사용해 온 개념을 9·11테러 이후 미국이 국가안보전략 개념에 도입했다. 즉 국가적 차원의 전략목표 달성에 중점을 두고 특정한 대상에게 영향을 주기 위한 '21세기형 안보전략'이다. 국력의 모든 수단을 오케스트라처럼 조화롭게 통합할 수 있는 활동이라 하겠다.

2010년 초 백악관이 의회에 제출한 보고서에서 SC차원의 조치는 정보제공(Informing), 영향주기(Influencing), 설득하기(Persuading)의 3가지 범주에 속하며, 분명한 전략목표를 지향한 국가차원의 통합이 필수요건이다.

즉 미군은 SC를 작전개념으로 적용하고 있지만 외교, 정보, 군사, 경제를 포함한 총체적 국가역량을 통합해 전략목표 달성을 추구하는 과정으로 범정부 차원의 동시통합(Synchronization)을 특별히 강조했다.

북한 도발 시 SC 차원의 정부 조치가 어떻게 이루어졌는지 사건별로 적용 사례를 분석해 본다.

북한의 DMZ 목함지뢰 도발 시 SC 조치

8월 11일 오전, 청와대 민경욱 대변인은 브리핑을 통해 "지난 8월 4일

수색작전 중 우리 부사관 2명에게 중상을 입힌 DMZ 지뢰도발 사건은 북한군이 군사분계선을 불법으로 침범해 목함지뢰를 의도적으로 매설한 명백한 도발"이라고 비판하면서 "정전협정과 남북한 불가침 합의를 전면으로 위반한 것으로 우리는 북한이 이번 도발에 대해 사죄하고 책임자를 처벌할 것을 엄중히 촉구한다"고 밝혔다.

그러나 TV종편에서는 "혹독한 대가가 고작 대북 확성기 방송 일부 재개냐?"며 좀 더 강한 응징을 요구했다. 이는 분명 고무적인 지적이다. 제2차 연평해전 때는 화포 사용을 억제하라는 정치적 판단에 따른 지시로 선체 밀어내기를 하다가 6명의 피끓는 젊은 용사를 잃었다. 이제는 북한을 확실히 알고서 정신을 똑바로 차려야 할 것이다.

11년 만에 재개된 심리작전 중 하나인 대북 확성기 방송뿐만 아니라 지금부터라도 북을 압도하는 전광판, 대면작전, 대북전단 등 모든 심리작전을 확대 지속적으로 전개할 필요가 있다.

즉 북한군의 전투력 중심인 김정은에 대한 맹종성을 분쇄해야 한다. 대한민국의 도움 없이는 북한 경제가 회복될 수 없으며 개혁과 개방만이 살길이라는 사실을 깨닫게 한다면 북한의 체제 붕괴는 시간문제일 뿐이다.

고도의 심리작전을 구사해 그들이 김정은과 노동당의 꼭두각시로 이용당하고 있다는 사실을 확실하게 깨우쳐 주기만 한다면 반세기를 이어 온 분단의 벽은 소리 없이 스르르 녹아내릴 것이다. 마치 강 위를 덮고 있던 얼음이 봄날에 녹아 스러져 버리듯이 말이다.

이러한 일련의 상황전개를 SC 차원에서 미루어 볼 때 국방부합동 조사단에 의해 'DMZ 철책에서의 폭발사고는 북한군이 은밀하게 매설한 것'이라고 발표한 것은 국민들에게 정확한 정보제공(Informing)을 한 것이다.

북한 GOP 화력도발 시 SC 조치

우리 군은 2015년 8월 20일 오후 3시 35분에 북한군이 경기도 연천군 중면 지역으로 발사한 고사포 1발을 탐지장비로 포착했다. 이어 오후 4시 12분에 다시 3발의 포탄을 발사해 군사분계선(MDL) 이남 지역에 떨어진 것도 파악해냈다. 이것은 SC 조치 중 하나인 정보제공(Informing)으로 볼 수 있다.

박근혜 대통령은 오후 5시쯤 김관진 안보실장으로부터 '북한 화력도발 사건'의 상황을 보고받고 10분 뒤 긴급 국가안전보장회의(NSC)를 소집하라고 지시했다. 오후 6시에는 청와대 위기관리상황실에서 NSC 상임위원회를 직접 주재했다.

북한의 서부전선 화력도발과 관련해 박 대통령은 "북한의 도발에 대해서 단호히 대응하고 우리 군은 만반의 대비태세를 유지하는 동시에 주민의 안전과 보호에도 만전을 기하라"고 지시했다. 이에 따라 우리 군은 이미 도발상응지역에 155mm 자주포탄 수십 발을 대응사격했다.

이와 관련 합참 공보실장 전하규 대령은 북한 화력도발에 의해 우리의 직접적인 피해가 없어 "북한군이 가장 잘 볼 수 있는 위치에 포탄을 퍼부어 우리의 강력한 의지를 보여줬다"고 발표했다. 이는 우리 정부의 1차적인 영향주기(Influencing)로 북한은 즉각적인 2차 반응을 보여주었다.

한편 북한군은 서해 군(軍)통신선을 통해 보낸 총참모부 명의 전통문에서 "대북 심리전 방송은 중대한 도전"이라며 "48시간 이내에 이를 즉각 중단하고 모든 수단을 전면 철회하라"고 요구했다. 덧붙여 "이를 이행하지 않으면 군사적 행동을 개시할 것"이라고 위협했다. 비슷한 시각에 김양건 노동당 비서 명의 서한을 보내 대북 확성기 방송을 선전포고라고 주장했다.

이처럼 북한은 6·25 남침전쟁 이후 총 3,340회 이상의 대남침투와 도발을 자행해 왔다. 북한은 2013년 2월 12일 3차 핵실험을 강행했고 2010년에는 천안함 폭침과 연평도 포격사건을 일으켰다. 더욱이 금년 8월 4일에는 DMZ 추진철책 동문에 목함지뢰를 매설해 우리 부사관 2명에게 중상을 입히는 등 방법과 수단 면에서 다양하고 과감해지는 양상까지 보이고 있다.

이 같은 북한의 도발행위는 이번 연천군 화력도발처럼 한미연합 방위체제하의 대응에 따라 상승작용을 일으켜 또 다른 충돌로 확대돼 전면적 전쟁을 유발할 수 있는 위험성이 내포돼 있다고 본다.

SC 전략의 영향주기와 설득하기

8월 4일의 목함지뢰 폭발사고와 일련의 북한 도발은 아마도 김정은을 추종하는 군부세력의 치밀한 계획에 의해 이루어진 것이라 볼 수 있다. 또한 우리가 대북 확성기 방송재개로 강하게 대응하자 우리의 대국민 혼란과 남남갈등 유도를 위해 연천군 중면에 실제 피해를 입히지 않는 범위의 포격으로 입질을 했던 것이다. 이에 우리 군은 155mm 자주포 사격으로 강하게 대응했다. 우리의 강한 의지를 확인한 북한은 김양건 비서를 통해 "현 사태를 수습하고 관계개선 통로를 열기 위해 노력할 의사가 있다"고 슬쩍 의견을 덧붙여 전해 왔다.

이러한 일련의 사태로 보아 북한은 우리의 대응을 시험했고 우리가 강하게 대응하는 것을 보고 당황한 모습을 보여준 것이라 하겠다. 게다가 북한의 레이더에는 잡히지 않고 각종 포탄과 미사일을 20t 적재할 수 있는 미 공군 스텔스 폭격기 B-2 3대가 미주리 화이트만 기지에서 괌의 앤더슨 기지로 전개했다. 이것은 북한이 지뢰 도발을 한 지 사흘 뒤에 이뤄진 결정이라 더욱 주목되고 있다. 폭격기들은 괌에서 한반도까지 3시간이면 충분히 날아올 수 있다고 한다.

이는 북한에 2차적인 영향주기에 충분했다. 당시 김정은은 2013년 미 스텔스 폭격기 B-2가 한반도 상공을 비행했을 때 놀라 자정을 넘긴 시간에 비상을 걸어 인민군 최고사령부 긴급회의를 소집하였다. 그리고 비밀리에 지하벙커를 옮겨가며 피해 다녔던 것처럼 불안감에 떨었다. 이어서 북한 방송을 통해 전군의 준전시상태 선포 등 군사적 위협을 해온 것은 남북 접촉을 유도하기 위한 미끼였다.

결국 북한은 8월 21일 준전시상태를 선포함과 동시에 김관진 안보실장과의 접촉을 제의했고 대북 확성기 방송을 중단하라고 요구했다. 48시간 시한부 제시안은 북한의 황병서·김양건과 김관진·홍용표의 2+2 고위급 접촉을 8월 22일 시작하는 것으로 해결됐다.

이는 전략커뮤니케이션(SC)을 적용한 정부의 영향주기와 설득하기의 성과라 할 수 있다.

2015년 8월 22일~25일 진행된 남북 2+2 고위급 접촉은 사실상 남과 북 최고지도자가 국가적 차원의 전략목표 달성을 위해 각자의 스타일을 유감없이 드러내며 팽팽하게 맞선 '간접 대결'이었다는 평가가 내려졌다. 두 지도자는 각자의 협상력을 높이기 위해 42년 만에 DMZ지역에 야포사격, 잠수함 70% 기지이탈 및 준전시상태 선포 등 군사력 동원을 통한 긴장고조를 불사하는 '벼랑끝 전술'을 동시에 펼친 끝에 협상 결과를 내놓을 수 있었다.

김정은은 전형적인 '화전양면 전술'을 구사하면서도 결과적으로 남쪽을 대화로 유도했다. 즉 "당시 북한은 포를 쏘고 나서 대화를 제안한 뒤 남쪽이 대응포격을 했음에도 다시 대응하지 않았다"며 "긴장을 고조시켜 놓고 확전을 자제하면서 대화 쪽으로 오라고 한 것"이었다.

SC 적용 성과

남쪽도 호락호락하지는 않았다. 포격사건 당일 박근혜 대통령은 국가안전보장회의(NSC) 상임위를 긴급 소집해 직접 주재하였다. 이튿날인 21일에는 3군사령부를 방문해 "상황 발생 때 선조치, 후보고 하라"며 강경대응을 천명하며 김정은의 협상 판짜기에 특유의 단호한 '원칙론'으로 맞섰다.

즉 북한의 군사적 긴장조치를 한층 높이자 남쪽은 곧바로 북쪽이 두려워하는 미군 전략자산의 한반도 전개를 추진하겠다고 대북 압박을 강화해 협상력을 높였다. 게다가 9월 3일 중국의 전승기념일 행사에 박 대통령을 초청한 중국의 북한 접경지역에 군부대를 이동시키는 등 북에 압력을 가한 것도 주효했다.

일련의 상황을 종합해 보면 한미연합자산을 활용해 북한군의 정확한 이동·배치상태를 식별하여 국민에게 정보제공(Informing)을 하고, 현역 병사들은 제대를 연기하고 예비군들이 군복을 다시 챙기는 등 국민적 지지를 얻고 대북 확성기 재개, 대응포격, 미군전략자산 전개 검토 등 강력한 조치로 영향주기(Influencing)를 하여 전략적 협상력을 높였다. 남북 2+2 고위급 접촉으로 설득하기(Persuading)를 해 북한의 유감 표명을 얻어내고 10월 중순 이산가족 상봉의 기회를 얻어내는 성과가 있었다.

남북이 25일 동시 발표한 고위급 접촉 공동 보도문 2항에는 "북쪽은 남쪽지역에서 발생한 지뢰폭발로 남쪽 군인들이 부상당한 것에 대하여 유감을 표명하였다"고 적혔다. 정부에서는 이를 '사과'라고 못 박았다. 접촉에 참여한 김관진 안보실장은 25일 청와대 브리핑에서 "북한이 지뢰도발에 대해 '사과'하고 재발방지와 긴장완화를 위해 노력하겠다고 말했다"고 전했다.

통일부 관계자도 "북한이 공식적으로 자신들의 소행이 아니라고 이미 말한 것에 대해 유감을 표명한 것은 이번 말고는 없었다"고 밝혔다.

그러나 북쪽 수석대표인 황병서 군 총정치국장은 북으로 돌아가 우리 측이 발표한 공동보도문과는 달리 지뢰폭발은 남쪽의 조작이라는 취지의 발언을 해 논란을 키웠다. 남쪽에서도 보수층에서는 유감을 사과로 받아들여 대북 확성기 방송을 중단한 것은 실책이라는 지적도 나왔다.

하지만 전문가들 사이에서는 상대방이 있는 것이므로 '사과'를 명시하기보다는 '유감'이라는 절충적 표현을 쓸 수밖에 없는 현실을 인정해야 한다는 지적도 있었다. 정세현 전 통일장관은 "정부가 아량을 발휘해 이를 사과로 받아들여 군사적 충돌상황을 피한 것은 잘한 일"이라고 평가했다.

또한 북한이 9월 8일 정권수립 67주년을 맞아 평양인민문화궁전에서 개최한 중앙보고대회에서 최룡해 노동당 비서가 박영식 인민무력부장 자리에 앉은 모습이 포착되어 지뢰도발 등으로 박 무력부장이 문책을 당했다는 가능성을 조심스럽게 점쳐보기도 하였다.

이번 사건으로 볼 때 광복 후 남북관계에 있어 전략커뮤니케이

일련의 도발에 대해 북한이 유감을 표명한 사례

사건 구분	표명 시기	내용
청와대 무장공비 침투 (1968.1.21)	김일성 주석이 방북한 이후락 중앙정보부장에게 구두 메시지(1972.5.4)	"대단히 미안한 사건으로 내부 좌익맹동분자 소행이지 결코 내 의사가 아니었다."
판문점 도끼 만행 (1976.8.18)	북한인민군 총사령관 대독(1976.8.21)	"판문점 공동경비구역에서 이번에 사건이 일어나서 유감입니다. 앞으로 그런 사건이 일어나지 않도록 양쪽이 다 같이 노력해야…"
동해안 북한잠수함 침투 (1996.9.18)	북한 외교부 대변인 성명(1996.12.29)	"깊은 유감표시, 그러한 사건이 다시 일어나지 않도록 노력"
제2차 연평해전 (2002.6.29)	김령성 남북장관급 회담 북쪽단장 전화통지문 (2002.7.25)	"우발적으로 발생한 무력충돌 사건에 대해 유감스럽게 생각한다."
연평도 포격 도발 (2010.11.23)	조선중앙통신 (2010.11.27)	"연평도 포격에서 민간인 사상자가 발생한 것이 사실이라면 지극히 유감스런 일이 아닐 수 없다."

션(SC)을 적용해 대응한 결과로 우리의 의지대로 북측을 따라오게 하는 주도권을 확보한 좋은 사례라고 볼 수 있다.

SC의 제도화 필요

9·11테러 이후 미군이 SC를 작전개념으로 적용하고 있지만 한반도 안보여건과 커뮤니케이션 필수요소를 고려할 때 SC를 대한민국 국가안보와 전략목표 달성에 유리한 환경을 만들기 위한 '정부차원의 통합된 체계와 과정'으로 규정하며, 과정(Process)으로 한정하지 않고 체계(System)를 추가해 국가 조직이 짜임새 있게 움직일 수 있는 제도화가 필요하다.

현실적으로 한반도 안보여건을 고려하여 전시와 평시를 명확히 구분해 전시에만 수행할 것이 아니라 평시에도 추진되도록 정부 부처와 유관기관들이 공조하는 시스템을 구축해야 한다. 또한 대상(Audiences)을 북한으로 한정하지 않고 중국, 일본, 러시아 등 주변국은 물론 미국과 우리 국민에게 미치는 영향까지도 고려할 때 SC의 새로운 정의는 "전·평시 국가의 전략목표 달성에 유리한 환경을 조성하기 위해 국력의 모든 요소와 수단을 활용해 대상의 인식, 신념, 행동의 변화를 유도하기 위한 정부 차원의 통합된 체계와 과정"이라고 축약할 수 있다.

앞의 표에서처럼 2010년 천안함·연평도 사건을 겪으면서 위기관리 차원에서도 SC 적용의 타당성이 입증됐다.

앞으로 군을 포함한 정부 당국자들은 국가적 위기발생시 위기를 기회로 만들기 위해서는 대의명분(大義名分) 있는 SC 개념을 적용할 수 있는 체계(System)를 완벽하게 구축해야 한다.

국가적 차원에서 DIME(외교, 정보, 군사, 경제) 제요소를 활용한 정부 유관기관의 동시통합(Synchronization)이 이루어진 조치를 취한다면 이번 DMZ 목함지뢰 폭발과 GOP 화력도발 사건 후 정부의 신뢰도는 더욱 올라갈 것이다.

9

4월은 국민을 위해 앞장서 일하는 '향토예비군'의 달

2015/04/10

향토예비군의 창설

1968년 1·21사태와 같은 달 23일 동해에서 발생한 미국 푸에블로 호 납북사건을 계기로 그해 2월 7일 경남 하동에서 열린 경전선 개통식에서 박정희 대통령은 향토예비군의 창설의지를 밝힌 뒤 250만 향토예비군의 무장화를 역설했다. 드디어 4월 1일에는 대전 공설운동장에서 대통령이 참석한 가운데 향토예비군 창설식이 거행됐다.

이후 2006년 9월 6일 시행된 '각종 기념일 등에 관한 규정'에 따라 '향토예비군의 날'이 4월 첫째 금요일로 변경됐다.

따라서 이번 4월 3일 금요일에는 국방부와 각 군단 및 사단별로

'향토예비군의 날' 기념식이 열렸다. 청와대에서는 모범 예비군들을 경내 녹지원으로 초청해 격려하는 행사가 개최되어 그동안의 노고를 위로했다.

예비군이 창설된 당해연도 6월 25일, 강원도 고성군 현내에 침투한 무장간첩 소탕 작전에 예비군이 최초로 참가했다. 창설된 지 불과 두 달 만에 실전에 투입된 것이다. 같은 해 7월 29일에는 전남 목포시 허사도에 침투한 무장간첩 소탕작전에 나서 군경과 합동으로 간첩 2명을 사살했다. 조직·장비·훈련 면에서 아직은 미흡한 상태에서 올린 값진 전과였다. 예비군이 왜 필요한지를 온 국민이 다시 한 번 확인하게 됐다.

또한 그해 10월 30일 야간에는 특수훈련을 받은 북한 무장공비들이 강원도 울진·삼척지역 해안 지역으로 침투했다. 무려 120명이었다. 공비들은 침투 후 3일 동안 울진군의 한 산간마을 주민들을 잔인하고 무자비하게 학살했다. 정부는 강원도 정선·영월·삼척 지구에 비상사태를 선포하고 군경과 예비군을 동원해 즉각 소탕작전을 전개했다.

2개월간의 철저한 작전 끝에 아군에게 무장공비 113명이 사살되고 7명은 생포됐다. 소탕작전에서 주목받은 것은 예비군들의 활약상이었다. 무장공비 '107명 사살, 7명 생포'라는 혁혁한 전과는 다름 아닌 '예비군'의 수훈이었다.

김일성은 1960년대에 들어서면서 '전인민의 무장화' 등 4대 군사노선을 채택하고 끊임없는 군사도발과 침투를 일으켰다. 이런 국가적 안보위기 상황에서 우리 향토와 나라를 스스로의 힘으로 지키기 위해 탄생한 것이 바로 '향토예비군'인 것이다.

향토예비군의 활약상

당시 향토예비군의 활약이 없었다면 무장공비 소탕작전은 자칫 장기전의 수렁에 빠질 수도 있었다. 우리 민관군의 피해도 더 커졌을 것이다. 이 사건은 북한의 위협과 예비군의 위용을 동시에 깨닫게 하였다. 또한 전 국민의 안보의식을 다시 한 번 고취시키는 계기가 됐음은 두말할 필요도 없다. 박정희 대통령의 향토예비군 창설에 대한 시의적절한 결심과 추진에 경의를 표한다.

향토예비군의 활약은 계속됐다. 1995년 '부여 지역 무장간첩 소탕 작전', 1996년 '강릉 잠수함 침투 무장간첩 소탕 작전' 등 안보위기 때는 어김없이 큰 역할을 했다. 현재까지 예비군의 전과를 종합해 보면, 총 91회에 걸쳐 작전현장에 투입됐고 연인원으로는 457만여 명이 동원돼 무장간첩 등 173명 사살, 14명 생포라는 혁혁한 전과를 올렸다.

예비군은 비단 군사작전에서만 활약한 것이 아니다. 국가적 재해·재난 현장에서도 예비군의 활약상은 빛났다. 대표적인 예로 2000년 강릉·고성·삼척 지역 대형 산불 현장에 동원돼 진화에 앞장섰고, 2003년 태풍 '매미'가 휩쓸고 간 참담한 현장에서도 피해

복구 작업을 수행했다. 이 밖에도 태풍·폭설·홍수·산불 등 수많은 재해·재난에 맞서 싸웠고 현재까지 42회에 걸쳐 연인원 388만 명이 동원돼 재해예방 및 피해복구에 크게 공헌해 왔다.

우리 역사를 살펴보면, 향토예비군의 전신이라 할 수 있는 여러 제도를 찾아볼 수 있다. 신라의 '화랑도', 고려의 '광군', 조선시대의 '속오군' 등이 대표적이다. 특히 임진왜란을 계기로 창설된 속오군은 향토예비군과 유사한 개념으로 평상시 생업에 종사하던 각 지방의 주민들이 전시 전장에 투입돼 활약하는 제도였다. 속오군은 이후 정유재란에서 왜군의 북진을 저지하는 데 한몫을 담당했다. 이렇듯 우리 민족은 예로부터 조국의 영토와 스스로를 수호하기 위해 많은 노력을 기울여 왔다.

자주국방의 큰 축, 향토방위

올해는 대한민국 향토예비군이 창설된 지 47년이 되는 해다.

향토예비군은 숱한 역경 속에서도 발전을 거듭해 왔다. 현재는 육·해·공군 합쳐서 270만 명이 유지되고 있다. 그 결과 향토방위는 물론 유사시 즉각 동원태세를 구축해 당당히 자주국방의 큰 축으로 자리를 잡았다.

4월이 되면 만우절의 가벼운 웃음보다는 안보위기 때 향토 수호의 주역이었으며 각종 재난 시에는 국민의 생명과 재산 보호를 위해 앞장서 일하면서 싸우는 향토예비군을 기억해야 할 것이다. 현역 장병들 역시 전역 이후 자랑스러운 대한민국의 향토예비군으로서 우리의 든든한 버팀목으로 다시 한 번 활약하길 기대해 본다.

대한민국 향토예비군 파이팅!!

10

—

1·21사태 희생자들의
넋 기려야

2015/01/22

무장공비 청와대 습격 사건

1·21사태는 북한이 박정희 대통령을 시해할 목적으로 31명의 무장공비를 남파해 청와대를 습격하기 직전인 1968년 1월 21일 정체가 노출되면서 도발이 실패로 끝난 사건이다. 31명의 무장공비 중 28명은 사살되고 1명은 생포됐다. 1명은 월북한 것으로 추정된다.

당시 유일하게 생포된 공비 김신조에 따르면 청와대를 목표로 삼은 것은 박정희가 대남공작을 탄압해 1967년도에 남한 내 지하공작망의 3분의 1이 파괴됐는데, 박정희를 살해함으로써 간첩들의 사기를 진작하고 4·19 이후처럼 무질서한 정국을 조성하기 위해서였다고 한다.

무장공비들은 청와대 습격 지령을 받고 1월 16일 황해도 연산을 출발했다. 이들은 1월 17일 밤 11시쯤 한국군 군복을 입고 연천군 장남면의 남방한계선을 은밀하게 통과했다. 당시 이 지역은 미2사단이 경계를 맡고 있었는데 이들은 이곳이 상대적으로 경계가 취약하다고 생각했던 것이다.

이후 얼어붙은 임진강을 건너 서울을 향해 남하하던 무장공비들은 1월 19일 오후 2시쯤 경기도 파주 법원리 삼봉산에서 나무를 하던 민간인 4명의 형제와 만나게 되면서 정체가 드러났다. 이들 형제가 파주경찰서에 이 사실을 신고하면서 무장공비 침투 사실이 알려지게 되었다.

그러나 우리 군은 이때까지 이들의 최종 목표가 청와대 습격이라는 것을 알지 못했다. 이후 군경의 검문검색이 공비들의 이동 속도를 따라잡지 못했다. 이들은 산악지대를 시속 10km라는 빠른 속도로 이동하여 삼봉산에서 숙영한 다음, 20일 앵무봉을 통과한 후 비봉과 승가사로 이어지는 산악길을 타고 남하해 청와대로 접근했다.

그러다 1월 21일 밤 10시쯤 자하문 고개에서 검문 중이던 경찰에게 "우리는 방첩대원이다", "신분증은 볼 필요가 없다"는 등의 위협적인 말로 대꾸하면서 청와대를 향해 계속 나갔다. 이때 서울 종로경찰서장 최규식 총경이 직접 앞으로 나서 "방첩대원들은 내가 얼굴을 다 알고 있어, 니들 누구야?"라고 묻자 공비들은 자신들의 신분이 발각된 것으로 판단해 몸에서 꺼낸 자동소총을 난사하며 수류탄을 투척해 최 총경은 그 자리에서 전사했다. 이후 쌍방 간에 첫 교전이 이뤄지면서 본격적인 대간첩작전이 시작됐다.

공비 28명 사살, 1명 도주

이때까지도 무장공비들은 청와대가 근접해 있기 때문에 습격을 계속 감행하려고 했던 것이다. 그러나 총성과 폭음을 들은 30경비단장 전두환 중령이 총성이 울린 방향으로 박격포와 조명탄을 쏘아 올리고 현장으로 군 병력을 긴급히 출동시키자 공비들은 완전히 노출된 것으로 판단하여 뿔뿔이 흩어져 도주하기 시작했다.

공비들은 현장을 지나가던 버스 안에 수류탄을 던져 승객들에게 큰 부상을 입혔다. 서대문구 홍제동 민가에서는 한 시민이 무장공비들과 격투를 벌이다 총격으로 사망하는 등 이날 밤에만 민간인 5명이 살해됐다.

군경 합동수색대는 공비들 중 김신조를 생포하는 한편 이날 밤 소탕전에서 공비 5명을 사살한 데 이어 경기도 일대에 합동수색작전을 전개해 공비 28명을 사살하였다. 나머지 1명은 북으로 도주한 것으로 간주하여 작전을 종료했다.

국방부 자료에 따르면, 2월 3일까지 15일간 지속된 작전에는 16개 부대 1만 9,186명이 참가했다. 이 과정에서 31명이 전사하고 51명은 부상당했다.

전사자 중 1명인 서울 종로경찰서 최규식 총경이 검문검색에 불응한 공비들을 향해 호통을 치며 체포명령을 하달해 교전이 벌어진 장소는 자하문길로 몇 미터만 더 가면 지금의 청와대 영빈관에 도달할 수 있는 거리였다. 만약 최 총경의 저지선이 뚫려 청와대 피습으로 이어졌다면 국내외적으로 망신이자 박정희 대통령도 위험할 뻔했다.

이틀 뒤인 23일에는 북한이 원산항 앞 공해상에서 미 해군 정보 수집함 푸에블로호를 초계정 4척과 미그기 2대로 위협해 나포하는 사건이 발생했다. 1월 24일 판문점에서 열린 제261차 군사정전회의에서 유엔군 측 수석대표는 푸에블로호 사건과 함께 공비의 서울 침투와 민간인 살상 등 만행을 규탄했다.

그러나 북한은 자신들 소행이 아니라고 부정하다 1970년대 남북대화가 시작되자 김일성은 이 사태가 일부 좌경 극렬분자의 소행이었다고 시인했다.

자하문길 최규식 경무관 동상을 바라보며

한편 이 사건을 계기로 정부는 북한의 비정규전에 대비하기 위해 '향토예비군' 창설을 서두르게 되었다. 현재 청와대의 경비는 최첨단 감시 및 타격 장비와 함께 하늘, 지상, 지하에 이르기까지 3~5중으로 철통같은 대비태세를 유지하고 있어 1·21사태와 같은 일이

현 시스템상 일어나는 것은 불가능하다고 볼 수 있다.

또한 목숨을 걸고 강력히 청와대 침투를 저지한 최규식(경무관으로 추서) 총경, 공비와 격투를 벌인 용감한 시민과 삼봉산에서 공비 출연을 신고한 주민들, 작전 중 순직한 군경들의 희생이 있었기에 우리는 지금 이렇게 생업에 종사하며 미래를 꿈꿀 수 있게 된 것이다. 우리 모두 북악산 등산 때는 자하문길 최규식 경무관 동상 앞에 잠시 멈춰 서서 고인의 명복을 비는 것은 어떨는지.

11
—

청양이 사자를 잡아먹은
역사적인 교훈

2015/01/06

2015년은 을미(乙未)년 청양의 해이다.

역사를 돌이켜보면 청양처럼 약하다고 생각했던 약소국가가 사자와도 같은 큰 나라를 멸망시킨 사례는 아주 많았다.

1·4후퇴, 그 혹독한 겨울

1951년 1월 4일 새벽 2시, 영국 27여단이 한강 부교를 건너자 오전 7시 30분쯤 교량이 폭파됐고 1시간 뒤 중공군이 텅 빈 유령도시 서울에 입성했다. 얼마 후 서울시청 건물에는 인공기가 걸려 서울의 주인이 3번째로 바뀌었다. 그로 인해 120여만 명의 서울시민과 북한에서 남하한 50만 명 등 도합 220만 명의 피란민들이 충청·전라·경상도에 수용됐으나 많은 피란민이 1월의 엄동설한을 피하지 못한 채 노상에서 동사·아사하는 등 비참한 고통을 겪었다.

한편 트루먼의 미 행정부는 유엔군을 한국에서 완전 철수시킬 때를 고려해 100만 명의 일본 이주계획까지 세운 일도 있었다.

그런데 피·아 병력은 42만 명으로 대등했으나 월등한 해·공군력, 근대화된 화기·장비를 갖고 있던 유엔군이 화력·장비와 전투 근무 지원에 제한을 갖고 있던 중공군에 왜 맥없이 패배해 수도 서울을 내줄 수밖에 없었을까? 이해하기 어려운 상황이었으나 잠시 과거로 눈을 돌리면 더 월등한 군사력을 갖고도 패배한 전쟁을 쉽게 찾아볼 수 있다.

월등한 군사력에도 패배한 전쟁

한반도만 봐도 612년경 30만 명의 고구려가 120만 명의 수나라 공격을 '청야입보(淸野入堡, 들을 깨끗이 비우고 성에 들어가 싸운다)', '이 일대로(以逸待勞, 편안함으로써 피로해지기를 기다린다)' 등의 명언처럼 효과적인 전법으로 막아내 수나라 멸망의 결정적 계기를 제공했다.

고대 펠로폰네소스 전쟁(B.C 404년)에서는 1만 명의 스파르타군이 2만 7,000명의 아테네를 패망시켰다. 1664년 여진족 후금의 누루하치가 이끄는 팔기군 18만 명은 사르흐 전투에서 대승을 거둔 뒤 기병과 화포로 무장한 200만 명의 명나라를 정복했다.

또 1979년 10만 명의 월맹군은 항공기 1,000대, 화포 1,500문, 탱크 1,000대와 30만 대군으로 선제공격한 중공군을 격파했다. 같은 해 시작된 아프간 전에서는 신형전차, 헬기와 미사일 등으로 무장한 13만 명의 소련군이 투철한 전투의지와 산악·게릴라전에 능숙한 3만 명의 아프간 군에 의해 10년 뒤인 1988년 철수하는 패배를 겪었다.

국민 안보의식이 중요하다

2014년 남북경제 규모를 비교한 남북한 주요 통계지표에 따르면 국민총소득(GNI)은 1,441조 1,000억 원 대(對) 30조 8,440억 원으로 43배, 1인당 소득은 2,870만 원 대(對) 138만 원으로 21배 수준 남한이 월등히 앞선다. 뒷걸음질치고 있는 북한 경제를 볼 때 남북의 경제격차는 시간이 갈수록 벌어질 것이며, 러시아 국책연구기관인 IMEMO에서는 2020년에 빈국 북한이 부국 남한에 흡수통일될 것이라 전망했다.

그러나 군사력은 수적 우세인 재래 전력과 비대칭력, 대량파괴무기(WMD)를 고려할 때 북한이 아직도 우세하고 국민안보·집단의식 측면에서 북한은 더욱 더 강할 것으로 판단된다.

빈국·약소국이 부국·강대국에 승리한, 즉 "청양이 사자를 잡아

먹다?"라는 역사적인 전쟁사 교훈을 잊은 채 우리의 국민 안보의식이 극명하게 이완되어 있다. 게다가 종북세력은 목소리를 높여가는 데다 군사적 대비마저 소홀히 하다가는 또다시 1·4후퇴의 비극이 재현될 수 있다는 사실을 우리 국민은 잊지 말아야 할 것이다.

12

새 국민교육헌장으로
나아갈 방향 제시해야 할 때

2014/12/02

하얀 눈발이 흩날릴 때 생각나는 사람은? 첫눈 내리는 날, 어릴 적 친구와 소주잔을 기울이다 철없는 강아지처럼 첫눈을 즐기는 삶을 아직도 영위함에 감사하며 외친 말이 "우리는 민족중흥의 역사적 사명을 띠고 이 땅에 태어났다~"였다.

그렇다. 이런 문장이 46년이 지난 지금도 생생히 떠오르는 것은 무엇 때문일까?

드디어 국민교육헌정 선포

1968년 박정희 대통령은 연두기자회견에서 경제개발계획을 밝히면서 이를 효율적으로 추진하기 위해서는 무엇보다 먼저 국민들의 의식개혁이 필요하다고 지적했다. 이에 따라 박 대통령은 당시 권오병 문교장관에게 "국민교육의 장기적이고 건전한 방향의 정립과 시민생활의 건전한 윤리 및 가치관의 확립"을 위해서 각계각층의 의견을 총망라하여 교육장전(教育章典)을 제정할 것을 지시했다.

문교부는 헌장 제정을 위해 26명의 헌정 기초위원과 48명의 심의위원을 위촉하여 3회에 걸친 초안 작성 준비회를 개최하였다. 7월에는 제1차 심의위원회를 마련한 뒤 박종홍, 이인기, 우형진 등이 헌장 초안을 다듬었다. 이후 국무총리가 주관한 소위원회를 4회, 대통령이 직접 주관한 전체 회의를 4회 개최한 후 11월 정기 국회 본회에서 만장일치로 통과됐다.

드디어 1968년 12월 5일, 박정희 대통령은 국민교육헌정을 선포했다. 헌장의 제정 소식을 들은 대만의 총통 장제스(蔣介石)는 "기선을 빼앗겼다"고 부러워하며 김신 주한국대사에게 자료 수집을 당부했으며, 독일의 철학자이자 교육학자인 볼노브도(Bollnow) "독일 청년들의 정신적 교량 역할을 할 수 있는 헌장 제정에 고심하던 차"라면서 찬사를 보내 왔다.

박정희 대통령의 교육철학 집대성

국민교육헌장은 민족의 주체성 확립, 전통과 진보의 조화를 통한 새로운 문화 창조, 개인과 국가의 일체감을 통한 복지국가 확립을 내용으로 해 총 393자로 쓰였다.

첫 문단은 우리 국민이 한민족의 일원으로 태어난 것에 대한 높은 긍지와 그에 따른 투철한 신명의식을 밝혔다. 가운데 문단은 국민교육이 나아가야 할 방향을 구체적으로 제시하고 있으며, 개인·사회·국민 윤리 순으로 국민 개개인이 지키고 실천해야 할 규범과 덕목을 명시했다. 마지막 문단에서는 반공민주주의 정신으로 조국 통일의 실현과 민주주의 발전의 새로운 역사를 창조할 것을 다짐하고 있다.

국민교육헌장은 박 대통령의 교육철학을 집대성한 것이라 할 수 있다. 전체 내용은 민족 주체성에 입각한 국민교육에 초점을 맞춰 자주독립과 창조와 개혁, 협동정신, 애국애족, 통일 등 우리나라 교육의 핵심 요소를 기본이념 속에 강조해 넣었다. 국민교육헌장 선포 이후 정부에서는 범국가적 차원에서 실현을 위한 노력을 전개하게 된다. 따라서 국민교육헌장은 국가와 학교의 각종 행사에서 반드시 봉독하게 됐다.

또한 모든 국정교과서의 첫 장에는 국민교육헌장 전문을 게재했으며, 각 학교에서는 모든 학생에게 무조건 암기할 것을 강요하기도 했다. 국민교육헌장을 선포한 때는 필자가 초등학교 4학년이었으므로 헌장의 전문을 모두 외운 것은 당연지사였다.

새마을운동의 정신적인 토대 마련

국민교육헌장이 선포되고 뒤이어 새마을운동이 전개되면서 국민교육헌장은 새마을교육의 정신적 토대를 제공하게 된다. 국민교육헌장 이념은 곧 새마을정신의 밑바탕이 됐다. 즉 새마을교육은 국민교육헌장의 이념 아래 국민들에게 새마을정신을 함양시킴으로써 국가 발전에 공헌하는 실천적 인간을 육성하는 데 커다란 기여를 하였다.

새마을운동이 경제발전에 중추적인 역할을 했다면 국민교육헌장은 새마을운동이 성공적으로 전개되는 데 있어 정신적인 밑거름이 되었다고 할 수 있다.

선포일인 1973년 3월 30일은 대통령령으로 정부 주관 기념일이 됐다.

35년 만에 폐지, 그리고 흔들리는 교육

국민교육헌장은 이러한 긍정적인 측면에도 불구하고 내용이 반공과 민족중흥이라는 집권세력의 통치이념을 사회적 이상으로 삼고 그 실현을 지표로 삼았다는 이유로 비판을 받았다. 일부 정치인들은 국민교육헌장이 일본의 메이지 시대에 제정한 군국주의적 '교육칙어'와 이념이 매우 유사하다는 이유로 이의 철폐를 요구하기도 했다.

그리고 국민교육헌장은 문민정부가 들어서면서 독재정권을 정당화하는 데 사용됐다는 의식이 확산됨에 따라 1994년부터 기념식 행사를 개최하지 않게 되었다. 이후 군사정권의 권위주의 잔재라는 미명 아래 초·중·고교 교과서에서 삭제되더니 급기야 2003년에는 대통령령 제18143호에 의거해 선포된 지 35년 만에 폐지되고 말았다. 구시대의 잔재로 전락하고 만 것이다.

그러나 많은 선현들이 교육은 '백년지대계(百年之大計)'라 하지 않았는가.

하지만 현재 교육은 중심을 잡지 못하고 몹시 흔들리는 모습이다. 학교교육은 붕괴됐고 가정교육 또한 엉망이 되어 버렸다. 얼마 전에는 학생이 학교에서 체벌을 받은 데 대해 교사를 경찰에 고발하였다. 학생의 부모는 교사의 멱살을 잡는 사건까지 벌어졌다. 오래 전에 학교를 다닌 사람들은 이 같은 일들을 상상조차도 할 수 없을 것이다.

교사들은 땅에 떨어진 교권에 대해 토로하고 학생들은 인권침해를 호소한다. 교육환경이 엄청나게 변했으나 우리의 교육계는 변화에 제대로 대처하지 못한 채 갈팡질팡하고 있다. 더구나 가장 깨끗해야 할 교육계까지 썩었다는 말이 나오고 있으니 개탄스러운 일이다. 이는 국민들이 교육에 대한 확고한 이념이나 지표가 없기 때문이 아니겠는가!

국가의 미래를 위해 국민 교육이 중요함을 깨달아야 한다.

새로운 국민교육헌장이 나와야

비록 국민교육헌장이 권위주의적·국수주의적이라는 비판을 받고는 있지만 우리나라가 중진국으로 진입할 때 국민들의 의식개혁에 나름대로 중요한 역할을 했다는 것에 대해서는 재론의 여지가 없다. 6090세대들 중 필자를 비롯한 많은 사람들은 우둔한 탓에 아직도 국민교육헌장의 어느 부분이 비민주적인 내용인지 잘 알지 못하고 있을 뿐이다.

또한 모름지기 국민교육이란 국민이 행복하고 나라가 부강해지는 것을 기본 조건으로 해야 한다고 굳게 믿고 있다. 따라서 몇 십년 전만 하더라도 세계 최빈국이었던 우리나라가 오늘날 세계경제대국으로 우뚝 서게 된 것은 국민교육헌장이 국민들의 의식개혁에 지대한 영향을 끼쳤기 때문이라고 분명히 말하고 싶다.

항간에 "우리의 교육에는 철학이 없다"는 말이 종종 들린다.

요즘처럼 사회가 혼란스럽고 교육계가 엉망으로 비틀거리는 상황에서는 국민에게 시대상황에 적합한 교육이념이 절실하게 필요한 때이다. 그래서 국민교육헌장에 나온 문구처럼 '인류공영에 이바지'는 못하더라도 적어도 우리 사회의 한 구성원으로서 '자유와 권리에 따르는 책임과 의무'를 다하는 가치관을 갖도록 철저히 교육해야 할 것이다.

세상은 하루가 다르게 급속도로 바뀌어간다.

이제는 정말 국민교육에 대한 시대에 부합된 새로운 국민교육헌장이 나와 우리사회가 걸어가야 할 올바른 방향을 제시해야 할 때가 아닌가 생각된다. 더불어 급변하는 산업화 사회를 정신없이 달려온 세대의 한 사람으로서 단지 "구시대 역사의 잔재로 간주되고 있는 국민교육헌장에 대한 정당한 재평가"가 이뤄지기를 간절히 기대해 본다.

10월 24일은 사과 데이라고?
반드시 기억해야 할 '유엔의 날'

2014/10/22

유엔의 날이자 사과 데이

2014년 10월 24일은 69회 '유엔의 날(국제연합일)'이다.

국제연합일은 세계의 평화와 안전을 목표로 국제연합(UN)이 창설·발족된 1945년 10월 24일을 기념하기 위해 제정된 기념일이다.

이에 대한민국도 한국전쟁에 참전했거나 지원한 67개국의 국제연합군을 기리기 위해 대통령령으로 이날을 국제연합일로 정했다.

이후 우리나라에서 가장 중요한 국가기념일이자 법정공휴일로 1975년까지 지켜졌다. 그렇지만 1976년 북한이 160번째로 국제연합 산하 기구에 공식 가입하자 한국정부는 항의 표시로 법정공휴일을 철폐하고 말았다.

공휴일 지정은 철폐됐지만 국가기념일로 여전히 존속하는 국제연합일은 대한민국에서 위상이 가장 극적으로 변한 국가기념일이다.

또한 이날은 사과 향기가 그윽한 10월에 둘(2)이 서로 사과를 주고받으며 잘못한 일을 사(4)과하자는 데 의미를 부여한 '사과 데이'라고도 한다. 사과 데이는 '학교폭력대책협의회'가 제안해 만든 기념일이다. 오늘날 학교폭력으로 심하면 자살까지 부르는 '왕따와 학교폭력'의 심각성을 깨닫고 대책 마련에 지속적으로 노력해야 한다고 다짐하는 날이기도 하다.

독도의용수비대의 소중한 애국심

다음날인 10월 25일은 '독도의 날'이다. 1900년 10월 25일 독도가 울릉도의 부속 도서로 정해진 것을 기념해 만들어졌다.

예비역 홍순칠 상사는 6·25 남침전쟁 때 입은 부상으로 1952년 7월 명예제대 후 고향 울릉도로 돌아왔다. 당시 예비역 홍순칠 상사는 독도에 대한 일본의 야욕을 그대로 지켜볼 수가 없어 스스로 의병(義兵)이 되기로 결심했다. 그해 8월 자체 의용수비대를 결성하고 그를 중심으로 총 33명의 대원들이 뜻을 같이하게 되었다.

1953년 4월 20일, 마침내 울릉도를 떠난 선발대는 독도에 역사적인 첫발을 내디뎠고 태극기를 게양하며 힘차게 애국가를 제창했다. 독도의 동도 암벽에는 한국령(韓國領)이라는 자랑스러운 글귀까지 새겨 넣었다.

의용수비대는 1956년 12월 30일, 울릉도 경찰에 임무를 인계하기까지 3년 동안 독도 근해에 침범한 일본의 선박들을 총 10여 차례 격퇴했다. 무장한 일본의 순시선이 경고사격을 무시한 채 상륙을 강행할 때도 대원들은 열악한 무기를 가지고도 목숨 건 치열한 교전을 벌이며 독도를 지켜냈다.

정부는 1996년 4월 고 홍순칠 대장에게 보국훈장 삼일장, 나머지 대원들에게는 보국훈장 광복장을 수여해 이들의 소중한 애국심을 기렸다.

요즘도 그악스럽고도 빙충스럽게 반성할 줄 전혀 모르는 일본정부는 지속적으로 독도를 그들의 영토라고 억지 주장을 하고 있다. 또한 위안부 강제동원 사실도 없다며 뻔뻔스럽게 망발을 거듭하고 있는 실정이다.

정치·경제적으로 곤경에 처한 일본이 극우보수주의 심리를 자극하고 난국을 헤쳐나가기 위해 헛발질을 해대는 가운데 이번 '독도의 날'을 맞아 간절한 마음으로 홍순칠 의용수비대의 애국심에 다시 한 번 고개 숙여 감사한 마음을 전한다. 또한 '사과 데이'를 맞아 일본정부의 마음에서 우러나오는 진정한 사과를 기대해 본다.

14

군인공제회는 현역군인
재테크의 '마지막 보루'

2016/10/19

이자로 2억 6,000만 원을 받다!

2016년 10월에도 어김없이 국방부 장군인사 발표가 있었다. 아이러니하게도 세간에는 1억 원도 안 되는 준장 연봉 등 '별들의 연봉'이 화제가 되고 있다.

매년 10월 진급 발표에 가슴을 졸였던 필자도 약 37년간 자랑스럽게 입고 다니던 군복을 벗은 채 2013년 전역했다. 양복 정장을 말끔하게 차려 입고 군인공제회에 입사한 지도 어언 3년이 되어간다.

이번에 전역한 군 간부가 군인공제회 퇴직급여저축 만기를 채운 후 수령한 금액이 약 4억 2,000만 원이라는 것을 전해 들었다. 그는 32년 동안 1억 6,000만 원의 원금을 저축했고 여기에 붙은 이자가

2억 6,000만 원이었다고 한다.

　현재 17만 명의 회원 중 30년 넘게 근무하며 성실히 저축한 148명은 급여저축액이 3억 원을 넘었다고 한다. 그동안 소규모의 중소기업을 운영하여 약 290%의 원리금을 회수한 실적을 올린 셈이다.

　이들은 군 복무에 전념하면서 가장 훌륭한 재테크를 한 분들이다. 회원 퇴직급여저축금은 전역 후 주택 마련이나 자녀 결혼 등 기타 비용으로 유용하게 쓰일 것이다.

　1980년대 말과 IMF 시절의 일이다. 당시 주변에서는 "군인공제회가 큰 손실로 망할 것이다"라는 뜬소문이 돌았다. 이에 현혹된 일부 회원들과 아파트 구입비 등 급전이 필요한 분들이 해약하는 사례가 속출했다. 공제회를 통해 가장 낮은 금리로 대부를 받을 수 있다는 것을 전혀 몰랐던 것이다. 필자도 여기에 포함돼 땅을 치며 아쉬워했다.

고수익 창출과 회원 복지를 위해 혼신을 다하는 군인공제회

1984년 2월 1일, 6만 2,000명의 회원과 233억 원의 자산으로 창립된 군인공제회는 32년이 지난 현재 17만 명의 회원과 9조 6,000억 원의 자산으로 불어나 412배 증가하였다. 그동안 금융위기와 글로벌 경기침체 때를 제외하고는 27회의 흑자를 기록했다. 현재도 924억 원의 자본잉여금(지급준비율 101.3%)을 보유하고 있다. 또한 각 신용평가사의 기업신용등급(e-1, A1)도 최상 수준을 유지하고 있다.

금융투자사업부서는 회계사 등 대부분 민간 전문가로 편성되어 있다. 군 출신은 9.3%에 불과한데다 주로 지원 부서에 근무한다. 최근 매스컴에 소개된 바와 같이 동양매직 매각 수익으로 160억 원, 주식과 채권운용은 재계 1위의 성적을 올리는 등 전문가들이 맹활약하고 있다.

특히 리스크관리실과 법무실에서 전문적으로 투자리스크를 점검·관리하고 있는 덕택에 요즈음은 다른 금융회사들이 군인공제회가 투자하는 것을 보고 따라하는 실정이다. 그만큼 전문화되고 성공률도 높다는 얘기이다. 또한 2008년 이후 부동산 시장의 급격한 침체, 잘못된 투자와 금융위기 때 쌓여 있던 대손충당금 중에 6,500억 원을 최근에 유동화하는 데도 성공했다.

군인공제회는 이자율도 공제회 중에서 가장 먼저 3.26%로 현실화하여 리스크를 감소시켰다. 시간외 수당과 연차휴가 수당도 조정하며 콜센터와 상담직도 외부 용역화(아웃소싱)했다. 주차관리 차량 운용체계도 완전 자동화해 운용비용을 최소화하는 등 수익 확대를 위한 자구 노력을 하고 있다.

본회와 6개 산하 사업체 임직원들은 전후방 각지에서 고생하며 모은 회원들의 땀에 젖어 있는 저축한 돈을 1원이라도 아끼며 고수익 창출과 회원 복지를 위해 혼신의 힘을 다하고 있다.

이제 멀지 않았다. 필자가 군인공제회 입사 당시 8조 6,000억 원의 자산이 곧 10조 원을 훌쩍 뛰어 넘어 더욱 성장할 것이라 확신하는 바이다. 국가를 위해 평생 성실하게 복무한 군인 회원들의 훌륭한 재테크 수단의 마지막 보루로 군인공제회는 계속 전진할 것이다.

15

안보에는
여·야가 없다

2016/08/30

2016년 8월 24일, 동해상에서 북한은 잠수함탄도미사일(SLBM) 발사에 성공했다. 이번에 발사한 SLBM은 고각으로 500km를 날아가 일본의 방공식별구역 내의 동해상에 떨어졌다. 고각이 아닌 정상 발사 시 추정 사거리는 2,500km에 달한다고 분석되었다.

지난 6월 발사한 사거리 3,500km의 무수단 미사일을 포함하면 한반도뿐만 아니라 미국까지도 선제타격할 수 있다. 지난 17일에도 핵무기 원료로 쓰이는 플루토늄 생산을 시작했다고 밝힌 것을 미루어 볼 때 우리에게 실제적 안보위협이 가중되고 있는 실정이다.

이런 위협에 대비하여 '유엔안전보장이사회 대북제재결의안 2270호'가 유엔에서 통과되어 핵실험 자금줄인 북한 석탄과 철광석 수출은 차단하고, 북한은행의 해외지점을 사실상 폐쇄하여 김정은의 통치자금 조달을 원천봉쇄하는 초강력 대북제재 조치를 취하고 있다.

그러나 이런 국제사회 압박에도 불구하고 북한은 "미국이 대(對)조선 적대정책을 중단하지 않으면 핵실험을 중단하지 않을 것"이라고 공언하며 핵보유국으로서의 야욕을 감추지 않고 있다.

최근에는 북한이 장거리 미사일에 장착할 소형 핵탄두 개발이 멀지 않았다는 국내외의 전망까지 나오고 있다. 북핵문제 해결을 위해 제재 방안 외에 안보 관점에서 외교적·국제적 공조와 좀 더 실효적인 대응방안을 모색해야 할 시점이다.

도망치기보다 당당한 대응이 필요한 사드 배치

2016년 8월 27일 더민주당 대표로 당선된 추미애 의원은 기자들과 만나 "사드 배치 반대를 당론으로 하겠다"며 "한반도에서 중국과 미국이 충돌하게 해서는 안 된다"고 강조했다. 이것은 가정용 전자레인지의 전자파와 비슷한 규모의 비교적 무해한 사드 전자파에 지레 겁먹어 국가의 전략적 정책을 무력화시키는 실수를 범하는 것이라고 생각한다.

게다가 야당 신임대표의 우려처럼 중국은 주한미군 사드 배치에 대해 유감 표명을 넘어 거의 협박성 발언을 쏟아내고 있다. 심지어 외교부 고위 당국자가 "본말이 전도됐다"고 하자 인과관계를 반대로 해석한 나머지 오히려 이를 "적반하장"이라고 윽박지르고 있다. 얼른 납작 엎드려 대국의 요구를 받아들이라는 것은 덩치 큰 졸부가 갑질을 하는 모습과도 흡사한 것이다. 우리는 이런 중국의 겁박에 주눅 들지 않고 주권국가로서 품위를 지닌 채 당당하게 대응해야 한다.

베트남에서 배우는 소국이 대국 다루는 방법

중국을 대하는 베트남의 태도는 우리에게 시사하는 바가 크다. 베트남은 미국과의 월남전쟁 당시 중국으로부터 많은 도움을 받았고 지금도 많은 교역을 하고 있다. 그럼에도 불구하고 베트남은 중국이 자국의 국익을 침해하면 군관민이 혼연일체가 되어 확실하게 대항한다.

1978년 12월, 베트남이 캄보디아를 침공해 친중국 성향의 폴포트 정권을 무너뜨렸다. 이에 중국은 1979년 초, 10만 명의 병력을 투입해 베트남을 침공했고 전세가 불리해지자 10만 명을 추가 투입했다. 그러나 중국은 졸전 끝에 2만 명에 이르는 막대한 사상자를 내고 베트남에서 철수했다. 결과적으로 소국이 대국을 이긴 것이다.

그 후 1988년 3월에도 남중국해 스프레틀리제도의 6개 섬을 점령하려던 중국과의 해전에서 베트남은 군함 3척 침몰과 70여 명이 사망했지만 주권을 지키기 위해 교전을 포기하지 않았다. 2011년 5월, 중국 순시선 3척이 베트남 중남부 나짱 동쪽 120km 해상에서 베트남석유 가스탐사선의 해저 케이블선을 끊자 하노이 시내에서는 극렬하게 반중시위가 벌어졌다. 베트남 총리는 32년 만에 징병 관련 법안에 서명하면서 "중국이 파라셀제도를 점령하면 육로로 중국을 공격하겠다"고 공언했다.

결국 2014년 5월에는 중국이 파라셀제도 인근에 10억 달러짜리 석유시추 장비를 설치하자 영유권을 주장하는 베트남이 초계함을 현장에 보내 철수를 요구하면서 30여 척의 어선을 동원해 중국 작업을 방해했다.

10일 동안 지속된 충돌에서 경비대원 9명이 부상하고 선박 8척이 파손되자 베트남에서는 중국인에 대한 폭력사태가 발생하여 사망자가 속출하고 중국인 소유의 수십 개 공장이 잿더미로 변했다.

많은 중국인과 화교들이 베트남을 탈출하는 사태로 비화하자 중국은 그해 7월 16일, "파라셀제도 인근에 설치했던 석유시추 설비의 임무가 완료돼 철수한다"고 발표하면서 꼬리를 내렸다.

이 사건들을 설명하면서 성신여대 김열수(국방부 정책자문위원) 교수는 다음과 같이 설명하였다.

"이 정도 역사적 관계라면 서로 쳐다볼 것 같지도 않은데 현실은 그렇지 않다. 2015년 4월에는 응우옌푸쫑 베트남 공산당 서기장이 중국을 방문해 시진핑 주석과 회담했고, 11월에는 중국의 시 주석이 답방 형식으로 베트남을 방문했다. 올해 베트남은 아세안 국가

중 중국과 가장 많은 교역을 할 것으로 기대하고 있다."

베트남의 경제력과 군사력은 중국은 물론 한국에 비해서도 크게 떨어진다. 그럼에도 베트남은 주권국가로서 기가 죽거나 주눅이 들지 않고 당당하게 대국을 대했다. 이런 연유로 중국은 베트남을 가벼이 보지 않는다. 작은 손실에 연연하면 큰 것을 잃게 마련이다.

김 교수는 베트남이 우리에게 어떻게 친구를 심부름꾼처럼 부리며 따돌리는 '빵 셔틀'의 족쇄에서 벗어날 수 있는지 교훈을 주고 있다며 이와 같이 강조했다.

안보(安保)에는 여·야가 없다

이런 본보기를 실천해 볼 기회가 때마침 찾아왔다. 2016년 9월 7일부터는 '제5회 서울안보대회(SDD)'가 열렸다. 세계 각국의 차관급 국방관료와 저명한 민간 안보전문가들이 한반도와 세계가 직면한 안보문제를 심도 있게 다루는 다자(多者) 안보회의였다.

회의는 북한 비핵화를 위한 국가 간 협력방안을 구체적으로 모색하기 위해 미국·중국·일본 등 38개 국가와 유럽연합(EU), 북대서양조약기구(NATO), 유엔(UN) 등 5개 국제기구 관계자들도 참석했다.

'유지경성(有志竟成)'이라고 했다. 뜻을 갖고 있으면 마침내 이루어진다는 뜻이다. 이번 기회에 전(全) 군관민이 일치된 고육지책(苦

肉之策)으로 중국을 몰아 낸 베트남을 교훈으로 삼아야겠다. 즉 계속 사드 배치를 반대하면서 국정을 간섭할 뿐 아니라 덩치 큰 졸부가 붉은 완장을 차고 갑질을 해대는 중국의 작태를 극복해야 마땅하다. 반면 북한의 비핵화와 도발 방지에 중국이 주된 역할을 할 수 있도록 변화시켜야 한다.

또한 세계 안보전문가들이 북한 비핵화를 위해서 한 목소리를 내는 것도 매우 중요하다. 그러기 위해서는 우리 국민과 여야를 불문하고 안보정책만큼은 분열되어서는 안 된다. 최근 야당대표의 '사드 배치 반대' 발언은 반드시 재검토할 필요가 있다.

우리는 역사 속에서 국론분열로 발생한 전쟁을 통해 이미 많은 학습을 해왔다. 북한이 핵을 보유하고 미사일 발사실험을 계속하는 한 이의 대비를 위해 우리는 사드 배치가 꼭 필요하다. 더 나아가 한반도 비핵화를 위해 우리 국민과 정부는 다시 한 번 국론을 모아 국제적 공조를 이끌어내야 한다. '상하동욕자승(上下同欲者勝, 윗사람과 아랫사람의 원하는 바가 같으면 승리한다)'이라고 했다.

안보에는 여·야가 따로 없다.

4장

겨울 속에 갇혀 있는
청와대

내가 아니면 이런 막중한 임무를 누가 할 수 있겠는가? 하는
마음가짐으로 그 누구도 알아주거나 칭찬하지 않더라도
개인생활을 포기한 채 묵묵히 할 일을 하는
그들이 있었기에 우리 국민은 행복한 삶을 누릴 수 있는 것이다.

1

'왕의 남자'가
가져야 할 자세

2015/12/30

2015년 12월 21일, 청와대는 대통령 당선인 비서실장을 지냈던 유
일호 국회의원을 경제부총리 겸 기획재정부 장관직으로 내정 발표
했다.

꼭 3년 전이다. 박근혜 대통령 당선자는 비서실장과 대변인을
2012년 12월 24일, 당선 5일 만에 발표했다. 고(故) 유치송 전 민한
당 총재의 외아들로 18대에 이어 19대에서는 야권의 중량급 인사
인 민주당의 천정배 후보를 누르고 재선에 선공한 유일호 의원이
당선인 비서실장에, 특히 대선 기간 중 TV종편에서 국민들에게 시
원한 독설을 쏟아냈지만 야당에서는 눈엣가시였던 윤창중 논설위
원이 당선인 대변인으로 선발되었다.

이 둘은 6개월 뒤부터 극과 극의 길을 걷게 된다. 한 사람은 국

회의원으로 복귀하여 새누리당의 대표적인 '경제통'으로 조세·재정 전문가로 인정받았다. 금년 2월에는 국토교통장관에 내정되어 8개월 동안 장관직을 수행하다 국회로 돌아온 지 한 달 반여 만에 다시 경제부총리로 내정되었다.

또 한 사람은 2012년 5월, 박 대통령의 미국 방문 때 성추행 스캔들로 공직에서 물러나 야인으로 자숙하는 모습으로 추락하고 말았다.

말보다 행동이 앞서게 하라

'언과기실(言過其實, 말이 실제보다 지나치다)'이란 사자성어에서 보듯이 역사는 반복된다.

《삼국지》에 보면, 항상 말이 앞섰던 마속을 경계하라던 유비의 언과기실을 듣고도 제갈량은 마속을 전장터로 내보내며 경거망동하지 말라고 당부했다. 하지만 마속은 제갈량의 작전 의도를 무시하고 과욕을 불러 전투에서 패하고 말았다. 제갈량은 총애하던 마속을 처단했다. '울며 마속을 벤다'라는 읍참마속(泣斬馬謖)의 사자성어는 여기서 유래되었다.

뛰어난 웅변과 달변은 듣는 사람으로 하여금 쉽게 감동되어 많은 역사적 사건을 만들어냈다. 그러나 마속과 같이 말만 그럴싸하게 해놓고 실행이 부족할 때에는 커다란 부작용을 낳게 된다. 차라리 말을 적게 하고도 착실하게 실천하는 사람이 정직하며 성실하게 최선을 다하는 사람으로 평가받게 된다.

이번 기획재정부 장관 내정자가 된 유일호 의원이 당선인 비서실장 재직 시 정권을 인계하는 MB정부의 청와대 식구들에게 겸손하면서도 적극적인 협조를 구하며 말을 아끼던 모습이 떠오른다.

청와대 공직자의 수도승 같은 처신

현 정부에서는 허태열·김기춘·이병기 대통령 비서실장이 조선시대의 도승지로서 '왕의 남자'가 되었다. 제2공화국 윤보선 대통령 때 최초 설치되었던 비서실장으로 이재항 씨가 임명된 이후 7명의 역대 대통령에게는 31명의 비서실장이 근무했다.

그 중 김정렴 비서실장은 박정희 전 대통령 집권 절반에 달하는 9년 3개월 동안을 보좌하며 경제를 챙긴 최장수 근속자였다. 그는 목소리가 크지는 않았지만 청와대 기강이 엄격했고, 대통령을 모시는 데 한 치의 착오도 없었으며 전문성도 뛰어났다는 평을 듣고 있다. 많은 전문가는 그를 최고의 대통령 비서실장으로 꼽았다.

또한 김영삼 정부의 박관용 비서실장은 정치적인 책사로서 역할을 잘 수행했다. 직언도 서슴지 않아 초창기 하나회 척결, 금융실명제 등을 깔끔하게 마무리하였고 김현철 씨도 견제할 수 있는 말을 할 수 있는 유일한 비서실장이었다고 한다.

결론적으로 청와대에서 일하는 공직자는 수도승과 같은 마음으로 언행을 조심하며 현 위치에서 올인(All in)해야 한다. 필요할 때에는 대통령 아들도 처벌을 건의하는 단호함을 보여야 한다. 이는 국가에 헌신하는 최고 위치에 있는 청와대 공직자의 당연한 자세이다.

현재와 미래의 청와대 비서관·행정관들이나 공직자들은 언과기실과 읍참마속이란 고사성어를 명심하여 생각한 뒤 말하고 행동하기를 기대한다. 실제로 이처럼 실천하고 있는 많은 분들에게 격려의 박수를 보낸다.

2

대통령 당선
3주년의 화두

2015/12/17

당선과 낙선

2012년 12월 19일 오후 6시, 방송 3사의 제18대 대통령선거 출구 조사가 발표되었다. 박근혜 50.1%, 문재인 48.9%로 예상되었고, 개표가 완료된 결과는 75.8%의 투표율에 51.6% 대 48%로 박근혜 후보자가 대통령으로 당선 확정되었다.

박근혜 당선인은 "이번 선거는 국민 여러분의 승리이며, 위기를 극복하고 경제를 살리려는 열망이 가져온 국민 마음의 승리이다", "국민께 드린 약속을 반드시 실천하는 대통령이 되겠다", "새로운 시대를 여러분께서 열 수 있도록 해준 것, 보내주신 신뢰와 그 뜻을 깊이 마음에 새기면서 우리 국민 여러분 모두가 꿈을 이룰 수 있는 또 작은 행복이라도 느끼며 살아갈 수 있는 국민행복시대를 제가 반드시 열겠다"며 당선 소감을 피력했다.

문재인 후보는 "최선을 다했지만 역부족이었다", "정권교체와 새 정치를 바라는 국민의 열망을 이루지 못했고 국민과의 약속을 지키지 못하게 됐다. 모든 것은 다 저의 부족함 때문", "박근혜 당선인에게 축하의 인사를 드리며 국민통합과 상생의 정치를 펴줄 것을 기대한다"며 낙선사례를 발표했다.

'모사재인 성사재천(謀事在人 成事在天)'이라는 명언이 있다. "일을 꾸미는 것은 사람이나 그것이 이루어지느냐는 하늘에 달려 있다"는 뜻이다.

《삼국지》에 등장하는 제갈량은 사마의를 제거하기 위해 계곡으로 유인했다. 물론 계곡에다 엄청난 양의 폭탄을 설치해 놓고서는 사마의 군대가 포위되는 순간 폭발시킬 예정이었다.

드디어 제갈량 계략이 성공하여 사마의 일행은 포위되었고, 그들은 죽음을 눈앞에 두게 되었다. 그런데 그 순간 갑자기 하늘에서 폭우가 쏟아져 촉군의 포탄 세례도 멈추었고 설치한 화공포탄도 터지지 않았다.

이 모습을 본 제갈량이 하늘을 바라보며 "일은 사람이 꾸미나 그 성공 여부는 하늘에 달려 있으니 어찌하겠는가"라며 유비의 유훈(遺訓)을 지키지 못한 것을 탄식했다.

즐기되 집착을 갖지 마십시오!

당시 박근혜 당선자는 7가지 신기록을 수립했다.

첫째, 첫 여성 대통령

둘째, 첫 부·녀 대통령(박정희, 박근혜)

셋째, 최다 득표 : 1,577만 926표(108만 935표차)

넷째, 첫 과반득표(51.6%)

다섯째, 독신 대통령

여섯째, 공대 출신 대통령

일곱째, 전라도에서 10% 득표

또한 당시 대선에서는 흑색선전만은 없어지지 않고 흔적을 남겼으나 돈과 관권선거는 사라져 선진화 정치에 한걸음 나아가는 계기가 되었다.

그런데 3년이 지난 오늘의 모습은 '혹시'가 '역시'로 변하고 말았다. '비정상의 정상화'라는 구호는 정권 초기 국민들에게 많은 기대를 주었으나, 현재는 '적자생존', '잘 받아 적는 자만이 살아남는다'는 우스갯소리가 나올 정도의 불통 이미지가 각인되었고, 얼마나 정상화되었는지 의심을 받고 있다.

게다가 패자의 멋을 보이며 대인의 면모를 보였던 문재인 후보는 야당을 쪼개는 역할의 주역이 되면서 자리에 연연하는 모습을 보이고 있다.

'방하착(放下着)'이다. 모두 내려 놓으면 모두가 내 손아귀에 있는 법인데, 주먹을 쥐면 손바닥 안에는 아무것도 없으나 손바닥을 펴면 이 세상 모든 공기와 하늘이 그 안에 있다는 간단한 진리를 망각하고 있다.

이에 입에는 쓰겠지만 조언을 드리고 싶다.

'낙이불착(樂而不着)'이라 했다. 즐기되 집착하지 마십시오!

정권 인계하는 그날까지!

조선시대 3명의 임금님 밑에서 영의정을 지낸 한명회가 죽음을 앞두고 병석에 누워 있을 때 찾아온 성종에게 이렇게 조언했다.

'시근종태는 인지상정이니 신종여시(始勤終怠 人之常情 愼終如始)하소서!'

"시작할 때는 근면하고 끝날 무렵에는 태만해지는 것이 사람의 일상적 마음이므로 끝까지 신중하기를 처음과 같이 하시오"라며 임금이자 사위인 성종에게 유언으로 남겼다.

대통령 선거일인 12월 19일은 이명박 대통령에게 특별한 의미가 있다. 바로 대통령 당선일이자 결혼기념일인 동시에 생일인 것이다. 그때 그 날은 당선이 유력해 3데이 기념과 더불어 축제 분위기였다.

그러나 필자는 MB정권 말기 청와대 비서관으로 있으면서 일을 하고 싶어도 추진력이 없어지는 현상을 보았다. 어쩌면 당연한 일

인지도 모른다.

현 정권의 목민관과 정치인들에게 선경험자로서 조언을 하고 싶다. 작금의 사태처럼 갈팡질팡, 우왕좌왕, 지리멸렬한 모습을 보이지 말고 정권을 인계하는 날까지 2012년 12월 19일 대통령 당선자 확정 발표 시의 의지구현과 선거공약들을 지키기 위해 변함없이 지속적으로 실천해야 한다.

박근혜 대통령 당선 3년차가 다 지나간다. 그러나 정상화해야 할 비정상들이 아직도 즐비하다. 아직 늦지 않았다. 마지막까지 비정상을 정상화해 국민행복시대를 반드시 열기를 기대해 본다.

3

모든 위기는
가장 가까운 곳에서 시작된다

2014/12/16

십상시 국정개입 논란

한동안 언론에서는 시도 때도 없이 십상시(十常侍)의 국정개입 논란
이 뜨거운 감자였다.

더불어 '정윤회 문건' 유출 문제 때문에 서울 경찰청 정보 1분실
최모 경위가 13일 자신의 고향집 부근 도로변에 세워진 차량에서
숨진 채 발견됐다. 차안에는 번개탄이 피워져 있었고 손목에는 자
해흔적이 있었으며 자필유서도 발견됐다. 유서에는 "범인으로 몰려
억울하다"며 "사실 확인도 없이 보도한 모 언론사가 원망스럽다"는
내용이었다고 전해진다.

한편 정씨의 국정개입 의혹을 다룬 문건은 사실이 아니라는 검

찰의 발표가 있었으며, 이것을 〈세계일보〉에 유출한 사람도 최 경위가 아니라는 보도도 있었다. 억울한 일이지만 모두 책임회피에 전전긍긍하고 있는 모습이다. 또한 서울중앙지검에서는 "매우 안타깝고 유감으로 생각한다"며 "고인의 명복을 빌며 수사과정에서 어떤 강압이나 위법한 일은 없었다"고 변명했다.

십상시(十常侍)는 중국 한나라 영제를 모시던 측근 환관 10명을 가리킨다. 그들 중 장양과 조충은 황제를 완전히 장악했고, 심지어 영제는 "장양은 내 아버지요, 조충은 내 어머니이다"라고 말할 정도였으니 알 만하다.

그러나 내가 청와대 근무할 시절에는 전혀 조짐이 감지되지 않았다. 사실, 청와대 위기관리센터는 정치를 제외한 외교, 경제, 사회, 문화 등과 테러와 재난, 국방에 이르기까지 포괄적 안보개념에 속하는 모든 일을 망라했다.

청와대 비서관 중 대통령을 자주 접하는 비서관 중 하나가 위기관리비서관이다. 토요일, 일요일 등 모든 휴무일에도 어김없이 매일 새벽에 문서로 보고하고 대통령도 하루 중 가장 먼저 접하는 보고서이다. 때문에 모든 첩보 및 정보기관의 보고서를 모두 망라해 검토하고 대통령이 관심 가져야 할 상황을 발췌해 정리해야 한다. 지금 생각하면 정치 분야를 제외한 것은 항간의 오해에 휩쓸리지 않고 국가안보상황에 전념할 수 있어 참으로 다행스런 일이기도 했다.

등잔 밑이 어둡다

우리나라도 2011년 9월 15일 대규모 정전사태가 있었다. 그때 휴대전화나 인터넷은 온통 먹통, 지하철도 멈춰 섰고, 신호등도 꺼져 차도 못 다니고, 거리를 걸어도 문을 연 은행이나 상점도 없는 밤이 되면 완전 암흑이라 겁이 날 정도였다.

2012년 12월 이맘때 즈음, 오후 6시경 갑자기 이명박 대통령이 위기관리센터를 찾았다. 필자는 당시의 전력 상황을 보고하며 예비전력이 안정유지 수준인 400만 KW 이하로 떨어지지 않도록 자율절전 등 에너지수요관리 대책을 통해 블랙아웃사태를 방지하고 있음을 설명해 안심시켜드렸지만, 이 대통령은 굳은 표정을 풀지 않고 국민에게 불편을 끼쳤던 1년 전 9·15 대규모 정전사건 기억에 우려와 걱정을 놓지 않았다.

9·15 대규모 정전사태는 그해 추석 연휴기간 중 예비전력 수요판단을 잘못해 연휴 후 자율절전 지시 등 에너지 수요관리를 사전에 못했기 때문에 발생한 인재(人災)였다.

지금이라도 늦지 않다. 동계 전력대란을 대비한 사전조치에 청와대와 국민안전처는 관심을 집중할 때이다. 뿐만 아니라 모든 위기는 가장 가까운 곳에서 시작된다. 등하불명(燈下不明)을 명심하고 근본에 충실해야 한다.

4

전광석화처럼 이뤄진
국가안전보장회의

2015/01/01

"세월이 쏜살같다"

2011년 12월 17일 세계 제일의 독재자이자 북한 주민 300만 명을 굶겨 죽인 '고난의 행군'을 주도했던 김정일이 죽었다. 1994년 김일성이 죽었을 때 김정일에 의한 암살설이 행간에 떠돌았었다. 김정일의 죽음도 의심이 많이 간다.

김정일이 죽고 30세도 안 된 김정은이 새로운 독재자로 등극하자 북한 정치체제의 속성상 강성대국 진입과 김정은 체제 공식 출범을 대내외적으로 정당화시키는 최상의 이벤트가 필요했다. 이벤트의 첫 시도였던 2012년 4월 13일 북한의 미사일 은하 3호 로켓은 발사된 지 2분 만에 1단 로켓분리가 안 되고 공중 폭발하여 북한 스스로 대내외에 실패를 자인했다. 이러한 상황에서 김정은은 응당 2012년이 지나가기 전에 성공적인 재발사를 어떻게 해서든 이뤄야 하는 절박함에 조급해 하고 있었다.

더욱이 2011년 북미 접촉을 통해 도출된 2·29합의가 '탄도미사일 기술을 이용한 어떤 종류의 발사도 금지한다'는 유엔결의안 1874호의 표현을 빼고 '장거리 미사일 발사 중단'이라는 표현으로 북한이 공개한 것은 북미 간의 물밑 조율을 감지하게 했다. 예상대로 북한은 2·29합의에도 불구하고 4월 로켓발사를 강행했고 미국은 2·29합의 폐기가 아닌 '중단(suspend)'으로 표현했다.

드디어 2012년 12월 12일 오전 9시 51분 20초 서해에서 감시 활동을 하던 세종대왕 이지스함 내 스크린에 고도 13km 상공을 비행하던 미사일이 최초 발견되었고, 53분경에는 백령도 상공 137km고도로 비행한 후에 1단 추진체를 변산반도 서쪽에 낙하시켰다. 58분에는 오키나와 서측 상공을 날아 필리핀 동측 바다에 2단 추진체가 낙하되고, 북한은 자체 개발한 인공위성이 궤도에 성공적으로 진입했다고 발표했다.

북한 미사일 발사에 따른 발빠른 대응 조치

겨울철 전력정전대란인 블랙아웃(Black Out) 사태를 대비하여 분주하게 돌아가던 청와대 위기관리센터는 북한 미사일 발사에 따른 대응 조치로 전환되면서 더욱 바빠졌다. 무엇보다도 정보분석비서관 서용석 장군의 발걸음과 전화소리가 빨라지고 높아진 것이다. 상황실 내에 설치된 Video Wall에서 대기 중이던 세종대왕 이지스함 함장이 최초 식별부터 최종 낙하까지 정확하게 보고를 해왔다.

그때 마침 이명박 대통령께서 위기관리센터 상황실로 들어왔다. 현재까지 상황을 종합해 보고하고 국가안전보장회의(NSC) 개최를 건의했다. 북한 미사일 발사 후 10분도 안 되는 시간이었다. 당일 10시 30분 김황식 국무총리, 류우익 통일부장관, 원세훈 국정원장, 김성환 외교장관, 김관진 국방장관, 맹형규 행안장관과 외교안보홍보수석이 참석한 가운데 국가안전보장회의가 개최됐다. 이것 또한 북한 미사일 비행을 서해에서 대기 중이던 우리 이지스함에서 최초 발견한 지 39분 만에 전광석화처럼 이뤄졌다.

북한 인공위성 발사 성공이 의미하는 것

이번 광명선 3호(은하3호)로 북한은 1998년 첫 발사이후 14년 만에 실질적인 인공위성 발사기술을 국제적으로 인정받게 된 셈이다. 사실상의 인공위성발사 성공은 그 자체로 북한에게 대미 위협카드를 질적으로 증대시켰고 핵물질과 핵무기 보유라는 기정사실에 더해 이제는 대륙간탄도미사일 기술의 첫 걸음을 성공적으로 내딛었기 때문에 미국 본토까지도 겨냥한 북한의 명실상부한 핵무기 운반수

북한의 미사일(인공위성) 발사와 핵실험

구분	발사일	미사일 (발사장소)	성공 여부	비고
1차	'98. 8. 31	대포동 1호 (무수단리)	성공발표 (궤도진입 허위발표)	식량지원, 경제제 재 완화소득
2차	'06. 7. 5	대포동 2호 (무수단리)	실패 (발사대 기능고장)	1차 핵실험 ('06 10월) 통치자금 동결, 테러지원국 해제
3차	'09. 4. 5	대포동 2호 (무수단리)	성공발표 (궤도진입 허위발표)	2차 핵실험 ('09. 5월)
4차	'12. 4. 13	은하(광명성) 3호(동창리)	실패 (발사 2분 후 폭발)	2. 29 합의(식량 지원) 중단
5차	'12. 12. 12	은하(광명성) 3호(동창리)	성공발표 (궤도진입, 기능불가)	3차 핵실험 ('13. 2. 12)

단의 확보라는 의미에서 향후 북미협상은 북한에게 힘을 실어준 결과가 된 것이다.

표에서 보는 바와 같이 북한은 미사일을 발사한 뒤 2~3개월이 지나면 핵실험을 해왔다. 따라서 위기관리실은 곧이어 벌어질 북한의 핵실험에 대한 정보수집에 매진하게 됐다.

북한은 은하3호 발사 비용에 1억 5,000만 달러를 썼으며, 그동안 1998년부터 미사일 개발에 투입한 예산은 17억 4,000만 달러로 한화로 2조 원 가까운 금액이다. 이 돈이면 북한 주민이 2년 동안 풍족하게 먹을 수 있는 식량을 구매할 수 있다고 하는 데 300만 명이나 굶겨 죽이면서 핵개발을 했다니 참으로 한심스러운 일이다.

핵개발에 필요한 돈의 출처를 짐작한다

그럼 1998년부터 소요된 그 돈은 어디에서 염출했을까?

지금도 마찬가지지만 당시 경제가 어려운 북한 실정을 고려하면서 아래 표를 참고하면 답을 쉽게 구할 수 있다.

이러한 현상을 볼 때 군복을 입고 40년 가까이 피끓는 청춘과 장년의 정열을 침과대적(枕戈待敵, 창을 베고 적을 기다린다) 자세로 국가안보에 다 바쳐온 필자로서는 답답하고 화가 날 지경이다.

가버린 갑오년을 마무리하면서 통진당 해산 결정에 카터재단까지도 동원한 그들의 치밀함을 보면 다가오는 을미년에는 우리 국민

정부별 대북지원 / 경협규모

구분	현금	현물	총계
김대중 정부 ('98-'03.2)	정상회담대가, 상업교역, 북한관광 등 13.3억 $	식량·비료지원, 금강산 관광 투자 등 11.6억 $	24.9억 $
노무현 정부 ('03-'08.2)	상업교역, 북한관광, 개성공단 임금 등 15.7억 $	식량·비료지원, 개성공단 투자 등 29억 $	44.7억 $
이명박 정부 ('08-'13.2)	상업교역, 북한관광, 개성공단 임금 등 9.7억 $	수해 등 인도적 지원, 개성공단 투자 등 7.1억 $	16.8억 $

이 국가에 대한 소중함을 깊게 되새겼으면 하는 바람이다.

영화 〈국제시장〉에서처럼 부부싸움을 하다가도 애국가가 나오면 국기에 대한 경례를 하던 그때가 더욱 소중하게 느껴진다.

우리 아이들의 미래를 위하여.

5

대규모 정전사태를
막으려면

2016/08/05

폭염으로 인한 엄청난 혼란

1994년 여름, 200년 만의 폭염이 한반도를 강타했다. 당시 서울 38.4℃, 밀양 39.4℃를 기록했고 32일간 폭염 때문에 3,384명이 사망했다는 통계도 나왔다. 17년 만인 2011년 오후 3시부터 8시까지 전국적으로 순환정전이 단행된 9·15 정전사태(Black Out)로 지식경제부에 접수된 피해신고 건수는 8,962건, 신고금액은 610억 원으로 잠정 집계됐다고 발표했다. 그렇지만 신고되지 않은 모든 피해액을 합치면 750만여 가구에서 14조 원의 피해가 발생했을 것이라고 경실련은 추정했다.

실제로 9·15 정전사태 때 서울시내 지하철은 멈췄고 3,000개의 교통신호등이 꺼져 경찰 1,200여 명이 투입되었으나 교통대란이 일어났고, 병원과 은행업무가 마비됐으며, 공장 가동도 중지되고 엘리베이터에 시민 2,000여 명이 갇혀 공포에 떠는 등 엄청난 혼란이 벌어졌다.

이로 인해 에너지 절약에 관한 실생활 정책이 구현되었다. 대표적인 예가 바로 전력피크 때 과도한 에어컨 가동 규제로 문을 연 채 에어컨을 튼 상점과 실내 냉방온도를 26℃ 이하로 유지하지 않을 경우 300만 원의 과태료가 부과되도록 한 것이다. 또한 기업들도 자체 발전설비를 구축하게 되었다.

전력예비율의 관심-주의-경계 단계

2012년 12월 필자가 청와대 위기관리비서관으로 보직된 지 두 달째 되던 어느 날, 오후 늦게 퇴근하던 이명박 대통령이 불시에 위기관리 상황실을 방문했다. 당시는 기온이 급강하하여 예비전력이 400만 KW 이하로 내려가고 말았다. 이에 난방기 과다사용과 원전 고장에 따른 대규모 정전사태 발생 가능성과 대비책에 대해 물어본 뒤 철저히 대비하라고 강조했다.

전력계통의 특성상 예비전력이 400만 KW 이상을 유지해야 안정적 수준이라 할 수 있는데 그 이하로 떨어지면 '관심' 단계로 모니터링을 강화하고 협조체계를 점검해야만 한다. 300만 KW 이하 때는 '주의' 단계로 부처 협조 가동과 정보공유를 강화한다. 200만 KW 이하 때는 '경계' 단계로 조치계획 점검과 인원·물자·장비를 확인하며, 100만 KW 이하로 떨어지면 '심각' 단계로 9·15 정전사태처럼 전국적으로 순환정전 등 즉각 대비태세에 돌입하게 된다.

2016년 전력사용량 빨간불!

서울 기온이 35℃를 기록했던 2016년 7월 25일 오후 4시, 최대 전력수요는 8,050만 KW를 기록했다. 여름철 최대 전력수요가 8,000만 KW를 넘긴 것은 이번이 처음이다. 지난 11일 7,820만 KW로 여름철 최대 전력수요치를 기록하더니 불과 2주 만에 깨지고 말았다.

여름철 전력수요가 가장 높은 시기는 8월 둘째 주와 셋째 주로 지난해의 최대 전력수요가 7,692만 KW였으나 올해는 더 올라갈 것으로 예상된다. 정부는 신규로 발전소가 4기 준공되고 발전기 정비가 완료되면 최대 전력공급이 9,210만 KW까지 가능해 예비전력이 500만 KW 정도로 유지될 것으로 보고 있다.

그런데 우리 국민들은 2주째 계속되는 찜통더위 속에서 에어컨을 펑펑 틀면서 2011년 9·15 정전사태를 까맣게 잊었다. 또한 정부도 이미 설명한 전력예비율만 믿고 있는 듯했다.

그러나 정부의 모든 예측은 발전설비가 정상적으로 가동했을 때를 기준으로 한다. 68만 KW급의 중소로형 원전인 월성 1호기가 올 들어 두 번이나 고장 났듯이 전력생산은 언제든지 유동적일 수밖에 없다.

필자가 청와대 근무 시 전력생산 도표를 보면서 가슴을 졸였고, 대통령도 수시로 상황실을 방문하여 예비전력과 발전설비 가동상태를 점검했듯이 전력생산과 수요예측에 대한 정확한 판단과 대처가 잘 준비되어 있어야 한다.

머슴이 아니라 주인처럼 단속하라

일반 시민들도 전력대란에 대비하여 현명한 에너지 사용 절약을 위해 노력해야 한다. 예를 들면, 가전기기 미사용 시 낭비되는 대기전력은 가정전력소비량의 11%를 차지하고 있는 데다 연간 4,200억 원이 대기전력으로 낭비되고 있다. 가전기기 미사용 때 플러그만 뽑아도 에너지비용 4,000억 원이 절약될 수 있는 것이다. 9·15 정전사태의 반복적인 피해를 예방하려면 국민 전체가 '머슴이 아니라 주인처럼' 행동해야 한다.

정부의 규제가 시작되기 전에 스스로 실내온도를 26℃로 유지하고 에어컨을 틀 때는 문을 꼭 닫는 등 대기전력을 절약하는 노력이 필요하다.

당나라 고승 임제 선사는 '수처작주 입처개진(隨處作主 立處皆眞)'

이라며 "있는 곳에 따라 주인이 되라. 그러면 서 있는 곳 모두가 참된 것이다"는 법어를 했다. 즉 온 국민이 어디서든 나그네나 머슴이 아닌 주인 같은 사명감과 책임감을 갖고 에너지를 절약하면 대규모 정전사태는 없을 것이라고 확신한다.

6

인수위원회는 점령군인가?

2016/02/26

성공적인 정권 인수인계

2013년 2월 25일 월요일 오전 11시, 서울 여의도 국회의사당 앞에서 7만여 명의 축하객이 참석한 가운데 제18대 박근혜 대통령의 취임식이 열렸다. 박 대통령은 방명록에 '경제부흥, 국민행복, 문화융성'이라고 썼다. 국정 비전으로는 '국민행복, 희망의 새시대'를 열기 위한 5대 국정목표도 제시했다.

첫째, 일자리 중심의 창조 경제

둘째, 맞춤형 고용·복지

셋째, 창의교육과 문화가 있는 삶

넷째, 안전과 통합의 사회

다섯째, 행복한 통일시대의 기반구축

취임식 전날 오후 3시경 새 정부의 인수위원회 국방위원장이자 신임 안보실장인 김장수 전 국방장관이 청와대 위기관리센터에 도착했다. 제17대 이명박 대통령은 오후 4시에 5년 동안 어깨가 무거웠던 짐을 내려 놓고 평범한 소시민으로 돌아가는 즐거움과 보람을 만끽하고 있었다.

밤 12시에 MB정부의 위기관리실장이었던 안광찬(육사 25기) 장군과 김장수(육사 27기) 신임 안보실장은 위기관리센터 상황실에서 굳게 악수하면서 국가 안보분야를 인수·인계하였다. 이후 각자의 대통령에게 인수인계를 완료했음을 보고하고 김장수 안보실장의 90일간 영내 대기 신화가 시작되었다.

MB와 박근혜 정권의 인수인계를 지켜보면서 두 정권의 청와대 위기관리 비서관직책을 수행하게 된 필자는 오랫동안 근무한 청와대 행정관들을 통해 인수위원회의 희비쌍곡선 이야기를 들었다. 이번 정권 인수인계는 성공적으로 잘 수행되었다고 평가하면서 참 다행이라고 생각했다.

인수위원회는 점령군이 아니다!

그러나 과거에는 인수위원회가 점령군이 되어 황당한 상황이 벌어지기도 했었다고 한다. 통상 인수위는 서울 삼청동에 있는 금융연

수원이나 통의동 별관에 설치되어 약 2개월 정도 인수 준비를 한다. 2003년 참여정부의 인수위원회는 전(前) 국민의 정부로부터 정권을 인수하면서 대통령 취임식이 한창일 때 버스로 청와대에 들어와 "동작 그만!" 하고 인계를 준비하던 비서관들을 몸만 철수하도록 내쫓아 당시 인계를 도와주던 오래된 행정관들이 당황했다고 한다.

반면 2008년 MB정부의 인수위원회는 야당이 여당이 됨으로써 참여정부 비서관들이 자료를 모두 사전에 정리하여 참고할 자료가 없어 초기에 고전을 면치 못했다고 전해지고 있다.

인수위원회는 점령군이 아니다!

숙달된 운용 능력이 필요한 국가위기관리

MB정부의 비서관으로 근무할 때 당시 대통령실장은 정권 재창출을 위해 모든 것을 차기 정부에 제공하라는 지침을 내렸다. 박근혜 행복정부의 청와대 근무자들이 인수하자마자 정상적으로 운용될 수 있도록 모든 자료를 인계하여 국정운영에 빈틈이 없도록 했다.

2011년에 창설된 '국가위기관리실'은 박근혜 대통령의 행복정부가 입성하면서 '국가안보실'로 변경되었다. 이때 필자는 위기관리 비서관 겸 센터장으로서 대통령은 바뀌었지만 청와대 비서관직을 계속 수행하게 되었다.

이는 김장수 안보실장이 대통령께 건의하여 이루어진 것이었다.

과거 정권 인수인계시 발생했던 2003년의 대구지하철 화재사고, 2008년 국보1호인 숭례문 화재사고와 같은 대형사고를 되풀이하지 않게 하기 위함이었다. 박 대통령 취임 직전인 2013년 2월 12일, 북한의 3차 핵실험에 대한 위기관리를 순조롭게 처리했던 결과이기도 했다.

사실 국가위기관리를 위한 법규 등 문서는 어느 정도 마련되어 있었다. 그러나 규정과 매뉴얼만 가지고 위기관리를 하는 것은 아니다. 매뉴얼을 가지고 운영하는 사람의 숙달된 능력이 위기를 극복하는 데 더 중요하다.

줄탁동기의 자세로

줄탁동기(시)(啐啄同機(時))란 고사성어가 있다. 새끼가 알을 깨고 나오려는 그 순간 어미는 알을 쪼아 쉽게 나올 수 있도록 만들어 준다는 뜻이다. 국가위기는 언제 닥칠지 모르기 때문에 업무에 공백이 있어서는 안 된다. 시기를 놓치지 않고 조치할 수 있는, 즉 줄탁동기할 수 있는 숙달된 사람이 있어야 한다.

따라서 국가안보와 위기관리는 여야가 바뀌더라도 국가차원에서 운용이 중단되지 않도록 정권 인수인계 당시의 청와대 위기관리비서관 및 행정관의 교체가 이루어지면 안 된다. 앞으로 2년 뒤인 2018년 2월에도 어느 정권이 들어서든지 똑같이 적용되는 것이 바람직하다.

A little learning is a dangerous thing(선무당이 사람 잡는다), Well begun is half done(시작이 반이다)라는 영어속담이 꼭 맞는 말이기도 하다.

7

정권 교체기의 효율적인
위기관리 방안!

2015/03/03

박근혜 정부는 지난 2월 25일 집권 3년차로 접어들어 비서실장을
교체하는 등 새로운 참모진을 구성하고 소신과 원칙대로 정책 시행
에 가속도를 붙이고 있다. 한편 2주년 기념식에서 박 대통령의 "불
어터진 국수" 발언이 세간에 화두가 되기도 하였다.

대구지하철 폭발, 국보 1호 숭례문 화재

12년 전인 2003년 2월 18일 오전 9시 53분에 대구시 중구 남일동
의 중앙로역 구내에서 50대 남성이 휘발유를 담은 2개의 페트병을
바닥에 던지는 바람에 12량의 지하철 객차가 뼈대만 남은 채 모두

불타버린 대형 참사가 일어났다. 이 사고로 사망 192명, 부상한 사람은 148명이나 되었다. 사고 조사과정에서 대구시와 지하철 종사자들은 사고를 축소·은폐하고 현장을 훼손하는 등 부실한 대응으로 피해가 확대된 것으로 밝혀졌다. 이에 따라 방화범과 지하철 관련자 8명이 구속 기소되고 방화범은 무기징역을 선고받고 복역 중 사망했다.

그로부터 5년 뒤인 노무현-이명박 정부 간 인계인수 시기인 2008년 2월 10일 오후 8시 40분경 방화범 채종기(당시 69세, 경북 칠곡)가 숭례문 2층 주변에 시너를 부은 다음 불을 붙여 출동한 소방차 32대와 소방관 128명이 현장에서 진화에 총력을 기울였다. 그러나 2월 11일 0시 25분경 누각 전체가 불길에 휩싸여 발화 5시간 만인 새벽 1시 54분에 석축을 제외한 국보 1호 숭례문이 몽땅 소실되고 말았다. 이를 바라본 많은 국민은 국보 1호가 불타 버린 것에 대해 크게 애통해하며 붕괴를 추모하거나 석고대죄하는 시민들도 있었다.

정권 교체기에 일어나는 대형 참사

하필이면 정권교체기에 이러한 국가적인 대형 참사가 벌어지는 것일까? 대형 참사에는 분명한 원인이 있다. 국가위기와 국민안전관리를 총괄하는 부서, 특히 청와대 비서실의 업무 연계성이 결여되기 때문이다. 아무리 철저히 인수인계를 한다고 해도 군사 및 사회 재난 등을 포함한 포괄적 안보 개념에 따른 위기관리시스템은 연계성 있게 지속돼야 한다. 이미 작성된 매뉴얼과 법규들은 문서일 뿐 행동으로 숙달에 적용하는 데는 시간이 많이 걸린다. 따라서 경험 있는 실무자, 즉 사람이 위기관리의 해결책이다.

불어터진 국수, 쫄깃한 국수

박근혜 정부가 인수과정에서 가장 잘한 것은 청와대 위기관리센터 인원들을 교체하지 않고 그대로 존속시킨 일이다. 인수과정에서 동절기 정전에 따른 블랙아웃(Black Out), 북한의 미사일 발사와 3차 핵실험 등의 위기는 있었으나 슬기롭게 극복할 수 있었다.

참고로 필자는 정권교체(2월 25일) 후 9개월 뒤에, 정보융합 비서관(예비역 준장 서용석)은 20개월 뒤에 교체됐다.

즉 포퓰리즘을 배제하고 순수하게 국민 안전과 군사적 위협 대비를 위한 박근혜 정부의 인수위 선택은 '불어터진 국수'가 아닌 '쫄깃한 맛있는 국수'처럼 탁월한 결정이었다. 덕분에 정권인수 초기 국민의 높은 지지를 얻을 수 있었던 근원이었다고 사료돼 박수를 보내고 싶다.

앞으로 3년 뒤에도 차기 정권 인수자들이 벤치마킹했으면 하는 바람이다.

8

대통령 등 목민관의
바른 마음가짐

2015/05/19 · 2016/05/19

2013년 5월 26일 일요일은 아무튼 기분 좋은 휴일이었다.

박근혜 대통령의 방미를 수행한 윤창중 당시 청와대 대변인이 자신을 돕던 인턴을 성추행한 사건으로 청와대 비서실이 국민의 신뢰를 잃어가고 있던 중에, 개성공단 폐쇄 이후 대북 우위의 활동을 주도한 김장수 안보실장이 주관하는 국가안보정책 조정회의가 일요일에도 개최돼 6·15공동선언 관련 토의를 진행했다.

북한의 대응을 면밀히 분석, 박 대통령과 김장수 안보실장의 강력한 의지와 조치로 확실하게 김정은 길들이기 정책이 먹히고 있다는 감이 오고 있었고, 코너에 몰린 비서실에 대비해 안보실에 대한 국민과 대통령의 신뢰도가 높아지고 있었다.

그래서 5월 26일은 기분 좋은 일요일이다. 또 2013년 2월 25일

MB정부로부터 정권 인수 후 박근혜 정부의 위기관리센터장으로 90일간 지속되어 온 영내 비상대기를 끝내고 첫 퇴근하는 날이었다.

'꼿꼿장수' 김장수, 비상대기 90일 만에 귀가

2013년 5월 28일자 〈조선일보〉를 보면 "군소식통은 27일 '박근혜 대통령 취임 전날인 지난 2월 24일 청와대에 들어온 뒤 줄곧 청와대 인근에 마련한 숙소에서 묵던 김장수 실장이 지난 24일 밤 처음으로 집(장충동)에서 잠을 잔 것으로 안다'고 말했다. 김 실장은 앞으로도 1주일에 2~3일은 종전처럼 집으로 퇴근하지 않고 청와대 인근 숙소에서 잠을 자겠다는 뜻을 밝혔다고 소식통은 전했다"며 "비상대기 김장수 안보실장, 90일 만에 귀가"라는 타이틀의 기사가 신문 지면을 채웠다.

역발상으로 생각하면 대단히 웃기는 기사다.

정부의 장관급이 90일 동안 퇴근을 못했다는 것이 기사화되고 회자된다는 것이 아이러니하며, 또한 정상적이지 않은 무언가의 불안정성을 암시하는 내용 같기도 했다.

그러나 국민들은 '국가안보를 담당한 고위 간부가 국가 정권 교체기의 불안한 마음을 안심시키기 위해 불철주야 고민하고 대응하며 비상대기하고 있다는 것'을 인지하고 끝없는 신뢰를 보낼 수 있다는 것을 볼 때 이것은 웃기는 내용이 아니라 국가에 봉사하는 목민관으로서 당연한 것이라고 할 수 있다.

육해공군, 온몸으로 임무완수하는 이들에게 박수를

지금 이 시간, 모두 잠든 칠흑 같은 어두운 밤에도 GOP 철책을 지키는 우리 육군 장병들은 두 눈을 부릅뜨고 DMZ를 주시하며 경계에 임하고 있고, 공군과 해군은 저 높은 하늘과 망망대해 바다에서 우리 영토를 지키기 위해 높은 파도와 거센 바람을 온몸으로 막아내며 임무를 수행하고 있다.

국방의무를 다하는 우리 병사들도 있지만 50%가 넘는 부대원들이 결손 가정이고 일부 병사들은 현대병인 우울증 등으로 부대 지휘에 지장을 초래하고 있다는 것을 알 때, 그들마저도 끌어안고 창을 베고 적을 기다린다는 침과대적(枕戈待敵)의 자세로 주어진 임무 완수에 매진하는 장교·부사관 간부들에게도 90일 만에 퇴근하는 청와대 안보실 간부에게 보내는 것보다 더 많은 박수와 격려를 보내야 한다.

그들이 있기에 우리 국민들은 세계 10위 안에 들 수 있는 경제 대국이 될 수 있었고, 우리 민족 역사상 최고·최대의 문화 및 경제 혜택을 누릴 수 있게 된 것이 아닐까 한다.

'부부의 날' 더 고독한 VIP

매년 5월 21일은 '부부(夫婦)의 날'로 법정기념일이다.

'부부의 날'은 1995년 5월 21일, 세계 최초로 경남 창원에서 목회활동을 하던 권재도 목사 부부에 의해 시작된 것으로, 기독교를 중심으로 기념일 제정운동이 전개되었다.

2003년 12월 18일, 민간단체인 '부부의 날 위원회'가 제출한 부부의 날 국가기념일 제정을 위한 청원이 국회 본회의에서 의결되면서 2007년 법정기념일로 제정되었다. 날짜는 매년 5월 21일로 '가정의 달인 5월에 둘(2)이 하나(1)가 된다'는 의미를 갖고 있다.

목적은 부부관계의 소중함을 일깨우고 화목한 가정을 일구는 데 있다. 즉 '부부의 날'은 핵가족시대 가정의 핵심인 부부가 화목해야만 청소년·고령화 문제 등 각종 사회문제를 해결할 수 있다는 데에서 출발한 법정기념일로 공휴일은 아니다.

'부부의 날' 위원회에서 지역별 부부축제, 부부음악제 등을 열고 부부사랑고백 나눔의 시간 등을 추진하고 있다. 그 밖에 영호남부부, 장수부부, 남북부부, 국제부부 등에 대한 시상 등 다양한 행사가 개최된다.

필자는 2013년 5월 21일 청와대에서 위기관리 비서관으로 86일째 근무하는 날이었다. 박근혜 대통령 취임 86일째 되는 날이기도 했다. 이날도 어김없이 오전 5시부터 지난 하루 동안의 북한 및 남북관계 사항, 국내·국제 관련사항, 국민안전 관련사항, 일일 위기

징후 평가 등을 종합한 내용인 '일일 국가안보 상황보고' 문서를 검토하였다.

완료된 문서는 먼저 안보실장에게 보내져 검토를 받아 통과되면, 아침잠에서 깨어 오전 4시부터 모든 조간신문들을 읽는 대통령 관저로 보내진다. 필자가 모셨던 이명박, 박근혜 대통령은 매일 아침, 이 첫 문서를 관저에서 탐독하면서 톱니바퀴처럼 짜인 하루의 일과를 시작한다.

고고한 인생!

'고고(孤高)한 인생(A life of proud loneliness)!'

국가 통수권자인 대통령은 정말로 고독하고 외롭고 힘든 자리임에는 틀림없다. 어제 5·18 기념행사 때 '임을 위한 행진곡'을 "합창으로 할 것이냐 제창으로 할 것이냐?"는 논쟁으로 지난 13일 대통령과 3명의 원내대표들과 협치(協治)의 좋은 분위기가 깨지는 예측하기 어려운 상황만 계속되고 있다.

게다가 눈에 넣어도 아프지 않을 것 같은 조카(박지만의 아들)를 보고 싶어도 과거 전(前) 대통령들의 친인척들이 당했던 괴로움을 되풀이하지 않기 위해 절제하는 모습도 안타깝기만 하다.

이번 '부부의 날'의 제정 목적처럼 부부관계의 소중함을 일깨우고 화목한 가정을 일구는 것과 같은 작고도 평범한 행복도 국가와 결혼했다는 본인의 말처럼 박 대통령은 누리지 못하고 있다.

《중용中庸》의 '계신호기소부도, 공구호기소불문(恐懼乎其所不聞)'이라는 말이 있다. '군자는 그 보이지 않는 바에 경계하고 삼가며, 그 들리지 않는 바에 두려워하고 조심한다'는 격언처럼, 또 어항 속의 금붕어처럼 완전 노출되어 고고(孤高)한 생활을 영위하고 있는 것이다.

인생은 정비공

그런데 2016년 10월 말, 대한민국 전체는 "최순실 게이트"라는 블랙홀에 빠져들었다. 박정희 대통령 영애시절부터 관계를 유지해온 최태민 교주와 그의 딸 최순실의 사이비 손길에서 벗어나지 못하고 대통령 연설문, 체육문화정책 및 30조의 예산 남용, 장관 인사 등 국정을 농단한 그동안의 추태가 밝혀지며 박근혜 대통령은 최대 위기를 맞고 있다.

박 대통령은 부부의날을 맞이하여 더 고독한 생활을 하며 국가를 끌어가는 고고한 모습에서 샤머니즘에 빠져 있는 무능한 대통령으로 추락하고 말았다.

비정상을 정상화시키고 배신의 정치를 근절하는 것이 아니라 정상을 비정상화시키고 기대감에 대한 배신감을 느끼게 하는 절망의 순간으로 빠져들고 있다.

요즘 유행하는 건배사가 "정비공"이다. "정답도 없고, 비밀도 없으며, 공짜도 없다"라는 뜻이다.

진실은 밝혀지고 어떤 것이든 공짜도 없다. 게다가 완벽한 정답도 없으며 가장 최선의 해답만 있을 뿐이다. 이 난국을 국민의 입장에서 잘 해결하길 기도해본다.

역시 "인생은 정비공"이다.

9

육룡이 나르샤,
돈·명예·권력과 행복을 잡았나?

2016/02/15

2016년 초 인기를 끈 드라마 중 하나가 인기 영화배우 유아인이 주인공 이방원 역으로 나온 〈육룡이 나르샤〉이다.

유배에서 돌아온 홍인방은 임금을 설득해 권력을 잡은 뒤 많은 돈을 끌어 모으며 부정축재를 하다가 명예를 중히 여긴 최영과 이성계에게 당하여 죽음의 길로 들어선다.

명예를 존중한 최영은 권력 유지를 위해 요동정벌 등 무리수를 두다가 이성계와 조민수에게 당했다. 이에 부응했던 고려의 왕도 바뀌게 된다. 최근에는 왕조가 바뀌어 이씨 조선이 되었다. 그렇지만 명예를 추구하는 큰아들 이방우와 권력을 추구한 정도전, 이방원 등의 갈등이 새로운 이슈가 되어 재미를 더해가고 있다.

지난 2월 10일에는 박 대통령 선거캠프에서 활동했던 이성출(전

연합사령관) 예비역 대장이 '국민의당'으로, 2일에는 박근혜 정부의 조응천 전 청와대 공직기강 비서관이 국회에서 기자회견을 하고 '더불어민주당'에 입당하여 박근혜 정부를 곤혹스럽게 만들었다.

그러나 대통령들을 가장 곤혹스럽게 만드는 것 중 하나는 바로 '인사청문회'이다. 노무현·이명박 대통령 때도 마찬가지였지만 제18대 박근혜 대통령도 청와대 입성 후 총리를 포함한 일부 장관들이 인사청문회를 통과하지 못해 수개월 동안 내각을 안정시키지 못했다. 현재도 개각시 청문회에서 내정자들의 진면목이 밝혀지면서 인재발굴의 문제점을 양산하고 있다.

장관 내정자들은 입각하기 위해 인사청문회를 통과해야 한다. 이때 주로 많이 지적되는 사항이 부동산 투기, 위장 전입, 학위논문 표절, 세금 탈루 등이다. 우선 금전적 부당이득을 취한 것이 보편적인 지적사항이 되고 있다. 따라서 내정자들은 이러한 질문에 대부분 당황하며 군색한 변명으로 일관하게 된다.

그렇게도 거머쥐고 싶은 돈, 권력, 명예를 얻으면 행복한 것일까.

돈, 권력, 명예!

리더가 되고 싶어 하는 사람들에게 이 3가지는 전부라고 할 수 있다. 특히 자본주의 사회에서 돈이란 어쩌면 가장 중요하다고 볼 수 있다. 제조업, 유통업, 서비스업 등 모든 업종에서 가장 먼저 추구하는 것이 수익성이고 회사에서 수익을 많이 올리는 직원이 승승장구할 수 있다. 그러나 공직자들에게는 어쩌면 돈보다 명예를 우선해야 할 것이다.

그런데 돈도 벌고 명예도 어느 정도 얻다 보면 심리학자 매슬로우(Masolw)가 말한 욕구5단계의 최고 상위 자아실현 욕구에서처럼 권력을 추구하게 된다. 이로 인해 성공하는 사람도 있지만 그동안 쌓아 놓은 삶을 모두 허물어뜨리는 결과도 낳게 된다.

특히 정치를 하고자 하는 야망을 가진 사람들은 이 3가지 모두를 추구하는 경우가 많다. 하지만 명예는 옛날 선비들처럼 공자를 추모하다 보니 자칫 실리를 잃어버려 너무도 안타깝게 〈육룡이 나르샤〉 드라마처럼 최영 장군과 정몽주 선생처럼 비참한 최후를 맞게 된다.

최근 현실에서도 마찬가지로 되풀이되고 있다. 정치권력의 최고 정점에 올랐던 모 대통령도 고향의 뒷산인 부엉이 바위에서 뛰어내려 자살했다. 대한민국 최고 부자인 이건희 삼성회장도 지금 몇 년째 의식을 되찾지 못하고 있는 실정이다.

성공이란 명예와 권력, 돈을 잡는 것이 아니라 삶의 목표를 정해 놓고 그 목표를 위해 한 가지씩 성취해가는 과정일 것이다. 따라서 성공과 행복은 반드시 일치하지는 않는다.

개국한 지 474년 만에 사라진 고려왕조의 마지막 34대 왕인 공양왕 왕요는 왕이 되기 싫었다. 그렇지만 이성계와 정몽주의 추대로 1389년 왕이 된 이후 불안에 떨다가 3년 만인 1392년에 왕위를 이성계에게 물려주고 애첩인 윤랑과 기쁜 마음으로 유배지 원주로 떠난다.

명예와 권력, 돈보다는 사랑하는 사람과 함께 평범하게 사는 행복을 추구한 것이다. 비록 2년 뒤인 1394년 4월 50세를 일기로 강원도 삼척에서 사사되었다. 하지만 2년 동안은 윤랑과 꿀맛과도 같았던 행복한 시간을 마지막으로 보낸 것이다. '불재가중(佛在家中)'이란 부처님은 가정에 있다는 뜻으로, 천국은 먼 곳에 있는 것이 아니라 행복한 가정에 있다는 의미이다.

각박한 세상에서 허망한 명예과 권력, 돈보다는 평범한 행복을 추구하여 복지국가로 만들어가는 우리 국민들이 되기를 희망한다. 아무튼 간에 필자부터 실천하겠다고 다짐을 해본다. 기업체와 공직에서 40년 가까이나 해왔던 직장생활이 마무리되면 지금껏 쌓아온 모든 재능을 중생들에게 베풀어 정토에 왕생하는 일을 하여 행복과 보람을 느끼는 삶을 살고 싶다.

'정토회향(淨土回向)'이라고나 할까?

10

헬조선 극복 위해 4성性으로
새신발하자!

2016/01/06

2016년 1월 4일, 박근혜 대통령과 정의화 국회의장 등이 참석한 가운데 청와대에서는 '신년인사회'가 열렸다.

이날 박 대통령은 "새해 국민의 삶을 돌보는 참된 정치를 실천에 옮겨서 국민의 사랑과 신뢰를 회복하길 기대하고 공직자들은 부패 척결과 비정상의 정상화 작업을 일관되게 추진하여 기본이 바로 선 사회를 만들어가는 데 앞장 서 주시기를 바란다"고 당부했다.

특히 강조한 것 중 하나는 "저는 10년 뒤 우리나라가 무엇으로 먹고 살지, 우리 청년들이 어떤 일자리를 잡고 살아가야 할지를 생각할 때마다 두려운 마음이 들곤 한다"며, 또 이러한 절박감에 이어 "우리는 할 수 있다. 정신을 집중해서 화살을 쏘면 바위도 뚫을 수 있다는 옛 말씀이 있다"면서 "지금의 많은 난관과 도전은 우리가 마음과 힘을 하나로 모은다면 못해낼 것이 없다고 생각한다"고 덧붙였다.

금수저·흙수저, 헬조선

2015년 SNS에서 가장 많이 언급된 단어는 '금수저·흙수저'(1위, 19만 7,848건)이고, 헬(hell, 지옥)과 조선을 합친 '헬조선'(2위, 15만 7,537건)이 둘째였다고 한다.

따져 보면 '수저론'은 계층론이다.

부자 부모나 잘사는 부모 덕택에 풍족하게 자란 사람은 '금수저', 반대의 경우는 '흙수저'라고 부른다. 참고로 그 기준은 부모재산이 20억이 넘을 때는 금수저, 5억 아래만 흙수저라는 '수저 계급표'까지 떠돌았다.

'헬조선'에는 웬만한 노력으로는 수저 색깔을 바꾸기 힘들다는 자조(自嘲)가 담겼다. 대학 졸업 후 7년째 학자금 대출을 갚고 있는 대기업 과장 B(30) 씨는 "금수저 동료들은 저축을 하지만 '흙수저'인 나는 취업하자마자 빚부터 갚기 시작했다. 비슷한 처지 동료들끼리 '취업해도 헬조선'이라는 얘기를 한다"고 했다.

'헬조선'과 관련된 글이 SNS에 뜰 때 네티즌들은 "죽창 앞에서는 모두가 평등하다"는 댓글을 달고 있다고 한다. 최저 시급도 안 되는 아주 적은 보수로 젊은이들의 노동력을 착취한다는 뜻의 '열정 페이', 요즘 젊은이들은 노력이 부족하다는 기성세대 평가를 비꼰 '노오력'도 많이 회자되었다.

또한 남녀갈등이 심화되고 개인취향이 중시되는 호칭도 떠오르고 있다. 한국 남성을 비하하는 '한남충(韓男蟲)', 한국 여성을 비하할 때 사용하는 '김치녀', 일본여성을 칭하는 '스시녀', 자기 자식 귀한 줄만 아는 돌직구 엄마를 '맘충'이라고도 부른다.

한편 SNS에서 3위로 등극한 '취향저격(3위, 14만 8,200건)'은 젊은 세대들이 자기 취향에 꼭 맞는 대상을 발견했을 때 쓰는 말이고, 빅 데이터 분석업체 다음소프트는 '취향'이 2016년 소비 트렌드를 이끄는 핵심 키워드가 될 것으로 전망했다. 이는 요즘 젊은이들이 유행보다 자기만족을 중시하기 때문이라고 한다.

"정신을 집중해서 화살을 쏘면 바위도 뚫을 수 있다"고 박 대통령은 예를 들었지만 20, 30대 젊은이들은 체감 실업률이 사상 최대치를 기록한 데다 취업을 해도 정규직이 어려운 상황에서 '헬조선'을 절실하게 체감하고 있다.

어느 A 여성(29세, 지방대 출신)은 70개가 넘는 회사 정규직 채용 심사에 원서를 냈지만 번번이 고배를 마셨다. 바로 '지여인(지방대 출신 여성, 인문대생)'이기 때문이며, 이를 통해 인문계 취업난은 '문송합니다(문과라서 죄송합니다)', '인구론(인문계 졸업생이 90%가 논다)' 같은 말도 만들어 냈다.

반대로 이공계 출신은 '전화기(전기전자·화학공학·기계공학 전공자)'로 불린다.

또한 자기소개서에 없는 얘기를 꾸며 넣어서라도 취업에 목을 매는 현상을 '자소설(자기소개서 소설)'이라는 단어로 풍자했다. 천신만고 끝에 서류전형에 합격했을 때 기쁨을 '서류가즘(서류합격 오르가즘)'으로 칭한다. 취업전선에서는 '전화기는 웃고 지여인은 운다'라는 말까지 유행하고 있다.

4성(性)으로 새신발하자!

취업을 하더라도 상급자로부터 인정받아 정규직으로 장수하려면 무엇이 요구되는가? 바로 다음 4성(性)으로 체질화하는 것이 필수이다.

첫째, 전문성(專門性)으로 무장하라.

전문성은 업무능력을 인정받기 위한 가장 기초적인 요소로 과거의 관행이나 관례보다는 자기 업무에 관련된 법과 시행령, 예규, 방침, 지침 등을 먼저 숙지하고 업무에 임해야 하며, 눈으로 보고 들은 것을 법규를 통해 확인하는 정확성을 가져야 한다.

둘째, 적시성(適時性)을 놓치지 마라.

완벽한 보고와 철저한 준비도 중요하지만 적시성을 놓치는 순간 모든 준비와 노력은 수포로 돌아가고 훌륭한 아이디어와 보고서는 허망한 생각으로 끝나버림을 명심해야 한다.

셋째, 창의성(創意性)으로 차별화하라.

전문성과 적시성을 갖춘 자는 성실하고 유능한 인재로 평가한다. 그러나 창의성이 가미된 업무는 탁월하다는 더 높은 평가를 받고 나아가 꿈을 이루는 견인차 노릇을 톡톡히 해낼 수 있다. 창의성을 기르는 가장 좋은 방법은 벤치마킹하여 자기 것으로 만드는 것이다. 남의 장점을 잘 벤치마킹하여 자기화한다면 본인을 돋보이게 하는 성과와 평가를 기대해 볼 수 있다.

넷째, 현장성(現場性)으로 증명하라.

아무리 전문성, 적시성, 창의성을 갖추었어도 실제 현장에 부합되지 않으면 '탁상공론(卓上空論)'이 되고 만다. 따라서 실제상황에 꾸준히 적용·시행할 수 있는 업무를 위해서는 현장성이 반드시 뒷받침되어야 한다.

이 4성(性) 체질화는 성공의 비결이고 성공은 목표 달성을 위해 한 가지씩 성취해가는 노력의 과정인 것이다. 우리는 이 과정을 즐기는 삶이 되어야 행복과 보람을 얻을 수 있다.

필자는 성공적인 삶의 이 평범한 비법인 4성을 심신(心身)에 형틀화하여 보고, 듣고, 느끼는 것을 내 몸속에 집어넣어 표출되는 말과 보고서 등 모든 업무를 처리하여 왔다. 아니, 그러한 삶을 살았다고 할 수 있다.

이 글을 읽는 20, 30대 젊은이들도 4성(性)을 자기 체질화하면 어느 순간 자신도 모르는 사이에 상위계급으로 진출하거나 해당 조직의 리더로 성장한 자신을 발견할 수 있을 것이다. 또한 그 과정에서도 행복과 보람을 함께할 것이라고 확신한다.

이번 청와대 신년인사회에서 정의화 국회의장이 건배사로 했던 '새신발(새해에는 신나게 발로 뛰자)'이 구현되어 요즈음 SNS에서 회자되는 '수저론', '헬조선', '지여인' 등을 타파하고 대통령이 강조한 비정상을 정상화시키고 우리 청년들이 일자리를 잡고 잘 살아갈 수 있도록 만들어야 한다.

즉 헬조선 극복을 위해 4성으로 무장하여 새신발하자!

11

'뼛속까지' 전문가 참모들이
오바마의 2011년 5월 1일을 만들다!

2014/05/01

2014년 4월 26일 11시 40분, 용산 연합사 헬기장에서 1박 2일의 한국방문을 마친 미국 오바마 대통령은 다음 순방지인 말레이시아로 향했다.

　오바마 미 대통령은 4월 25일 청와대에서 박근혜 대통령에게 6·25전쟁 때 참전한 미군이 덕수궁에서 불법 반출했던 대한제국 국새(황제지보)와 조선왕조안장 등 문화재 9점을 반환했다. 또한 두 정상은 전시작전통제권 전환시기를 재연기하는 데 공식적으로 합의했고, 한국이 독자적으로 구축중인 탄도미사일 방어체제(KAMD)와 미·일의 미사일방어체제(MD)가 연동될 수 있도록 '상호 운용성 개선'에도 합의했다.

　또 '북한의 추가 핵실험 시 제재조치'를 재강조하면서 "중국이 북한의 핵보유, 추가 핵실험에 대해 강력하게 반대한다는 입장견지에 지지를 보내며, 결정적인 상황에서 중국이 더욱 강한 조치를 해주기를 기대하고 있다"고 했다.

특히, 1978년 연합사 창설 이래 처음으로 양국 정상이 함께 한미연합사령부를 동시에 방문하여 "확고한 한미연합 방위태세로 북한이 감히 도발할 수 없도록 강력한 억제력을 유지할 것"을 천명하면서 북한의 김정은 국방위원장에게 강력한 메시지를 보냈다.

오바마 대통령의 '제르니모G 제거작전'

그런데 4년 전인 2011년 4월 하순, 오바마 대통령은 9·11테러의 주역인 오사마 빈 라덴의 위치가 확인되었다는 첩보를 보고받았고, 곧바로 정보종합보고를 접수한 '뼛속까지' 전문가인 안보참모들은 백악관에 모여 회의를 거쳐 '제로니모G(빈 라덴) 제거'를 위한 Black OPS를 수립했다. 다음날 오바마 대통령의 결심을 받은 후 데브그루 TF에 작전명령이 하달됐다.

최초 작전일인 2011년 4월 30일에는 아프카니스탄 현지기상이 좋지 않아 헬기출격이 어려운 상황이라고 판단하여 작전은 24시간 연기됐다. CIA 페네타 국장의 작전시행 연기보고를 받은 오바마 대통령은 그날 계획되어 있던 백악관 출입기자 연회를 태연하게 주관하였고 아무도 작전시도를 눈치채지 못했다.

드디어 2011년 5월 1일 오후 9시경, 칠흑같이 어두운 아프카니스탄 잘라바야드 기지에서 12명으로 구성된 데브그루 대원들은 군견 '카이로'를 대동하고 헬기 2대에 분승하여 은밀히 이륙했다. 90분 동안 전술비행을 하여 파키스탄 아보타바드의 작전지역에 도착했으나 기상 이상으로 엔진에 문제가 생겨 헬기 1대가 마당에 불시착하였다.

긴장된 순간이었음에도 불구하고 망설임 없이 신속하게 작전에 투입한 대원들은 정확히 수색개시 19분 만에 제르니모 G(빈 라덴)을 발견하여 사살함과 동시에 6년간 그들이 모아 놓은 자료를 획득했다. 도저히 단기간에 정비가 불가능한 불시착 헬기를 현지에서 폭파시키고 증원된 시누크 헬기로 현장을 이탈하여 복귀했다.

아라비아해에서 대기 중이던 항공모함 '칼빅슨호'에 도착한 데브그루 대원들은 빈 라덴의 사체를 수장시켰고, 그 시간 백악관 상황실에서 작전상황을 모니터 하던 대통령에게 맥 레이븐 중장은 인원 이상무와 함께 '제르니모G 제거작전'의 성공을 보고해 오바마의 2011년 5월 1일은 만들어졌다.

이 작전의 성공은 뛰어난 정보수집 능력과 '뼛속까지' 전문화된 백악관 안보팀과 특수부대원들이 그동안 부단히 훈련을 통해 숙달된 전문성과, 대통령도 직접 관여하지 않고 옆에서 모니터하면서 현장 지휘관에게 전권을 부여하고 신뢰한 결과였다.

대형 재난을 예방할 수 있는 첩경

그동안 북한의 무장공비 침투 만행, KAL기 폭파, 아웅산 테러, 금강산 관광객 피살, 천안함 폭침, 연평도 포격 등 일방적으로 당하기만 했던 우리도 이제는 필히 응징한다는 것을 보여줄 때가 됐다. 작년 개성공단 폐쇄의 도발에도 원칙대로 강하게 대응한 것에 결국 북한도 손을 들었다. 아덴만 여명 작전의 쾌거도 좋은 사례가 될 수 있다. 군사위주의 전통적 안보의 대비뿐만 아니라 재난 대비도 마찬가지이다. 최근 포괄적 안보개념에 따라 자연 및 사회 재난 등 비군사적 위협도 안보에 포함시키는 이론이 정착되고 있다.

2014년 4월 16일 302명의 실종 및 사망자를 발생시켜 전 국민을 슬프게 만든 진도 '세월호' 여객선 침몰사고에서 해양경찰, 해양수산부, 안전행정부의 안전관리본부 등 정부가 보여준 실망스런 위기관리를 지켜보면서 우리나라에는 미국과 같이 '뼛속까지' 전문적인 인물이 없는 것인지 안타까웠다.

세간에서 회자되는 많은 문제점의 주된 내용은 위기관리시스템과 법규 및 매뉴얼의 부실과 해피아, 관피아의 고착고리 등이 있다. 그러나 법규, 매뉴얼, 시스템은 그동안의 노력으로 많이 보강되어 있다 해도 과언이 아니다.

보다 큰 문제점은 사람이다. 상황 발생 시 담당운영자들의 경험 부족과 능력 미흡이 더 문제이다.

따라서 '뼛속까지' 전문화되어 제대로 위기를 관리할 수 있는 전문가를 육성시키고, 상하 관련 조직이 능숙하게 협업할 수 있도록 지속적인 통합훈련이 필요하다. 또한 유사시를 대비한 각 기관들의 훈련에 따른 불편을 기꺼이 감수하려는 국민들의 마음자세가 절실히 요구되는 때이다.

더불어 생명을 책임지는 선장, 기관사, 경찰, 군인들을 존중해주는 사회 분위기가 조성되는 것이 더 중요하다. 이것이 또 다시 되풀이되는 대형 재난을 예방할 수 있는 첩경이 아닐까 생각한다.

12

아덴만 여명작전의
영웅다움

2015/01/16

역사적인 대테러, 아덴만 여명작전

청와대 위기관리센터 상황실은 하루 24시간을 쉬지 않고 돌아간다. 그 중심에 있는 상황실장은 아무나 근무할 수 있는 자리가 아니다.

2011년 1월 18일 오후 8시 9분에 해적들에게 납치됐던 삼호해운 소속 선박, 삼호 주얼리호 1차 구출작전이 개시됐다. 최영함이 해적을 뒤쫓는 도중 해적들이 몽골 선박을 추가로 피랍하기 위해 자선(子船)을 내리는 것을 포착, 해적들이 분리되는 틈을 타 작전을 실행했다. 링스헬기로 자선에 위협사격을 가한 뒤 그쪽으로 관심이 쏠린 사이 청해부대 소속 해군 특수전여단(UDT/SEAL) 요원들이 고속정으로 삼호 주얼리호에 접근했고 해적들과 교전이 벌어졌다.

해적들은 기만작전으로 백기를 들고 항복하는 척하다 우리 요원들을 향해 갑자기 AK소총을 난사했다. 이 과정에서 특수부대원 3명이 총상과 찰과상 등의 부상을 입고 작전을 중지한 뒤 최영함으로 복귀했다. 그러나 우리 요원들은 해적의 자선에서 3정의 AK-47과 사다리를 확보했고 경고 사격 과정에서 해적 여러 명이 바다에 빠져 실종되는 수확도 거뒀다.

1차 구출작전 실패 후 당시 이명박 대통령은 국방장관으로부터 2차 구출작전 보고를 받고 최종 승인했다. 합동참모본부 군사지원본부장 이성호(현 국민안전처 차관) 중장 총괄 지휘 아래 '아덴만 여명작전'이라 불리는 역사에 남는 대테러 작전이 개시됐다.

2011년 1월 21일, 최영함과 해군 특수전여단이 투입돼 약 5시간의 교전을 거쳐 해적들을 제압하고 21명의 선원을 전원 구출했다. 작전을 통해 8명의 해적을 사살하고 5명을 생포했으며, 해군의 사망자는 없었다. 인질 중에 사망자는 없었으나 주얼리호 석해균 선장이 복부에 관통상을 입었다.

그 후 소말리아 해적은 8명의 해적이 사살된 것에 대한 보복차원에서 "앞으로 대한민국 선박을 납치하면 돈을 요구하지 않고 선박을 불태우고 선원을 죽일 것이며, 대한민국은 우리 동료를 살해한 대가를 크게 치르게 될 것"이라며 위협했다고 〈로이터통신〉이 1월 23일 전했다.

이로 인해 앞으로 대한민국 무역 기업에서는 선박에 해적 퇴치용 방공호와 물대포를 만들게 됐고, 전 경호실장이 대테러 경비업체를 만들어 특수부대 출신들을 고용하여 제대군인의 일자리도 창출하는 기회를 제공했다.

실제로 삼성중공업은 비살상무기를 사용해 해적을 퇴치하는 해적 퇴치 통합시스템을 개발하기도 했다. 비살상무기는 항해정보 분석을 통해 해적선을 식별하고 고화질 나이트버전을 이용한 추적 감시, 조타실 등 안전한 장소에서 폐쇄회로TV(CCTV)를 통해 원격 제어하여 물대포를 발사하는 시스템이다.

24시간 쉬지 않고 돌아가는 위기관리상황실

우리 정부는 2011년 5월 27일 재판을 통해 석해균 선장을 쏜 것으로 지목된 해적 아라이에게 무기징역, 나머지 3명에게 징역 13년에서 15년을 선고했고 사망한 해적들의 시신을 소말리아 정부에 인계했다.

당시 아덴만 여명작전을 현장에서 직접 지휘했던 최영함 함장인 조영주 대령은 청와대 위기관리상황실장이었다.

조 대령은 이명박 정부의 마지막 상황실장으로 충실하게 임무를 수행하고 있었다. 자정이 다된 시간에 퇴근하고. 잠깐 눈만 붙이고는 다시 출근해 오전 4시경 비가 오나 눈이 오나 상황실에서 야간 동안의 일들을 모두 파악하고 종합된 위기관리 보고서를 수정했다.

북한의 장거리미사일 발사, 동계 전력대란 대비, 김포 애기봉 트리 점등과 북한으로 보내는 전단용 풍선 날리기에 대한 북한의 수사적 위협 등 많은 위기상황에서도 흔들림 없이 상황에 대처하는 모습은 아덴만 여명작전의 영웅다웠다.

'내가 아니면 이런 막중한 임무를 누가 할 수 있겠는가?' 하는 마음가짐으로 그 누구도 알아주거나 칭찬하지 않더라도 개인생활을 포기한 채 묵묵히 할 일을 하는 그들이 있었기에 우리 국민은 행복한 삶을 누릴 수 있는 것이다.

GOP 철책과 바다와 하늘에서 국민들의 안전과 번영을 위해 개인의 삶을 포기하고 임무완수에 최선을 다하는 우리 군인들에게 힘찬 박수를 보낸다.

13

겨울 속에 갇혀 있는
청와대

2015/12/02

청와대의 늘공·어공·아공들

대통령 지지율이 20% 이하로 바닥을 치던 MB정권 말기인 2012년 12월은 몹시 추웠다. 어린이날을 비롯해 많은 행사를 치렀던 청와대 녹지원의 상징인 눈 덮인 금강송 옆을 노닐던 사슴만이 평화롭게 보였지만 청와대 비서실에는 빠져나간 비서관들로 공석도 많았다. 오로지 의리로만 버텨온 순장조라고 불린 충직한 비서관들만 이명박 대통령을 보좌하고 있었다.

청와대에는 3가지 부류의 공무원들로 구성되어 있다.

첫째, '늘공'이다.

각 행정부서에서 늘 열심히 근무하다가 발탁돼 청와대에 입성한 공무원으로, 다시 복귀할 때에는 통상 승진하거나 승진할 자리로 보직을 받게 된다.

둘째, '어공'이다.

어쩌다 공무원이 된 청와대 비서관과 행정관들로 주로 정권 인수위원회에서 활동했거나 언론인으로서 청와대에 들어온 사람들이다. 이들은 주로 차관이나 장관으로 발탁되거나 다음 총선 때 출마하는 경우가 많은 편이다.

셋째, '아공'이다.

"아직도 공무원이야?"라는 뜻으로, 정권 말기까지 청와대에 남아 있는 주로 대통령과 운명을 함께하는 순장조 비서관과 행정관들을 칭하는 말이다.

하얀 눈이 덮인 겨울 속에 갇혀 있는 청와대의 늘공·어공·아공들은 일반인들은 느끼지 못하는 힐링 방법을 갖고 있다. 바로 청와대 경내 산책이다. 점심을 서둘러 먹고 녹지원을 시작으로 상춘재, 백악교, 옛 본관 터인 천하제일복지 경무대 자리 등을 거닐고 있으면 업무 스트레스를 날려버릴 수 있다.

특히 나뭇잎 밑에 숨어 있는 도토리들을 찾아 모아서 산책길에서 만나는 사슴들에게 던져 주는 재미는 일품이었다. 올해도 눈은 내렸고 떠나온 지 2년이 넘어가지만 청와대의 눈 덮인 산책길이 아스라이 떠오른다. 역시 지금도 청와대의 겨울은 차가운 구속감을 느끼게 만들 것이라 생각된다.

고(故) 김영삼 대통령, 영면에 들다

2015년 11월 26일 오후 1시, 서울시 종로구에 위치한 서울대병원 장례식장 인근의 모든 차량은 멈춰 섰다. 고(故) 김영삼 전 대통령의 손자이자 장남 은철 씨의 아들 성민 군이 김 전 대통령의 영정을 양손에 꼭 잡고 앞장섰기 때문이다.

최근 7박 10일간 해외순방이 시작되기 이전부터 감기증세가 있었고 빠듯한 일정을 소화하는 과정에서 과로가 겹쳐 건강이 악화된 박근혜 대통령은 초췌한 모습으로 장례식장 밖에서 기다리다 영정 사진이 가까이 오자 목례를 했다. 관이 영구차에 실린 뒤 트렁크가 닫히자 차남 김현철 씨 등 유가족과 인사를 나눴다. 박 대통령은 "다시 한 번 고인의 명복을 빈다"고 했고, 현철 씨는 "몸이 불편하신데 도와주시고 많이 신경을 써주셔서 고맙다"고 말했다.

선대에서부터 당사자들까지 연결되어 왔던 정적의 악연과 원망이 녹아내리는 순간이었다. 지난 5일간을 통해 그동안 정치분쟁을 일삼아 왔던 여야 정치세력들을 통합하고 화합시키는 김 전 대통령의 "포용의 리더십"의 완성판을 보는 듯한 광경이었다.

청와대의 겨울은 몹시 춥다. 아마도 서울 시내 한복판보다 2~3℃ 정도는 낮을 것이다. 필자는 MB부터 박근혜 대통령까지 2대에 걸쳐 청와대 비서관직을 최초로 유임한 기록을 남기고 2013년 11월 25일 청와대를 떠났다.

사실 당시 8일 전인 11월 17일은 1977년 3월 군에 입대한 지 36년

9개월째가 되는 날이었고, 그날 반평생 사랑했던 유니폼을 벗는 날이기도 했다. 일요일이었지만 출근해서 전국 위기상황 여부를 파악하여 다음날 아침에 보고할 '일일 국가안보 상황보고서' 초안을 작성하고 8평 남짓 자그마한 숙소에 돌아와 자정을 향해가는 초침을 세고 있었다.

물 흐르듯 아무 소리 없이 열심히 하면

공직자로서 임기를 마칠 수 있다는 것은 정말로 큰 행운이었다. 많은 분들이 세간의 유혹을 뿌리치지 못해 불명예를 얻어 임기를 못 마치는 경우를 너무도 많이 봐 왔다. 그래서인지 전역신고는 이미 했지만 법적으로 임기를 마치는 그날 24시 정각까지는 무척 긴장된 순간이었다.

'인간관계는 마냥 좋을 수만은 없고, 꽃도 백일이 넘도록 빨갛게 피어있을 수 없다'는 '인무천일호 화무백일홍(人無天日好 花無百日紅)'처럼 어디에서든 본인도 모르는 실수가 드러날 수 있기 때문이다.

Begin Again!

군복을 벗고 다시 시작된 새로운 삶도 벌써 2년이 넘어간다. 17만 회원들을 위해 1원도 절약하고 1%라도 더 높은 수익을 올리기 위해 노력한 시간들이었다.

'하기실음 관두등가(河己失音 官頭登可)'라는 우스갯소리가 떠오른다. 물 흐르듯 아무 소리 없이 열심히 하면 높은 자리에 오르는 것이 가능하다는 뜻이다.

이 글을 읽는 분들도 차갑게 갇혀 있는 겨울이 아니라 아름답고 따뜻한 겨울로 생각하며 현재 위치에서 성실하고 정직하게 최선을 다하는 것이 중요하다고 생각한다.

사람은 태어날 때는 자신만 울고 다른 사람들은 웃으며, 죽을 때는 본인만 웃고 다른 사람들은 운다고 한다. 이유야 어떻든, 영면에 들어가는 고(故) 김영삼 대통령의 마지막 길에 정적을 떠나서 온 국민들이 추모를 보내듯 정직, 성실, 최선을 다하면 아름다운 결실을 맺을 것이고 따뜻한 겨울을 보낼 것이라 믿어 의심치 않는다.

나라 없는 국민은 노예일 뿐이다.
군대 없는 나라 또한 나라는 존재하여도 이미 나라가 아니다.
국가와 군은 운명공동체이기 때문이리라.

비겁한 평화는 없다

1판 1쇄 인쇄 2016년 11월 28일
1판 1쇄 발행 2016년 12월 9일

지은이 김희철

발행인 양원석
본부장 김순미
해외저작권 황지현
제작 문태일
영업마케팅 이영인, 박민범, 양근모, 장현기, 이주형, 이선미, 이규진, 김보영

펴낸 곳 ㈜알에이치코리아
주소 서울시 금천구 가산디지털2로 53, 20층 (가산동, 한라시그마밸리)
편집문의 02-6443-8842   **구입문의** 02-6443-8838
홈페이지 http://rhk.co.kr
등록 2004년 1월 15일 제2-3726호

ISBN 978-89-255-6068-7 (03340)